KB274026

강원 양양 지역의 언어와 생활

강원 양양 지역의 언어와 생활

국립국어원 지역어조사추진위원회

이기갑 (위원장, 목포대학교 교수)

강영봉 (위원, 제주대학교 교수)

곽충구 (위원, 서강대학교 교수)

김무식 (위원, 경성대학교 교수)

김봉국 (위원, 부산교육대학교 교수)

김정대 (위원, 경남대학교 교수)

박경래 (위원, 세명대학교 교수)

소강춘 (위원, 전주대학교 교수)

최명옥 (위원, 서울대학교 교수)

한영목 (위원, 충남대학교 교수)

지역어 구술 자료 총서 2-2
강원 양양 지역의 언어와 생활

초판 제1쇄 인쇄 2008년 12월 21일
초판 제1쇄 발행 2008년 12월 31일

지 은 이 ‖ 김봉국
펴 낸 이 ‖ 국립국어원
펴 낸 곳 ‖ 태학사
　　　　　주소 ｜ 경기도 파주시 교하읍 문발리 파주출판도시 498-8
　　　　　전화 ｜ (031) 955-7580~2(마케팅부) · 955-7584~90(편집부)
　　　　　전송 ｜ (031) 955-0910
　　　　　홈페이지 ｜ www.thaehaksa.com
　　　　　전자우편 ｜ thaehak4@chol.com
　　　　　등록 ｜ 제 406-2006-00008호

ⓒ 국립국어원, 2008

값은 뒤표지에 있습니다.

ISBN 978-89-5966-350-7 94710
ISBN 978-89-5966-200-5 (세트)

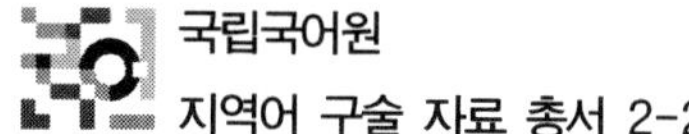
국립국어원
지역어 구술 자료 총서 2-2

강원 양양 지역의 언어와 생활

김봉국

태학사

■ 책을 내면서

이 책은 강원도 양양군 서면에 거주하는 토박이 화자들의 구술발화를 녹취하여 전사한 것이다. 이 책을 내기까지 적극적인 도움을 주신 토박이 화자로는 김동준, 이춘우 할아버지이다. 주로 김동준 할아버지의 구술을 중심으로 이루어져 있는데, 그 내용에는 조사 마을의 환경과 배경, 일생 의례, 생업 활동, 거주 생활 등에 대한 내용이 포함되어 있으며, 이춘우 할아버지의 구술에는 조사 마을의 환경과 배경, 거주 생활 등의 일부 내용이 포함되어 있다.

이 구술 담화는 국립국어원에서 매년 실시하는 지역어 조사 사업의 하나로 수행된 것인데, 강원도 양양 지역의 조사는 2006년에 실시되었고, 그 조사 결과 보고서도 같은 해에 출간되었다. 이 책에 실린 구술 담화 또한 조사 보고서에 포함된 내용을 중심으로 구성되어 있다. 그렇지만 조사 보고서는 양적인 면이나 질적인 면에서 전문가 및 비전문가들이 이용하기에는 여러 가지 성긴 부분과 불편한 부분이 많이 있을 뿐만 아니라 보고서의 내용에서도 잘못된 부분되었거나 단순 오류 부분이 많아서 이를 수정하고 보완할 수밖에 없는 실정이 되었다 이런 이유로 인하여 구술 발화만 따로 떼어서 단행본을 출판하게 되었다. 이 과정에서 잘못 전사된 부분이나 표준어 대역에서 문제가 있는 부분을 수정하였고, 주석과 색인 작업을 덧붙이게 되었다.

구술 담화는 그 지역 토박이들의 자연스러운 발화를 그대로 전사한 것이므로, 전사된 구술 담화는 담화 연구의 자료로서 요긴하게 이용될 수 있다. 이런 구술 담화의 전사는 이미 뿌리깊은나무사의『민중자서전』이나 정신문화연구원의『구비문학대계』에서도 시도된 바 있다. 또한 국립국어원의『서울토박이말자료집』(Ⅰ)과 (Ⅳ) 역시 서울 토박이들의 구술 담화를 싣고 있다. 그러나 뿌리깊은나무사의『민중자서전』이나 정신문화연구원의『구비문학대계』는 전사의 정확성이 의심될 뿐 아니라 부분적으로 편집이 행해지기도 하였다. 또『서울토박이말자료집』은 비교적 정확히 전사된 자료이지만 담화의 길이가 짧은 것이 흠이다.

이 책은 모두 네 분의 제보자가 약 4시간 동안 구술한 내용을 담고 있다. 여기에는 조사 마을의 환경과 배경, 일생 의례, 생업 활동, 거주 생활 등 우리의 전통적이면서도 기본적인 삶의 다양한 형태들이 내용 속에 포함되어 있다. 따라서 다양한 내용에 따른 다양한 토박이 어휘들이 그대로 드러나 있다고 볼 수 있다. 우리는 표준어 번역과 주석 그리고 색인을 통하여 이런 어휘들에 대한 상세한 정보를 제공하려고 노력하였다.

이 구술 담화 자료는 강원도 양양 지역의 어휘를 비롯한 음운, 문법의 이해에 도움을 줄 뿐 아니라, 이 지역 토박이들의 말하기 방식을 파악하는 데 유용할 것으로 예상된다. 더구나 말하기의 방식은 군 단위마다 큰 차이를 보이는 것이 아니므로, 이 구술 담화는 강원도 방언 전체의 담화 연구를 위한 기초 자료로 이용될 수 있을 것이다.

이 구술 담화의 초벌 전사는 서울대학교 박사과정 김세환 선생이 맡았으며, 이 초벌 전사에 대하여 저자가 다시 한번 점검을 하였다. 전사라는 것은 지루하고 단순반복 작업이면서 집중력을 굉장히 필요로 하는 작업이다. 그렇기 때문에 이 작업을 경험해 본 사람이라면 얼마나 힘들고 고통스러운 작업인지 알게 될 것이다. 이처럼 어렵고 힘든 작업에 적극적으로 애써 준 김세환 선생에게 고마움을 전한다. 그러나 그보다도 고마움을 전하고 싶은 분은 살아서 숨쉬는 귀한 보물인 이 구술발화 자료를 단행본으로 간행하는데 누구보다도 가장 큰 도움을 주셨던 제보자이신 김동준, 이춘우 어르신들이다. 특히 김동준 어르신은 거동이 불편하신 데도 이 작업에 적극적이고도 성실히 임해 주셨다. 그리고 아스팔트를 녹일 정도로 뜨거운 여름날, 가만히 있어도 온몸에 땀이 흐르는데 녹음을 위해 선풍기조차 틀 수 없는 힘든 상황에서도 연신 땀방울을 흘리면서까지 이 작업에 임해 주셔서 다시 한번 감사의 말씀을 전한다. 젊은 사람들도 힘들어할 수 있는 일을 기꺼이 응해 주시고 자세하게 말씀해 주신 이들이 있었기에 보물과도 같은 결과물이 나올 수 있었을 것이다.

■ 조사 과정

　　국립국어원에서는 2004년부터 전국의 지역어 조사 사업을 시행하고 있
다. 이 사업은 도(道)를 단위로 하여, 한 도에서 한 지점씩 연차적인 조사
를 진행할 예정으로 있다. 첫 해에는 질문지를 만들고 시험해 보기 위하
여 예비조사를 실시하였고, 본격적인 조사는 이듬해인 2005년부터 시작
되되었는데, 2005년에는 강원도 원주를 조사하였으며, 2006년에 강원도
양양을 조사하였다.

　　강원도 양양은 강원도 중동부에 있는 군으로 행정 구역은 1읍 5면으로
이루어져 있으며, 북쪽으로는 속초시, 서쪽으로 인제군, 남쪽으로 강릉시,
홍천군에 접하고, 동쪽으로 동해에 접해 있다.

　　서쪽 지역은 태백산맥이 높고 길게 뻗어 설악산(雪嶽山), 오대산(五臺山)
등에 이어져 있어 험준하며, 동쪽 지역은 산지가 급경사를 이루고, 해안
쪽으로는 약간의 평지가 있어 농경지로 이용된다. 언어적인 특징으로 봤
을 때는 강원도 방언 내에서도 태백산맥의 동쪽에 위치한 지리적인 특성
상 영동방언에 속한다. 영동방언은 다시 강릉, 삼척을 중심으로 한 남부
영동방언과 양양, 고성을 중심으로 한 북부 영동방언으로 크게 양분할 수
있으며, 양양 지역은 북부 영동방언에 속한다.

　　서면(西面)은 양양군 중 서쪽에 위치해 있으며, 산악이 전 면적의 90%
이상을 차지하고 있으며, 남대천 상류와 남설악 계곡을 따라 마을이 형
성되어 있다. 6개의 읍, 면 중에서 유일하게 해안선이 접해 있지 않은 면
이다. 서면은 1945년 8월 15일 해방 후 38선 분단으로 38선 이남에 위치한

5개 마을이 강릉군 신서면에 속하였다가 1954년 10월 21일 행정 이양과 함께 서면으로 편입되었으며 군소재지에서 서쪽에 위치하고 있다고 하여 서면으로 칭하게 되었다. 서면 황이리, 서림리 지역은 양양군청에서 20분 가량 더 들어가야 하는 곳인데, 양양에서 서울을 가기 위한 44번 국도 주변에 있다. 이 지역은 쑥을 재배하여 판매하기도 하지만, 밭농사를 짓는 전형적인 농촌 지역이라 볼 수 있다.

조사는 강원도 양양군 서면 서림리, 황이리를 중심으로 이루어졌는데, 주로 제보자나 보조 제보자의 집에서 진행되었다. 조사는 크게 예비조사, 본조사, 보충조사로 나눌 수 있는데, 예비조사는 2006년 7월 20-21일에, 본조사는 2006년 8월 10-15일에 집중적으로 이루어졌다. 자료 전사 중에 빠진 부분이나 미흡한 부분에 대한 보충 조사는 2006년 8월 24-25일에 이루어졌으며, 조사는 저자가 주로 했으며, 녹음 자료의 전사는 김세환(서울대 대학원 박사과정생)이 일차로 수행하였고, 초벌 전사한 부분을 저자가 다시 점검하며 보충하였다.

이 지역의 자료 제보자는 김동준(당시 83세, 1924년), 이춘우(당시 79세, 1928년) 할아버지이다. 김동준 할아버지는 강원도 양양군 서면 황이리에 출생하였으며, 선대의 거주지 또한 그곳이다. 현재는 황이리에 바로 인접한 강원도 양양군 서면 서림리에 거주하고 있다. 현재 직업은 없으며 태이나서 줄곧 이곳에서 농사를 지으며 생활하였는데, 일제 시대에 돈을 번기 위해 일본에 2년간 있었던 경험이 있다. 서림리 이장이신 이춘우 할아버지의 소개를 받아 만났으며, 제보자의 특기 사항으로는 다리가 불편하여 목발에 의존하여 걷는다는 점이다. 농사를 오랫동안 지어본 경험이 있기 때문에 농사와 관련된 많은 정보를 제공해 주었으며, 외지 생활을 많이 경험하지 않았기 때문에 표준어를 사용하는 환경에 상대적으로 덜 노출되어서 이 지역의 방언형을 아직도 많이 갖고 있었다. 치아가 몇 개 빠져 있지만 발음 상태는 양호하고 분명하며, 청취력에는 이상이 없다.

김동준 할아버지

마을 전경

이춘우 할아버지는 강원도 양양군 서면 황이리에 출생하였으며, 선대의 거주지 또한 그곳이다. 현재 황이리에 거주하고 있으며, 인근에서 식당과 숙박업을 운영하고 있고, 양양읍 사무소의 직원 소개로 만나게 되었다. 학력은 없으며 젊은 시절 한국 전쟁에 참여한 후로는 어려서부터 줄곧 이곳에서 오랫동안 농사를 지어 농사에 대한 얘기나 집짓기에 대한 얘기를 주로 여쭤 보았다.

전사

제보자의 구술 자료는 SONY DAT D-100 디지털 녹음기로 녹음하였고, 녹음된 자료는 Cool Edit Pro 2.0 프로그램을 이용하여 음성파일로 변환하였다. 이 음성파일을 컴퓨터로 재생하여 들으면서 TRANSCRIBER 1.4로 전사하였다.

전사는 소리 나는 대로 전사하는 것을 원칙으로 하였다. 어절 단위를 기본으로 전사할 것을 원칙으로 하였으나, 하나의 기식군(氣息群) 안에서는 어절보다 큰 단위로 전사할 경우도 더러 있었다. 양양 지역어는 단모음 /ㅟ/와 /ㅚ/가 정확하게 구별되지만 /ㅔ/와 /ㅐ/는 정확하게 구별되지 않는 곳이다. 그러나 독자의 편의를 위해서 표준어에 준하여 /ㅔ/와 /ㅐ/를 구별하여 표기에 반영하였다 이 지역은 비모음이 실현되기두 하는데, 비모음를 표시하기 위하여 비모음 기호인 "~"를 사용하였다.

본문의 글자체와 전사에 사용된 부호는 다음과 같다.

고딕체   조사자
명조체   제보자
    ¯ 제1제보자(김동준)
    = 제2제보자(이춘우)

≡   제3 제보자(김동준의 부인)
:   장음 표시
::   표현적 장음
****   청취가 불가능한 부분 또는 표준어로의 번역이 불가능한 경우
+   색인에서 방언과 대응 표준어에 의미 차이가 있는 경우
++   색인에서 방언에 대응하는 표준어가 없는 경우
→   공시적인 음운변동
〉   통시적인 음운변화
~   비모음 표시

주석

주석은 각 장마다 미주를 달았다. 독자로서는 각주가 이용하기에 편리하나, 책의 편집상 불가피하게 미주로 만족할 수밖에 없었다. 주석은 가능한 한 자세하게 덧붙이려 하였다. 주로 어휘의 의미를 풀이해 놓거나, 그 밖에 형태에 대한 음운적 해석을 덧붙이기도 하였다. 문법 형태의 경우, 그 기능에 대한 설명을 간략하게 붙여 놓았다. 독자의 편의를 위해서 동일한 내용의 주석이 반복되는 것을 허용하였다.

표준어 대역

전사된 방언 표현에 대해서는 표준어 대역을 붙였다. 원래의 조사 보고서에는 문장 단위로 표준어 번역을 붙였으나, 여기서는 문장보다 큰 의미 단락을 기준으로 하였다. 또한 표준어 대역을 별도의 쪽에 배치한 것도 조사 보고서와 달라진 점이다. 이런 것들은 순전히 독자들이 쉽게 읽을 수 있도록 하기 위한 조처이다.

전사된 방언 문장을 표준어로 옮길 때는 직역하는 것을 원칙으로 하였다. 문장 중간에 '어', '저', '거'와 같은 군말 또는 담화표지가 있을 경우에

도 이를 표준어 대역에 그대로 살려 놓으려고 노력하였다. 전사된 방언 표현의 의미가 불확실한 경우, 표준어 대역에서는 ***를 사용하여 표시하고, 번역에서 제외하였다.

조사 마을의 환경과 배경

1. 마을 들여다보기

　그 어르신 먼저 제가 먼저 여쭤볼께 뭐냐며는 뭐 여러가지가 인는데, 음. 혹씨 이 마을 예전부터 이 마으리, 언제쯤 형성, 여기가 정화카게 주소가 어떠케 됨니까?

￣ 그니까 인제 그게 모르지요마는. 여기 우선 내가 볼쩌게 한 사:뱅년 그게 왜 그러냐믄 저른 미천꼴[1] 살림한지는 지끔 먼저서도 얘기해찌만 실라 문무왕 때, 문무왕 중어비니까 그맘때::루 천한 삼뱅년 된다그드라구 으른드리. 그맘때야 뭐 여기에 머 사:라미 이께쏘만 여기 젤: 먼점 드루완[2] 사라미 인제 전주이씨들, 여기 전주 이씨드리 여기 젤: 먼점 드러오구. 고다메는 인제 우리 경:기미 인제 드롼제가[3] 인제 저안테.

　경기미가 뭠:니까?

￣ 경:주낌씨

　아, 경주김

￣ 아, 그래가주 경주끼미 여기 머 그저네는 한 사:시포 살아썬데 지끔 다 나가고 한 열려서찌비 이써유.[4]

　네.

　그래서 한 멘년 돼:따고요, 마으리?

￣ 내가 볼 쩌게 한 사뱅년 거:중 그러케 돼:쓸꺼래요.[5] 그래 여기 구:항국 씨절에 여기, 나라에서 인제 그 조혼[6] 나무를 저가주 여기 이 이짝꼴 쭝에선 저 아네 드러가믄 황정모기라는[7] 골짜기가 이써요, 황정나무꼴이란데 거그 인제 나라에서 인제 이런 소나물 인제 그 키우는데 이꺼등뇨,

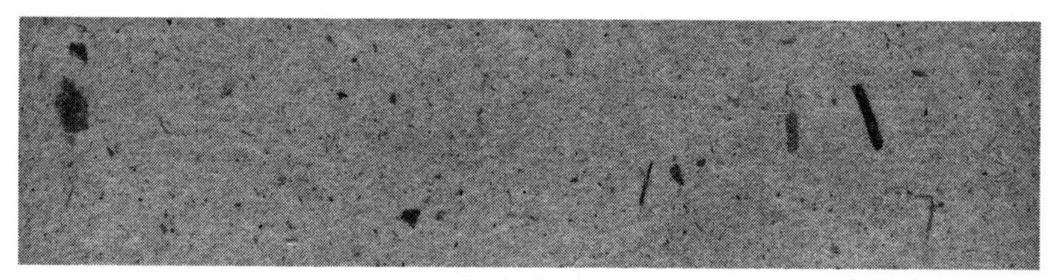

　그 어르신 먼저 제가 먼저 여쭤볼 것이 뭐냐면 뭐 여러 가지가 있는데, 음. 혹시 이 마을 예전부터 이 마을이, 언제쯤 형성, 여기가 정확하게 주소가 어떻게 됩니까?

￣ 그러니까 인제 그게 모르지요만. 여기 우선 내가 볼 적에 한 사백년 그게 왜 그러나 하면 절은 미천골 살림한 지는 지금 먼저에서도 얘기했지만 신라 문무왕 때, 문무왕 무렵이니까 그맘때로부터 약 천삼백 년 된다고 그러더라고 어른들이. 그맘때야 뭐 여기에 사람이 있겠소만 여기 제일 먼저 들어온 사람이 인제 전주 이씨들, 여기 전주 이씨들이 여기 제일 먼저 들어오고 그 다음에는 인제 우리 경주 김씨가 인제 들어온 지가 인제 저에게.

　경기미가 뭡니까?

￣ 경주 김씨

　아, 경주김

￣ 아, 그래서 이제 경주 김이 여기 뭐 그저에는 한 사십호 살았었는데 지금 다 나가고 한 열여섯 집이 있어요.

　네.

　그래서 한 몇 년 됐다고요, 마을이?

￣ 내가 볼 적에 한 사백 년 거의 그렇게 됐을거예요. 그래 여기 구한국 시절에 여기, 나라에서 인제 그 좋은 나무를 져 가지고 여기 이 이쪽 골 중에선 저 안에 들어가면 황적목이라는 골짜기가 있어요, 황정나무골이라는데 거기 인제 나라에서 인제 이런 소나무를 인제 그 키우는데 있거

그 큰데가. 그걸 인제 나라에서 비:가주고[8] 인제 그거할 궁궐 질:쩨나 무
슨이럴쩨 쓸라구랜데. 그래 그래서 이래 보니까 아매[9] 구:항국씨저레 이:
조때, 이:쪼때 이:조 한 중업때, 이:조 오뱅녀니니까 한 그저 한 사:뱅년이
나 한 삼뱅년 그러케 돼쓸꺼라 생각해요.
　네, 그러면 어르신 그 이 마으리 정화키 주소가 어떠케 됩니까?
　 야~양군 서면 서림리[10]. 강원도 양양군 서면 서림, 서림리[11].
　서림니요.
　 네.
　어르신 성하미, 다시 한번
　 김동준.
　예. 본과니 어떠케 됩니까?
　 경주낌.
　경주기미고.
　 예. 파는 상총공 여기 지끄믄 전:환고~이라 그러지만 인제, 우리가 경
주끼메, 경수낭 소니니까, 마지마광.
　아, 경수낭이요.
　 예, 경수낭 네째 아드레 소:니래, 은짜 열짜 하는 냥바니 인제 경수낭
네째 아드리니까.
　예예.
　 그 양바니 소:니래.
　그럼, 어르신 그 연세는
　 팔씹써임미다.
　팔씹써이며는[12] 띠로는 무슨 띠가
　 띠로는 쥐띠.
　쥐띠요?
　 예.

든요, 그 큰 데가. 그걸 인제 나라에서 베어서 인제 그거 할 궁궐 지을 때나 무슨 이럴 때 쓰려고 그랬는데 그래 그래서 이렇게 보니까 아마 구한국 시절에 이조 때, 이조 때 이조 한 중엽 때, 이조 오백년이니까 한 그저 한 400년이나 한 300년 그렇게 됐을 거라 생각해요.

네, 그러면 어르신 그 이 마을이 정확히 주소가 어떻게 됩니까?

⎺ 양양군 서면 서림리. 강원도 양양군 서면 서림, 서림리.

서림리요.

⎺ 네.

어르신 성함이, 다시 한번

⎺ 김동준.

예. 본관이 어떻게 됩니까?

⎺ 경주김.

경주김이고.

⎺ 예. 파는 상총공 여기 지금은 전환공이라 그러지만 인제, 우리가 경주김에, 경순왕 손이니까, 마지막 왕.

아, 경순왕이요.

⎺ 예, 경순왕 네째 아들의 자손이야, 은(殷)자 열(說)자 하는 양반이 인제 경순왕 네째 아들이니까.

예예.

⎺ 그 양반이 손이야.

그럼, 어르신 그 연세는

⎺ 83세입니다.

83세이면 띠로는 무슨 띠가

⎺ 띠로는 쥐띠.

쥐띠요?

⎺ 예.

네, 여기예 인는 그, 한 사뱅년 되고, 주민드른, 성씨는 다들?

⎺ 성씨는 인제 우리 경:기미 다서이구[13] 젤: 망:쿠.

경주기미

⎺ 제일 망:쿠. 고다메 인제 전주이씨드리 고다음.

예.

⎺ 고다메 이:: 우 올라가믄 평창이씨드리 고다음. 고다메 그리고 인제 박씨드리 한 너더찌비꾸, 손씨가 두:집, 송:씨가 두:지비꾸

예, 아. 혹씨 여기에는 이 마으리 마을 이르믄 뭠니까, 여기는?

⎺ 여기 인제 서림, 여 여기 새말, 요 반니리믄 새마으리지. 서림리래도 인제 새마을 요가 서림리 삼반.

예, 삼바니고, 여기가 새말?

⎺ 예, 그리고 저:: 아랜마으른 저 맨: 끄테 처니꾸는 인제 아랜말.

아랜말.

⎺ 고다메 인제 그저네 요 저, 그 요기 자~이 서꺼등뇨, 요미테. 고거 이:반 그리구 인제 저::기 서림꼬른 삼반 고기며는 인제 사:바는 화~이리라고, 아래화~이.

예예.

⎺ 고기도 인제 지끔 현:재 그루터기[14] 그쪼근 인제 월래 거:[15] 서리미래요.

예예.

⎺ 서리미 저::기 올라가서 그 갈천[16]하고 미천하고 **** 여내꼴** 거기 서버텀 영덕까지[17]

갈천하고 어디요?

⎺ 갈천하고 서림 저 저 화~이하고 새간, 거 여:내꼬리라는데.

여?

⎺ 여:내꼴, 연내꼬리라그래지.

연내꼬리라고요?

네, 여기에 있는 그, 한 사백년 되고, 주민들은, 성씨는 다들?

ᆞ 성씨는 인제 우리 경주 김씨가 다섯이고 제일 많고.

경주 김이

ᆞ 제일 많고. 고 다음에 인제 전주 이씨들이 고 다음.

예.

ᆞ 고 다음에 이 위에 올라가면 평창 이씨들이 고 다음. 고 다음에 그리고 인제 박씨들이 한 너덧집이 있고, 손씨가 두 집, 송씨가 두 집 있고

예, 아. 혹시 여기에는 이 마을이 마을 이름은 뭡니까, 여기는?

ᆞ 여기 인제 서림, 여 여기 '새말', 여기 반 이름은 '새마을'이지. 서림리라도 인제 '새마을' 여기가 서림리 3반.

예, 3반이고, 여기가 새말?

ᆞ 예, 그리고 저 아랫마을은 저 맨 끝에 첫 입구는 인제 아랫말.

아랫말.

ᆞ 그 다음에 인제 그전에 요 저, 그 요기 장이 섰거든요, 요밑에. 그거 2반 그리고 인제 저기 서림골은 3반 거기면 인제 4반은 황이리라고[18], 아래황이.

예예.

ᆞ 거기도 인제 지금 현재 그루터기 그쪽은 인제 원래 거기 서림이에요.

예예.

ᆞ 서림이 저기 올라가서 그 갈천하고 미천하고 **** 연냇골** 거기서부터 영덕까지

갈천하고 어디요?

ᆞ 갈천하고 서림인데 저 저 황이하고 사이, 거 연냇골이라는데.

여?

ᆞ 연냇골, 연냇골이라 그러지.

연냇골이라고요?

﹣예, 연내꼬리라고

거기가 다 서리미여따고요?

﹣야.

그럼, 인제 거 마으른 인제 그러케 되고, 여기는 인제 아까 새말, 새마리라능

거는 왜 새마림니까?

﹣글쎄, 새마리라능게 왜:서[19] 그랜지는 몰러두 모르지요, 뭐 새마으리

어떠틍가, 여기가 이리미[20] 새마으리래요.

그니까 아주 새로운 뭐

﹣예, 그러치유, 인제 그러타고 봐야지요.

아, 그럼 여기에는 마으른 그러코 사는 어떤 사니 이씀니까?

﹣요, 아페는 인제 저 일로는[21] 정족싼, 정족싸니 젤: 너꾸, 서리메서는

정족싼, 저:: 아네 올러가면 인제 조:보~이라는데 조:봉[22].

조봉.

﹣하래비 조짜 인제 봉짜, 조, 조:봉 거기가 조:보~이 젤: 놉찌요 머.

예. 그다메 조봉 말고는 업씀니까? 인제, 어떤어떤 사니 이씀니까?

﹣젤:[23] 인제 노푼데가 조:봉, 고다메 정족싸니[24] 인제 고다메 그래고는

인제

요기 요 근처에는 요기는 뭡니까, 요 사는?

﹣요는 이게 이게 요기서 불르긴 그저 압싸니라 그래지요 뭐, 서림 압싼.

압싼.

﹣예.

그다메 조기 강이 이짜나요?

﹣예.

아이, 고걸 강이라고 함니까, 뭐라고 함니까?

﹣그러초, 강이라고 하죠. 개우리라[25] 그지, 개울 인제.

여긴 개우리라고

- 예 연냇골이라고

거기가 다 서림이었다고요?

- 예.

그럼, 인제 거 마을은 인제 그렇게 되고, 여기는 인제 아까 새말, 새말이라는 것은 왜 새말입니까?

- 글쎄, 새말이라는 것이 왜 그랬는지는 몰라도 모르지요, 뭐 새마을이 어떻든가, 여기가 이름이 '새마을'이에요.

그러니까 아주 새로운 뭐

- 예, 그렇지요, 인제 그렇다고 봐야지요.

아, 그럼 여기에는 마을은 그렇고 산은 어떤 산이 있습니까?

- 요 앞에는 인제 저 이리로는 정족산, 정족산이 제일 높고, 서림에서는 정족산, 저 안에 올라가면 인제 조봉이라는 데 조봉.

조봉(祖峰).

- 할애비 조 자 인제 봉 자, 조, 조봉 거기가 조봉이 제일 높지요 뭐.

예. 그 다음에 조봉 말고는 없습니까? 인제, 어떤 어떤 산이 있습니까?

- 제일 인제 높은 데가 조봉, 그 다음에 정족산이 인제 그 다음에 그러고는 인제

요기 요 근처에는 요기는 뭡니까, 요 산은?

- 요기는 이게 이게 요기서 부르긴 그저 앞산이라 그러지 뭐, 서림 앞산, 앞산.

- 예.

그 다음에 조기 강이 있잖아요?

- 예.

아니, 고걸 강이라고 합니까, 뭐라고 합니까?

- 그렇죠, 강이라고 하죠. 개울이라 그러지, 개울 인제.

여긴 개울이라고

¯ 예.

그러면 고 이르미 이씀니까?

¯ 그 여기가 남대천 상유.

남?

¯ 남대천[26].

예.

¯ 야~양 남대천 상유라그래지 여길, 대:개 보통.

예. 그다메 거기 저수지 인나요, 저수지?

¯ 저수지는 영덕 양:수발쩐소하는 거그메가 인제 이꼬.

여기는 드른 업쪼, 들?

¯ 들:?

예.

¯ 드:른 업찌유, 뭐 이런데 머.

음. 골짜기도 여기엔 고꼬세 이짜나요, 골짜기 가틍거 어, 이르미 이씀니까?

¯ 그러치유, 여 골짜기 이르미야 이꾸 말구죠 뭐. 저::기 인제 거 화~이 꼬리라는데 거기 인제 화~이리라는데가 화~이꼬리고 거기 인제 그 아네 드러가면 용소꼴, 옌날 용소라는데가 이꼬, 화~이꼴.

예.

¯ 고다메 이 아래, 아래 여기능 콩골, 또 저:: 아래 그 하이꼬[27] 아페는 벽씰꼴, 이거는 인제 조침녕꼴[28].

조

¯ 조침, 조침녕꼬리라고, 요기 인제 지끔 다리 공사하는 거기.

거 왜 조침녕꼬림니까?

¯ 그저 새:조짜라고 무슨 뜨시 뜨시 우린 모르지요, 왜: 조침녀~인지.

아, 예예. 화~이꼬른 왜 화~이꼬림니까?

¯ 예 화~이꼬른 황짜, 누르 황짜 화~이리라는 그 골, 근데

⁻ 예.

그러면 고 이름이 있습니까?

⁻ 그 여기가 남대천 상류.

남?

⁻ 남대천.

예.

⁻ 양양 남대천 상류라 그러지 여길, 대개 보통.

예. 그 다음에 거기 저수지 있나요, 저수지?

⁻ 저수지는 영덕 양수 발전소하는 거기가 인제 있고.

여기는 들은 없죠, 들?

⁻ 들:?

예.

⁻ 들은 없지요, 뭐 이런데 뭐.

음. 골짜기도 여기엔 곳곳에 있잖아요, 골짜기 같은 거 어, 이름이 있습니까?

⁻ 그렇지, 여 골짜기 이름이야 있고 말고죠 뭐. 저기 인제 거 황잇골이라는데 거기 인제 황이리라는 데가 황잇골 있고 거기 인제 그 안에 들어가면 용솟골, 옛날 용소라는데가 있고, 황잇꼴.

예.

⁻ 그 다음에 이 아래, 아래 여기는 큰곡, 또 저 아래 ㄱ 학교 안에는 벽실골, 이거슨 인제 조침령골.

조

⁻ 조침, 조침령골이라고, 요기 인제 지금 다리 공사하는 거기.

거 왜 조침령골입니까?

⁻ 그저 새 조 자라고 무슨 뜻이 뜻이 우린 모르지요, 왜 조침령인지.

아 예예. 황이골은 왜 황잇골입니까?

⁻ 예 황이골은 황 자, 누를 황 자 황이리라는 그 골, 그런데

거기가 황이리라는 동:네가 이쓰니까.

⎯ 예. 그 지끔 그루터기네 거거 화~이자너. 거가 월래 서럼닌데 화~이리로

예. 그럼 거기 아까 그 조침녕꼴 말고 또 어떵게 이씀니까?

⎯ 고 미테 인제 밤부두꼬리라고, 반펑꼴.

반펑꼴요?

⎯ 예.

고 어떤 이름 가틍거 혹씨 암 이르미 왜 그런지는 쫌 암:니까?

⎯ 근데 반펴~이라고 인제 그래능기 조침녕은 인제 잘 모르게씀미다마는 바니라능거는 인제 그 식싸할쩨 그 바니짜너.

예.

⎯ 그래 요그메[20] 인제 우리 그 칠때조 산소가 이써유.

예.

⎯ 근데 그걸 옌:나레 인제 그 양반드리 그저 *** ** 옌나레 스님드리 대:개 인제 자라니까 고 아페 가서 아침 식싸르 하고 게 올라가 보니까 펜펜하니 여게 인제 그 금:반혀~이라 반, 금:반혀~인데 여기다 사늘 마:~이 씨지 말구 내우분만 써라.

내?

⎯ 내우분, 두:분만.

아.

⎯ 내우분만 써라 그래써는데 그 주~에서 **** 쑹기 어떠케 뭐 자손드리 아버지 여푸로 가게따 아버지 여푸로 가게따 그니까 인제 여서짱을 지끔 썬는데 그거 때미레 금:바니라능게 반펴~이라능게 그러게 생겡가태요[30].

아 여기예는 혹씨 옌날 전설가틍거 내려오능게 이씀니까, 전설가틍거요?

⎯ 전설 내려오능거는, 그 아깨도 얘기해찌마는 여기 저 이 저저 조침녕

거기가 황이리라는 동네가 있으니까.

 - 예. 그 지금 그루터기네 거기가 황이잖아, 거기가 원래 서림리인데
황이리로

예. 그럼 거기 아까 그 조침령골 말고 또 어떤 것이 있습니까?

- 고 밑에 인제 반부둣골이라고, 반평골.

반평골요?

- 예.

고 어떤 이름 같은 거 혹시 압

- 그런데 반평이라고 인제 그러는 게 조침령은 인제 잘 모르겠습니다
만 반이라는 것은 인제 그 식사할 적에 그 반이잖아.

예.

- 그래, 여기 인제 우리 그 칠대조 산소가 있어요.

예.

- 그런데 그걸 옛날에 인제 그 양반들이 그저 *** ** 옛날에 스님들이
대개 인제 잘 하니까 그 앞에 가서 아침 식사를 하고 거기 올라가서 보니
까 편편하니 여기가 인제 그 금반형이라 반, 금반형인데 여기다 산을 많
이 쓰지 말고 내외분만 써라.

내?

- 내외분, 두 분만

아.

- 내외분만 써라 그랬었는데 그 중에서 **** 쓴 것이 어떻게 뭐 자손들
이 아버지 옆으로 가겠다 아버지 옆으로 가겠다 그러니까 인제 여섯장을
지금 썼는데 그거 때문에 금반이라는 것이 반평이라는 것이 그렇게 생건
것 같아요.

아, 여기에는 혹시 옛날 전설 같은 것이 내려오는 게 있습니까? 전설 같은 거요?

- 전설 내려오는 것은, 그 아까도 얘기했지만 여기 저 이 저저 조침령

꼴 드러가믄 황정나무꼬리라고 이써요.

　네.

　￣ 황정나무꼬리라능기 그 아깨도 얘기해찌만 이런 손낭그 굴:궁거를 인제 그 나라에서 피료로 할쩨 비:가는, 그 황정모기라고.

　네.

　￣ 그기 인제 유:명항게 왜 유:명하냐면 유래로 내려오능게 여기 나마는 이드리 다 도라가시고 그래썬데 부룰 부리 인제 저 진***** 인제군 여기가 기림며닌데 기림면서 산화가 나가지고 사무타는데 거 황정나무인는데 거 고 부근마는 안타드라그드라구요, 안타따구. 그런 유래는 내려오능걸 드러씀미다마는 그래고는 뭐

　예. 그럼 여기 혹씨 사니나 나무, 나무 호수가튼데 얼킨 옌날얘기 가틍거는 업꾸요?

　￣ 그러추, 나무 가틍거

　예예, 그럼 이 마으레서 주로, 마을뿐드른 어떤니를 주로 하심니까?

　￣ 노˜어비죠 뭐, 농사.

　어떵거 어떵거 이씀니까?

　￣ 기니까 인제 우선 논농사, 벼, 저 아래 거기 인제 논농사하구 반농사하고 요주문 그거 머 농사 제:가주고 소드기 안 마즈니까 인질쑤기라고 그 사철쑥.

　인

　￣ 인질쑥. 인질쑤기라고 그래서 그 사철쑤기거덩뇨? 그건 겨우레도 살:고 그랜는데 그걸 여슬 과:가주고 인제 그 노˜여베서 걸 수매해썬데 노˜여베 재:고가 마느니 인제 그게 하도 공자˜이 마:느니까 그래 그거 가주고 인제 생게하고.

　예. 옌나레는 여기가 이제 주로 어떵거 옌날, 아주 옌:나레는요, 지금말고 옌나레는?

골 들어가면 황적나뭇골이라고 있어요.

　네.

　￣ 황적나뭇골이라는 것이 그 아까도 얘기했지만 이런 소나무 굵은 것을 인제 그 나라에서 필요로 할 때 베 가는, 그 황적목이라고.

　네.

　￣ 그것이 인제 유명한 것이 왜 유명하냐면 유래로 내려오는 것이 여기 나이 많은 이들이 다 돌아가시고 그랬었는데 불을 붙이 인제 저 진*****인제군 여기가 기림면인데 기림면에서 산화(山火)가 나가지고 사뭇 타는데 거 황적나무 있는데 거 고 부근만은 안 타더라고 그러더라고요, 안 탔다고. 그런 유래는 내려오는 걸 들었습니다마는 그러고는 뭐

　예. 그럼 여기 혹시 산이나 나무, 나무 호수 같은데 얽힌 옛날 얘기 같은 것은 없고요?

　￣ 그렇죠, 나무 같은 거

　예예, 그럼 이 마을에서 주로, 마을 분들은 어떤 일을 주로 하십니까?

　￣ 농업이죠 뭐, 농사.

　어떤 거 어떤 거 있습니까?

　￣ 그러니까 인제 우선 논농사, 벼, 저 아래 거기 인제 논농사하고 밭농사하고 있는데 요즘은 그거 뭐 농사 지어 가지고 소득이 안 맞으니까 인진쑥이라고 ㄱ 사철쑥.

　인

　￣ 인진쑥. 인진쑥이라고 그래서 그 사철쑥이거든요? 그건 겨울에도 살고 그랬는데 그걸 엿을 고아 가지고 인제 그 농협에서 그걸 수매했었는데 농협에 재고가 많으니 인제 그게 하도 공장이 많으니까 그래 그거 가지고 인제 생계하고.

　예. 옛날에는 여기가 이제 주로 어떤 거 옛날, 아주 옛날에는요, 지금 말고 옛날에는?

ㅡ 아주 옌:나렌 만날 감자 농사 그저 뭔, 노니래야 그저 뭐 요그서 쪼끔 인제 노니래야 그러쿠. 참 입쌀 힌밤멍능거는 제:사때나 그맘때 가서래야 저기 저 힌, 힌 쌀랕 귀:경하고 그래구야 뭐, 만날 보리바비지조. 그저네여 보리도 마:~이 해써유.

금 여기서는 인제 감재 농사

ㅡ 그러초 감자, 보리, 뭐 콩, 옥쑤수.

감자 보리 콩 옥쑤수.

ㅡ 그래 화저니란건 아주 엄청나게 하구.

아, 화

ㅡ 화:전, 그럼 여.

화:저니면 어떠케 해씀니까?

ㅡ 화:저는 인제 그 나, 이러케 사네 가서 여기다가 뭘 하면 되게따 하고 낭글 인제 이래가지고 양지바른데 가선 낭글 이렁걸 비:, 비:서 인제 재워 따간 부룰 노아가주구는 거기다가 인제 감자도 하고, 옥쑤수도 하고, 호파뚜 이렁거또 해 가주구.

호?

ㅡ 유몽미나나 항 그니깐 사:라미 사:능게 뭐 그기 매련상읍쪼 뭐. 그저 콩두 하고, 옥쑤수, 메물 그저 그러케 해: 가주고.

메련상 업따는 마리 뭐예요?

ㅡ 그, 사:능기 헹펴넙따는 얘기지.

아, 예 예. 잘 모르는 말쓰믈 하셔가지고 가끔 여쭤보기도 할께요.

ㅡ 아, 괜차너요, 뭐 제가 아는데까진 대:다바고 모르능건

예. 이 마으레는 뭐 고사도 지냄니까, 고사?

ㅡ 고:사가 그게 인제 그 왜정때는 구한, 왜정때는 지내써요.

예 그 이저네는?

ㅡ 그 이저네, 왜정 저네는 지내거등뇨. 근데 그 후루는 고 오일륙 군사

˚ 아주 옛날엔 만날 감자 농사 그저 뭐, 논이라야 그저 뭐 요기서 조금 인제 논이라야 그렇고. 참 입쌀 흰밥 먹는 것은 제사 때나 그맘때 가서야 저기 저 흰, 흰 쌀낟 구경하고 그러고야 뭐, 만날 보리밥이지요. 그전에 여기 보리도 많이 했어요.

그럼, 여기서는 인제 감자 농사

˚ 그렇죠 감자, 보리, 뭐 콩, 옥수수.

감자 보리 콩 옥수수.

˚ 그래 화전이란 것은 아주 엄청나게 하구.

아, 화

˚ 화전, 그럼 여기.

화전이면 어떻게 했습니까?

˚ 화전은 인제 그 나, 이렇게 산에 가서 여기다가 뭘 하면 되겠다 하고 나무를 인제 이래 가주고 양지바른 데 가서 나무를 이런 걸 베어 가지고, 베서 인제 재웠다간 불을 놓아서는 거기다가 인제 감자도 하고, 옥수수도 하고, 호팥도 이런 것도 해 가지고.

호?

˚ 유목민이나 한 그러니깐 사람이 사는 것이 뭐 그게 형편이 없지요, 뭐. 그저 콩도 하고, 옥수수, 메밀 그저 그렇게 해 가지고.

매렴산 없다는 말이 뭐예요?

˚ 그, 사는 것이 형편없다는 얘기지.

아, 예 예. 잘 모르는 말씀을 하셔서 가끔 여쭤보기도 할게요.

˚ 아, 괜찮아요, 뭐 제가 아는 데까지 대답하고 모르는 것은

예. 이 마을에는 뭐 고사도 지냅니까, 고사?

˚ 고사가 그게 인제 그 왜정 때는 구한, 왜정 때는 지냈어요.

예, 그 이전에는?

˚ 그 이전에, 왜정 전에는 지내거든요. 그런데 그 후로는 고 오일육 군사

형명 인제 박때통녕 그래고버터먼 미:시니 뭐 인냐. 그래 그걸 아이래고 버터는[31] 머 지낼 때나 안 지낼 때나 똑까태유.

그머 예저네는 지내쪼?

⌐ 예:저네 지내고 엄청나게 잘 지내찌유.

어터게 지내씀니까?

⌐ 어트게 지내고마:나 거 웬만한데는 소머리 사다가 고:사를 올리구 돼:지머리 사다가 그래구 정월

언제 언제 해씀니까?

⌐ 인제 정월 초나흔나리 인제

초

⌐ 초나흐른 서림 전체 전:사르 지내구.

전사를요?

⌐ 예, 아, 전체가 인제 그 고:사로 올리고.

정월

⌐ 초나흔날, 음녀그루.

왜 초나흔날?

⌐ 고 날짜르 그러케, 근데 그러케 날찐, 일찌니 이래 바:서 그래구. 그래구 인제 그 각, 요 저저, 제:당 산제다~이라구 뭐, 마라자면 각 바네 하나씩 다 이써써요. 그거는 파뤌 시보일 저누로.

음.

⌐ 그거또 그냥 그러케 그러케 지내구.

예예. 아 예, 파뤌 시보일 저누로 지내시고요, 그 다메 또또 언제 또 이게

⌐ 예?

정월 초하루, 파뤌, 정월 초사흔날, 그담 정월, 파뤌 시보일 또

⌐ 파뤌 시보일 전.

저네, 그럼 두번 지내씀니까, 고사는?

혁명 인제 박대통령 그러고부터는 미신이 뭐 있냐. 그래 그걸 안 그러고
부터는 뭐 지낼 때나 안 지낼 때나 똑같아요.

그럼, 예전에는 지냈죠?

⎯ 예전에 지내고 엄청나게 잘 지냈지요.

어떻게 지냈습니까?

⎯ 어떻게 지내고마나 거 웬만한 데는 소머리 사다가 고사를 올리고 돼
지머리 사다가 그러고 정월

언제 언제 했습니까?

⎯ 인제 정월 초나흗날이 인제

초

⎯ 초나흘은 서림 전체 전사를 지내고.

전사를요?

⎯ 예, 아, 전체가 인제 그 고사를 올리고.

정월

⎯ 초나흗날, 음력으로.

왜 초나흗날?

⎯ 고 날짜를 그렇게, 그런데 그렇게 날진, 일진이 이게 봐서 그러고. 그
러고 인제 그 각, 요 저저, 제당 산제당이라고 뭐, 말하자면 각 반에 하나
씩 다 있었어요. 그거는 팔월 십오일 전으로.

음.

⎯ 그거또 그냥 그렇게 지내고.

예예. 아 예, 팔월 십오일 전후로 지내시고요, 그 다음에 또또 언제 또 이게

⎯ 예?

정월 초하루, 팔월, 정월 초사흗날, 그 다음 정월, 팔월 십오일 또

⎯ 팔월 십오일 전.

전에, 그럼 두 번 지냈습니까, 고사는?

˜ 그러치, 일려네 두번씨기지 그래고 인제 뭐 지베서 누가 불편하다 이래믄 제:다˜에 가서 메 제: 노쿠, 고:사 올리구 그래지유.

아.

˜ 그런 습꽈니 인제 그기 이썽기 인젠 건 다 업써저써요.

그러며는 고사를 지낼 때 거 어떤, 순서는 어떠케 됩니까, 먼저?

˜ 순서야 제사 때 모야˜으로 인제 그 **, 대:추, 밤:, 꼬깜 인제 노코.

조?

˜ 시:

시가 뭡니까?

˜ 대:추, 밤:, 꼬깜, 배, 고러케 인제 ** 포 노쿠, 고다메 인제 뭐 어물도 좀 노쿠 인제 그니까 제:사 지내능건만 해:두 인제 그 그 그러케 지내지유 머.

그러며는 어, 제사지내능거매애로 이러케 하는데 고 순서가 어떠케 됩니까? 먼저 음시글 지어 노코 동네 사람드를 다 모아노코.

˜ 그러추 고 반싸람드른 쌍모이주.

쌍모여가주고, 그 다메 인제 순서대로 뭐 이러케 하자나요, 누가 그걸?

˜ 그니까 젤: 라이 인제 마:는 냥바니 그거 하고, 그런데 제:주는 거가서 하머 제:산날바꼬 눌러³²⁾ 제:줄 봉:해요, 한: 데다가. 한데다가 봉:하면 어떠케 수리 잘 되더라구, 그래구.

수리 잘 된다고요?

˜ 제:주가 잘 되더라구유, 그리고 인제 시루도 인제 찌고 이래가주구. 제:사야 참 잘 지내지유, 머.

예. 그러면 인제 젤 먼저 하는 순서가 제주가 인제 요러케 다 안내를 이러케

˜ 그러추, 그거뚜 인제 그 멍:가 아:무사라미나 막 인제 그 제:주가 되능게 아니라 인제 그 제:사 장마나는 제:주가 되능게 아니라 그 사라메 생기하고 일찐, 그걸 전부 마췌가주구³³⁾ 궁하비 마저야 그 제:사 지내능

˝ 그렇지, 일년에 두 번씩이지 그러고 인제 뭐 집에서 누가 불편하다 이러면 제당에 가서 메 지어 놓고, 고사 올리고 그러지요.

아.

˝ 그런 습관이 인제 그기 있었던 것이 인제 그건 다 없어졌어요.

그러면 고사를 지낼 때 거 어떤, 순서는 어떻게 됩니까, 먼저?

˝ 순서야 제사 때 모양으로 인제 그 **, 대추, 밤, 곶감 인제 놓고.

조?

˝ 시:

시가 뭡니까?

˝ 대추, 밤, 곶감, 배, 그렇게 인제 ** 포 놓고, 그 다음에 인제 뭐 어물도 좀 놓고 인제 그러니까 제사 지내는 것만 해도 인제 그 그 그렇게 지내지요 뭐.

그러면 어, 제사 지내는 것처럼 이렇게 하는데 고 순서가 어떻게 됩니까? 먼저 음식을 지어 놓고 동네 사람들을 다 모아놓고.

˝ 그렇죠, 고 반 사람들은 싹 모이죠.

싹 모여 가지고, 그 다음에 인제 순서대로 뭐 이렇게 하잖아요, 누가 그걸?

˝ 그러니까 제일 나이 인제 많은 양반이 그거 하고, 그런데 제주는 거기 가서 하면 제삿날 받고 바로 제주를 봉해요, 한데다가. 한데다가 봉하면 어떻게 술이 잘 되더라고, 그러고,

술이 잘 된다고요?

˝ 제주가 잘 되더라고요, 그리고 인제 시루도 인제 찌고 이래 가지고. 제사야 참 잘 지내지요, 뭐.

예. 그러면 인제 제일 먼저 하는 순서가 제주가 인제 요롭게 다 안내를 이렇게

˝ 그렇죠, 그것도 인제 그 뭔가 아무 사람이나 막 인제 그 제주가 되는 것이 아니라 인제 그 제사 장만하는 제주가 되는 것이 아니라 그 사람의 생기(生氣)하고 일진(日辰), 그걸 전부 맞춰 가지고 궁합이 맞아야 그 제

거 하고 궁하비 마저야 그사람한테 씨기지, 막 하지는잔치 머. 그 정서~
이지.

　막 시키...

　¯ 막, 아:무 사라미나 막 씨기진장쿠 고:를 인제 우리가 서:이짜누⁵⁾? 예
를 드러서 인제 박싼니미 만냐게 생기가 마지믄 박싸임 채레가고, 고다메
내가 마지믄 내가 채레가고 그이 다으메 오고 그래지 뭐.

　아, 생개나 일찌니?

　¯ 그러지 마저야지유. 삼하비 마저야

　아. 여기 뭐 옌나레는 여기 게가틍거 이씀니까, 게?

　¯ 게:야 인제 이찌유 머.

　어떵거 이씀니까?

　¯ 게:는 인제 상포게.

　아, 그래요, 고거만 이씀니까?

　¯ 그러치유, 상포게가 이꾸는, 상포게가 젤: 킁게니까.

　예.

　¯ 샤:람 주거, 인젠 상포게도 업써저써유.

　상포게는 어떵검니까?

　¯ 그 사람 주구믄 인제 장사치루능거 상군더리 그 사~예 모시구 나가는
그걸.

　아, 그러케 인제 나중에 도라가신 부늘 위해서 이제

　¯ 그러추, 나가서 전체 나가서 상살 치러주능거.

　상?

　¯ 사~예 모:시구.

　예, 상여 모시고.

　¯ 예. 게:능 그거배껜

　업꾸요.

사 지내는 것하고 궁합이 맞아야 그 사람한테 시키지, 막 하지는 않지 뭐. 그 정성이지.

막 시키...

˜ 막, 아무 사람이나 막 시키지는 않고 그것을 인제 우리가 셋이 있잖으오? 예를 들어서 인제 박사님이 만약에 생기가 맞으면 박사님 차례가 가고, 그 다음에 내가 맞으면 내가 차례가 가고 그이 그 다음에 오고 그러지 뭐.

아, 생기나 일진이?

˜ 그러지 맞아야지요. 삼합이 맞아야

아. 여기 뭐 옛날에는 여기 계 같은 것은 있습니까, 계?

˜ 계야 인제 있지요 뭐.

어떤 거 있습니까?

˜ 계는 인제 상포계.

아, 그래요, 고것만 있습니까?

˜ 그렇지요, 상포계가 있고는, 상포계가 제일 큰 계니까.

예.

˜ 사람 죽어, 인제 상포계도 없어졌어요.

상포계는 어떤 겁니까?

˜ 그 사람 죽으면 인제 장사 치르는 것은 상여꾼들이 그 상여 모시고 나가는 그건.

아, 그렇게 인제 나중에 돌아가신 분을 위해서 이제

˜ 그렇죠, 나가서 전체 나가서 상사(喪事)를 치러 주는 거.

상?

˜ 상여 모시고.

예, 상여 모시고.

˜ 예. 계는 그것밖에는

없고요.

ˉ 그리곤 뭐

그다메 아 고런 그다메 이 마으레는 혹씨 다른 마으라고 쫌 다르게 독트카게 가진 뭐 특찡가틍거 이씀니까?

ˉ 우리 마으레 특찡가틍거는, 타마을도 그러케찌만 그게 다나비 잘 되능거, 그게 수상수하가네[35].

수상수하?

ˉ 예, 으:르니드리나 아:더리나 다나비 잘되능거 그게지유.

아, 예. 아, 어르시니 어릴 때와 이러케 봐쓸 때, 지금 뭐 달, 지금하고 옌나라고 달러징게 쫌 마니 이씀니까?

ˉ 달러지능게 만:치요. 우리 어릴쩨, 머 참 나:는 얼매 안 돼:두 우리 어릴쩨 하고 지끔하고 우선 아마 달러정기 조상을 모:시는 그 인제 그거버텀 하마 달러저써요. 왜그냐 하면 나 아버지까지만, 내 할아번, 내가 아:는, 아:는 이까지만 제:살 지내구 그 위는 어느 젤: 나이 마:너서 도러가션 하라버~이.

예.

ˉ 예를 드러서 갈:게[36] 그래서 합쩨르 지내능거 그기 이제 달러저찌유, 머.

아, 그래요, 예저네는.

ˉ 예저네는 그저 뭐 이 일려니믄, 우리집 우리집뜰두 일려니믄 열:뻐늘 지내야돼유. 매:달 제:사르 하다시피하니 그 배게내오? 자손드리 그저 뭐 수타 마:느니까 하루쩌야게 음:복쑤르 막껄리 이러케 해:노면 한말씩, 한 도~우씩 음:복쑤리라 나가니 그기 뭐, 아유, 그래가주군.

일려네 열뻐니면 누구누구 제사를 지냄니까?

ˉ 누구누구 인제 그 고조, 증조, 조부, 또 인제 아버지, 그러케 인제. 그니까 두:벌씩 지내고 또 거:다가 절문·사람덜 상체하고 이래면 또 지내구, 이 뭐 매렌상 업찌유 뭐.

˝ 그리곤 뭐

그 다음에 아 그런 그 다음에 이 마을에는 혹시 다른 마을하고 쫌 다르게 독특하게 가진 뭐 특징 같은 거 있습니까?

˝ 우리 마을에 특징 같은 것은, 타 마을도 그렇겠지만 그게 단합이 잘 되는 거, 그게 수상수하간에.

수상수하?

˝ 예, 어른들이니 아이들이나 단합이 잘 되는 거 그거지요.

아, 예. 아, 어르신이 어릴 때와 이렇게 봤을 때, 지금 뭐 달, 지금하고 옛날하고 달라진 것이 좀 많이 있습니까?

˝ 달라지는 게 많죠. 우리 어릴 제, 참 나이는 얼마 안 돼도 우리 어릴 때하고 지금하고 우선 아마 달라진 것이 조상을 모시는 그 인제 그것부터 벌써 달라졌어요. 왜 그러냐 하면 내 아버지까지만, 내 할아번, 내가 아는, 아는 이까지만 제사를 지내고 그 위는 어느 제일 나이 많아서 돌아가신 할아버지.

예.

˝ 예를 들어서 가을에 그래서 합제를 지내는 거 그것이 이제 달라졌지요, 뭐.

아, 그래요, 예전에는.

˝ 예전에는 그저 뭐 이 일 년이면, 우리집 우리집들도 일년이면 열 번을 지내야 돼요. 매달 제사를 하다시피 하니 그거 배겨 내오? 자손들이 그저 뭐 숱하게 많으니까 하루저녁에 음복 술을 막걸리 이렇게 해 놓으면 한 말씩, 한 동이씩 음복 술이라 나가니 그게 뭐, 아유, 그래가지고는.

일년에 열 번이면 누구누구 제사를 지냅니까?

˝ 누구누구 인제 그 고조, 증조, 조부, 또 인제 아버지, 그렇게 인제. 그러니까 두 벌씩 지내고 또 거기다가 젊은 사람들 상처(喪妻)하고 이래면 또 지내고. 이 뭐 형편도 없지요,뭐.

상?

⁻ 상체하고, 만냐게 마누래가 죽뜬지 남펴니 죽뜬지 이래문

아 예. 인제 고런 제사지내능거 달라전는데 그죠?.

⁻ 그거또 하머 우선 달라지구.

또 뭐 풍스비나 뭐 그 외에 또 달라징게 뭐 업쓸까요?

⁻ 풍스비 인제 달라정거는 지끄믄 옌:나레다대:믄 참 쌀밥뚜 시러하는 세:상이거등뇨, 지끄믄. 옌:나레는 싸리라능거를 아깨도 얘기해찌만, 제:사 때나 인제 그 쫌 귀경을 하는데, 그맘때는 그래도 읍:써두 동네서 인제 요런 바느루, 열찌비면 열찝, 수무지비면 수무집 인제 정월 초하룬나리 지내가고 초사흔나리나 초나흔날버텅은 떡꾹 채레. 만두꾹 끄레가주구 으:른들 대:접하는 인제 그런 풍소기 이썬데 지끔 그게 읍:써저써요.

아. 만두꾸글 대접해따고요?

⁻ 그러추, 그 하루 온종일 으:른드리 가따 증:슴, 저녁꺼지 식싸 대:저블 하고 그래고는 또 그다음나른 또 딴 지비 그래고, 딴 지비 그래고, 게:속 그래서 한 채레 도러가고, 인제 그러케 지끄믄 인제 그런 습꽈니 업:써정기 그기 외려 사:라미 잘 쌀쑤로 어떠케 그기 좀 업써전능거 가태요.

음, 잘 살

⁻ 지금 잘 살:거등뇨, 그맘때다 대믄. 지그미야 뭐 엄청나게 잘 살지유머. 그맘때야 여기 전부 이 능에집[37], 기양 저 낭글 이러케 퉁나물 이러케 툭 세워가주군

무슨 나무요?

⁻ 퉁나무 인제 이러케 이러케 해가주군 그 저 사네가서 불피 베끼던지 기자느면, 이:찌푸루 이영을 배저가주구[38] 그러케 살:구 그래썬데. 지끄믄 전부 머 참 잘싸나마나지, 머 냉:장고가 이썬나, 지끔 뭐 냉:장고가 이꾸 뭐, 세:탁끼가 이따 이래니, 그기 참 천지차인데두 그런 습꽌, 옌:날 으:른 대접하능 그렁거는 좀 머러정거 가태유, 읍:써정거 가태.

상?

⎯ 상처하고, 만약에 마누라가 죽은지 남편이 죽든지 이러면

아, 예. 인제 그런 제사 지내는 거 달라졌는데 그렇죠?

⎯ 그것도 벌써 우선 달라지고.

또 뭐 풍습이나 뭐 그 외에 또 달라진 게 뭐 없을까요?

⎯ 풍습이 인제 달라진 것은 지금은 옛날에다 비교하면 참 쌀밥도 싫어하는 세상이거든요, 지금은. 옛날에는 쌀이라는 것을 아까도 얘기했지만, 제사 때나 인제 그 좀 구경을 하는데, 그맘때는 그래도 없어도 동네서 인제 요런 반으로, 열 집이면 열 집, 스무 집이면 스무 집 인제 정월 초하룻날이 지나가고 초사흗날이나 초나흗날부터는 떡국 차례. 만둣국 끓여 가지고 어른들 대접하는 인제 그런 풍속이 있었는데 지금 그게 없어졌어요.

아. 만둣국을 대접했다고요?

⎯ 그렇죠, 그 하루 어른들을 갖다 점심, 저녁까지 식사 대접을 하고 그러고는 또 그 다음날은 또 다른 집이 그러고, 다른 집이 그러고, 계속 그래서 한 차례 돌아 가고, 인제 그렇게 했었는데 지금은 인제 그런 습관이 없어진 것이 그것이 오히려, 사람이 잘 살수록 어떻게 그게 좀 없어진 것 같아요.

음, 잘 살

⎯ 지금 잘 살거든요, 그맘때에다 비교하면. 지금이야 뭐 엄청나게 잘 살지요 뭐, 그맘때야 여기 전부 너와집, 그냥 저 나무를 이렇게 퉁나무를 이렇게 툭 세워 가지고는

무슨 나무요?

⎯ 퉁나무 인제 이렇게 이렇게 해 가지고는 그 저 산에 가서 껍질을 벗기던지 그렇지 않으면, 볏짚으로 이엉을 엮어 가지고 그렇게 살고 그랬었는데. 지금은 전부 뭐 참 잘 사나마나지, 뭐 냉장고가 있었나, 지금 뭐 냉장고가 있고 뭐, 세탁기가 있다 이러니, 그게 참 천지차이인데도 그런 습관, 옛날 어른 대접하는 그런 것은 멀어진 것 같아요, 없어진 것 같아.

어르신 그 저기 구룡녕[39]이라는데 이짜나요?

= 예, 구룡

거기 왜 구룡녕임니까? 거기.

= 게 구룡이 거 그저네 요~이 아홉마리 이써때 그래서 구룡여~이라 그래.

아, 용이 아홉마리가 이써가지구요? 아, 머 다른 그 뭐 어떤 얘기가 이씀니까 그 저내오는 내기.

= 거 머 다른 얘기가 만턴데 뭐 그거 지그 기어그라내나서 몰르지.

아, 그리고 여기에 어제 그 저 쯤 그 여페 계신 분 중에서 쯤 머리 히끄디끈 하셔떤분 이짜나요? 그 양봉하시는 분 말고 그때 저기 인제에서 오셔따는분 말고 그 쯤 머리 야깐

= 어어 그 **~이 **~이라고 갈천 노이뇌자~이야 그기.

아 그부니요? 아 연세가 그분도 되시능거 가튼데

= 그 패가 그기 오래 칠씨벼덜빙가[40] 이래여.

아, 그러세요. 아. 그르구 그 부는 그 갈천네서

= 에, 갈처네

아.

= 갈천

그 머 아무일 아나세요?

= 뭐 *끄니라네여.*

으음, 아 그분 그 쯤 성하믈 쯤 서하미랑 열락처를 쯤 알쑤 이쓸까요? 나중에 혹씨라도 또

= 거양 갈처닌데 저놔 저놔버노 또 저놔버노 채글바야알지 뭐.

아, 그래여? 그럼 성함만 얘기해 주시면

= 이**~이.

이짜 *짜 *짜.

어르신 그 저기 구룡령이라는데 있잖아요?

ᆖ 예, 구룡

거기 왜 구룡령입니까? 거기.

ᆖ 거기 구룡령이 거 그전에 용이 아홉 마리 있었다 그래서 구룡령이라 그래.

아, 용이 아홉 마리가 있어 가지고요? 아, 뭐 다른 그 뭐 어떤 얘기가 있습니까 그 전해오는 얘기.

ᆖ 거 뭐 다른 얘기가 많던데 뭐 그거 제가 기억을 안 해놓아서 모르지.

아, 그리고 여기에 어제 그 저 좀 그 옆에 계신 분 중에서 좀 머리 희끗희끗 하셨던 분 있잖아요? 그 양봉하시는 분 말고 그때 저기 강원도 인제군에서 오셨다는 분 말고 그 좀 머리 약간

ᆖ 어어, 그 **이 **이라고 갈천 노인회장이야 그게.

아, 그 분이요? 아, 연세가 그분도 되시는 거 같은데

ᆖ 그 사람이 그게 올해 칠십여덟인가 이래요.

아, 그러세요. 아. 그리고 그 분은 그 갈천에서

ᆖ 에, 갈천에

아.

ᆖ 갈천

그 뭐 아무일 안하세요?

ᆖ 뭐 큰일 안해요.

으음, 아, 그분 그 좀 성함을 좀 성함이랑 연락처를 좀 알 수 있을까요? 나중에 혹시라도 또

ᆖ 그냥 갈천인데 전화 전화번호 또 전화번호 책을 봐야 알지 뭐.

아, 그래요? 그럼 성함만 얘기해 주시면

ᆖ 이**이.

이자 *자 *자.

＝ 이**.

그분도 토바기시죠?

＝ 예, 토배기지.

갈처니면 녀기서 쪼끔 더 가야 될

＝ 아, 예 갈천 여기서 한 머 한 사키로 더 가야돼.

아, 그럼 뭐 멀지는 안네요.

＝ 에헴 에헴 에헴. 바루 구릉농미테 이써 아주

구룡농 미테요? 아, 그러쿠나.

＝ 뭐 도:로 가다가 보믄 도로 좌:츠게 눌러 지비 이쓰니까 차끼도 쉬워
요. 고 가믄 갈천: 가드라는 시 식땅찌비 이따구 바루 고 건네편 쬐꿈무
편 쪼그루 건네편 찌비야 바루.

아 그 어제 그 인제에서 오셔따는 부는

＝ 그건 요요건네에 이써.

아, 조건너에 게시구 그분도 그분 총문니미시죠? 그부는 인제 인제에서 오신
부니고 그 저 이** 어르시는 여기서 계속 쭉자라신 본토바기시구요.

＝ 이** 그사라믄 저 저 뭐 여 설치바치라 그래서 설피반 박딸령너메 설
치바치라구. 그랭까 인제군 기림면 진동니에 사른거어. 아주 산꼬레 사라
써.

아 그러셔써요? 이 저네 이제 쭈 조사를 할려며는 아무래도 일하시는 분보
다 일 아나시는 분드리 마니 도와줄쑤 이쓰니까 그래서. 거 아까 어제 그분 인
제에서 오신부니나 저기 총문 저기 벌 하시는 부는 바쁘실꺼 가떠라구요 보니
까. 그래서 여쮜보며는 이제 저녀게 여쮜봐야 데고 그러니까 나제 할쑤 인는
분드른 어떤 부니냐 그래서. 긍까 어르신 가튼 경운 어 어르시는 금 태어낭고
슨 어디예요? 정화카게

＝ 태어나긴 뭐 여기서 태어나써.

여기 어 옌나레는 여기가

= 이**.

그분도 토박이시죠?

= 예, 토백이지.

갈천이면 여기서 조금 더 가야 될

= 아, 예 갈천 여기서 한 뭐 한 4km 더 가야 돼.

아, 그럼 뭐 멀지는 않네요.

= 에헴 에헴 에헴. 바로 구룡령 밑에 있어 아주

구룡령 밑에요? 아, 그렇구나.

= 뭐, 도로 가다가 보면 도로 좌측에 바로 집이 있으니까 찾기도 쉬워요. 거기 가믄 갈천가든이라는 시 식당집이 있다고 바로 그 건너편 조금 우편 쪽으로 건너편 집이야 바로.

아, 그 어제 그 인제에서 오셨다는 분은

= 그건 요 요 건너에 있어.

아, 저 건너에 계시고 그분도 그분 총무님이지지요? 그분은 인제 강원도 인제군에서 오신 분이고 그 저 이** 어르신은 여기서 계속 쭉 자라신 본토박이시고요.

= 이** 그 사람은 저 저 뭐 여 설치밭이라 그래서 설피밭 박달령 너머에 설치밭이라고. 그러니까 인제군 기림면 진동리에 산 거야. 아주 산골에 살았어.

아, 그러셨어요? 이 전에 이제 쭉 주사를 하려며는 아무래도 일하시는 분보다 일 안하시는 분들이 많이 도와줄 수 있으니까 그래서. 거 아까 어제 그분 강원도 인제군에서 오신 분이나 저기 총문 저기 벌 하시는 분은 바쁘실 것 같더라고요 보니까. 그래서 여쭤보면은 이제 저녁에 여쭤봐야 되고 그러니까 낮에 할 수 있는 분들은 어떤 분인가 그래서. 그러니까 어르신 같은 경우는 어 어르신은 그러면 태어난 곳은 어디예요? 정확하게

= 태어나긴 뭐 여기에서 태어났어.

여기 어 옛날에는 여기가

＝ 예 옌:나렌 여그 서림 삼뱅육씨뻔지에서 태어난거구

아 그래여.

＝ 서림니 예.

어르신 연세는 어떠케 되세요? 연세가 어떠케

＝ 제가 호적싸~으로는 나이가 주러서 줄고 원나이는 오래 칠씨바호비예요.

아, 그래요?

＝ 예, 무진새~이.

아, 무진생이세요? 그러며는 무슨띠싱가요?

＝ 용띠.

아, 용띠시구요, 아. 아, 그믄 어르시는 여기서 쭉 태어나셔서 게속

＝ 그러지유.

며쌀때까지 여기서 사셔써요?

＝ 깅까머 여기서 태어나가지구 저:기 양구가서 한 일려니따 도라와쓰니까 게:속 여기 사런 포기나 항가지야.

아, 어제 인제에 가셔따고

＝ 양구.

아, 양구 가

＝ 양구가서 하닐련 살다가 돌아옹거여.

며쌀때

＝ 그잉까 뭐 양구 가쓸때 뭐 한 여란살 정도 돼:서가따가 눌러 도라온거야.

와가지구 인제 게속쩍

＝ 그래.

군대는 앙가셔써요?

＝ 아이, 군대두 가따와쩌. 응.

＝ 예, 옛날엔 여기 서림 삼백육십번지에서 태어난거구

아, 그래요.

＝ 서림리 예.

어르신 연세는 어떻게 되세요? 연세가 어떻게

＝ 제가 호적상으로는 나이가 줄어서 줄고 원 나이는 올해 칠십아홉이에요.

아, 그래요?

＝ 예, 무진생.

아, 무진생이세요? 그러면은 무슨 띠신가요?

＝ 용띠

아, 용띠시구요, 아. 아, 그러면 어르신은 여기서 쭉 태어나셔서 계속

＝ 그렇죠.

몇 살 때까지 여기서 사셨어요?

＝ 그러니까 뭐 여기서 태어나가지고 저기 강원도 양구군 가서 한 일년 있다 돌아왔으니까 계속 여기 산 편이나 한 가지야.

아, 어제 강원도 인제군에 가셨다고

＝ 강원도 양구

아, 양구 가

＝ 양구 가서 한 일년 살다가 돌아 온 거야

몇 살 때

＝ 그러니까 뭐 양구 갔을 때 뭐 한 열한 살 정도 돼서 갔다가 곧바로 돌아 온 거야.

와 가지고 인제 계속적

＝ 그래.

군대는 안 가셨어요?

＝ 아니, 군대도 갔다왔지요. 응.

군대는 어디 다녀오셔써요?

= 군대는 애당초 에헴 *싸단가따가 그 사 칠 저저 오시빌련도 부상당해 가지구 대구 유꾼벼~워네 가이따가 *사단 ***연대에 와이따가 제대핻.

아, 그러셔써요?

= 네.

공부는 어디까지

= 공부는 머 모태써요. 공부 뭐. 또 머 그 살림두 불거나구[11] 어꾸 머 이 런 산꼬레 사니까 공부도 모:타구. 게서 머이 글짜그렁거 잘 몰라 허허허.

아, 저기 아 예 그다으메. 부모님도 결국 여기 계속 농사 지으싱거조?

= 그래요. 부모네들 짜 지르믄 농사지따 도라가세꾸.

아, 어르신 그 제가 이게 말씀드릴라하니 어르시니 모기 안조으셔가지고 제 가 좀 미아내서 안되겐네요.

= 헤헤헤헤

그조. 어르신 힘드시조, 예 그래서

군대는 어디 다녀오셨어요?

˚ 군대는 애당초 에헤 *사단 갔다가 그 사 칠 저저 1951년도 부상 당해 가지고 대구 육군 병원에 가 있다가 *사단 **연대에 와 있다가 제대했

아, 그러셨어요?

˚ 네.

공부는 어디까지

˚ 공부는 뭐 못했어요. 공부 뭐. 또 뭐 그 살림도 빈곤하고 없고 뭐 이런 산골에 사니까 공부도 못하고. 그래서 뭐 이 글자 그런 거 잘 몰라 허허허이.

아, 저기 아 예 그 다음에. 부모님도 결국 여기 계속 농사 지으신거죠?

˚ 그래요. 부모네들 짜 기르면 농사짓다 돌아가셨고.

아, 어르신 그 제가 이게 말씀드리려고 하니 어르신이 목이 안 좋으셔서 제가 좀 미안해서 안되겠네요.

˚ 헤헤헤헤

그렇지요. 어르신 힘드시지요, 예 그래서

1) 강원도 양양군 서면 황이리에 있는 계곡.

2) '드루완'은 '드루오+아+ㄴ'으로 분석되는데, '두루오-'는 '들어오-'의 방언형이다. 이 지역어에서는 동사의 어간에 관형사형 어미인 '-은'이 직접 결합하지 않고, 동사의 어간과 연결어미 '-어'가 결합한 후에 관형사형 어미가 결합한다.

3) '드완'은 '드로+아+ㄴ'으로 분석되는데, '드로-'는 '들어오-'의 방언형이다. '두루오-'와 같이 이 지역에서 사용되기도 한다.

4) '이써유'는 '있-어요'로 분석된다. 표준어형 '-어요'가 이 지역어에서는 일반적으로 '-어유'로 사용된다.

5) '돼:쓸꺼래요'에서 '-래요'는 표준어형 '-이어요, -이에요'에 대응하는 이 지역의 방언형이다.

6) 국어의 음운규칙에서 유성음 사이에서는 'ㅎ'가 탈락하는 것이 일반적이며, 전국 대부분 지역의 방언에서도 이런 현상이 나타나지만, 이 지역에서는 일부 유성음 사이에서 'ㅎ'가 탈락하지 않는 경우도 있다.

7) '황적-목(黃赤-)'은 소나무의 일종으로 보인다.

8) '비:가주고'는 '비:'는 동사 어간 '베-'와 어미 '-어'가 결합한 활용형인데, '베어→베:→비:'의 과정을 거친 것이다. 이 지역어에서는 장음이 수반되는 경우에 모음상승(베:→비:)이 흔히 일어난다.

9) '아매'는 '아마'의 이 지역 방언형으로 '아마'에 모음 '이'가 첨가되어 '이매'가 된 것이다.

10) '서림리[서림리]'로 발음되는 것이 특이하다. 일반적으로 국어의 경우에는 'ㄹ'를 제외한 자음 뒤에 'ㄹ'가 오게 되면 후행하는 'ㄹ'는 'ㄴ'로 바뀌는 비음화 현상이 나타난다. 그래서 '서림리[서림니]'로 실현되는 것이 일반적이다. '서림리[서림리]'로 발음되는 것은 이 지역 방언의 특색이기보다 개인방언으로 봐야 할 듯하다.

11) '서림리'는 강원도 양양군 서면에 위치한 리(里)인데, 서면 서쪽에 있는 마을로 삼림이 울창하다 하여 '서림(西林)'이 되었다고 한다. 또한 서림사(西林寺)가 있었던 연유로 서림골 또는 서림이라 하다가 1916년 행정구역 폐합에 따

라 서림리가 되었다.

12) 나이를 말할 때 '여든셋'이라고 하지 않고 한자어인 '팔십'와 고유어인 '서이(셋)'이 결합한 형태를 볼 수 있는데, 이와 같이 한자어와 고유어의 결합은 이 방언의 특징이라 볼 수 있다. 그리고 '서이'라고 한 것은 선행 시기에 '에'가 이중모음이었음을 보여주는 증거로서, 이렇게 '서이(셋), 너이(넷)' 등으로 발음되는 것은 주로 숫자를 세거나, 사람의 수를 나타내거나 나이를 말할 때 나타난다.

13) '다서이구'는 '다서-이구'로 분석되며, '다서'는 '다섯'의 방언형으로, 사람의 수를 나타내는 경우이다.

14) '그루터기'는 제보자의 집 인근에 있는 '그루터기 식당'을 의미한다.

15) '거:'는 '거기'의 방언형이다.

16) '갈천'은 강원도 양양군 서면에 위치한 리(里)인데, 밭농사를 주로 하는 농촌 지역이다. 예전에는 이 지역은 화전민의 생활을 면치 못해, 춘궁기에는 갈근(葛根)으로 근근이 생계를 유지하였다 한다. 특히 이 지역의 개울에 갈분이 많다하여 '갈천'으로 불린 것이며, 속칭 '치래'라고도 한다.

17) '영덕'은 강원도 양양군 서면에 위치한 리(里)인데, 밭농사를 주로 하는 농촌 지역이다. 옛날부터 마을의 형상이 소뿔 모양이어서 다산의 덕이 충만하리라는 의미에서 유래한 것이다.

18) '황이(黃耳)'는 강원도 양양군 서면에 있는 리(里)인데, 황룡마을이라고도 한다. 강원도 양양군 서면, 백두대간 구룡령 산자락 동쪽 계곡가에 자리 잡고 있다. 마을을 둘러싼 지형이 마치 귀 달린 황룡이 머무는 형상이라 하여 예로부터 황이리라 불렀다 하기도 하고, 토질이 척박하여 흉년이 들면 곡식이 황이 들어 누런 귀처럼 오그라져 흉년이 자주 든다고 하여 황이리라 불렀다 하기도 한다.

19) 이 지역어에서는 '왜'에 보조서 '-서'가 결합하여 '왜서'로 실현되는 경우가 흔하다.

20) '이리미'는 '이름+이'로 분석되며, 움라우트에 의해서 '이리미'로 실현된 것이다.

21) '일로는'은 '일-로-는'으로 분석되며, '일'은 '이리'의 방언형이다.

22) '조봉(祖峰)'은 강원도 양양군 서면 미천리에 있는 산봉우리 중의 하나이다.

23) '젤:'은 '제일'의 방언형으로, '제일'에서 고모음 '이'가 탈락한 후, 탈락한 모음에 대한 보상으로 장모음화가 일어나면서 '젤:'이 형성된 것이다.

24) '정족산'은 강원도 양양군 서면 내현리에 있는 산의 하나이다.

25) 이 지역은 '강'과 '개울'의 의미 차이가 크게 없다. '강' 자체가 별로 없는 지역이기 때문이다.

26) '남대천'은 강원도 양양군에 흐르는 하천이다.

27) '하이꾜'는 '학교'의 방언형인데, 이 지역어에서는 움라우트의 중간 단계형으로 보이는 이런 예들이 흔히 나타나는데, '고기'도 '고이기'로 발음되기도 한다.

28) 강원도 양양군 서면 서림리에 있는 고개.

29) '요그메'는 '요그-메'로 분석되는데, '저기, 어디'에 '-메'가 결합하여 '저기메, 어디메' 등으로 실현되기도 한다.

30) '생겡가태요'는 '생긴 것 같아요'에서 의존 명사 '것'이 생략되었다. 그리고 이 지역어에서는 과거 시제를 나타내는 관형형 어미 '-은'이 동사 어간과 직접 결합하지 않고 활용형과 흔히 결합한다. 따라서 '생게(←생기+어)'와 결합한 과거 시제 '-은'에 의해 '생겐'이 형성된 후, 후행하는 '같-'의 초성 'ㄱ'에 위치동화되어 '생겡'이 형성된 것이다.

31) '버터는'은 '버터-는'으로 분석되며, '버터'는 '부터'의 방언형이다.

32) '눌러'는 '바로'의 방언형.

33) '마췌'는 '마춰-어'로 분석된다. '마춰-'는 '맞추-'의 방언형이며, 어간 '마춰-'와 어미 '-어'가 결합하여 어간 모음 '위'와 어미 '-어'의 축약으로 '마췌'가 형성된 것이다.

34) '서:이짜누'는 '서:이+이짜누'로 분석되며, '서:이'는 '셋'의 방언형이며, '이짜누'는 '있지 않으우?'의 뜻이다.

35) '수상수하(手上手下)'는 손윗사람과 손아랫사람을 이르는 말이다.

36) '갈:게'는 '갉:-에'로 분석되며, '갉:'은 '가을'의 방언형이다. 어간말 'ㄱ'은 중세 국어의 ㅎ 종성(ㄱ슳)에 대응한다.

37) '능에집'은 '너와집'의 방언형이다. '너와집'은 너와로 지붕을 이어 덮은 집으로, 너와는 보통 200년 이상 자란 붉은 소나무 토막을 길이로 세워 놓고 쐐기를 박아 쳐서 잘라낸 널쪽으로, 크기는 일정하지 않으나 가로 20~30cm, 세로 40~60cm이며 두께는 4~5cm 정도된다.

38) '배저'는 '배지-어'로 분석되며, 이에 해당하는 표준어형을 찾기 힘든데, '(이엉을) 엮다' 정도의 의미를 갖는다.

39) '구룡령(九龍嶺)'은 강원도 양양군 서면 갈천리와 홍천군 내면 명개리에 걸쳐 있는 고개이다.

40) 이 지역어에서는 나이나 숫자를 셀 때 십 단위 이상에서 고유어와 한자어

가 결합되어 쓰이는 경우가 있다. 그래서 나이가 78세인 경우에는 고유어를
선택한다면 '일혼여덟'이 되어야 하지만, 이 지역에서는 '칠십여덟'을 쓴다.
41) '불거나구'의 기본형은 '불거나다'인데, 이에 해당하는 표준어형을 찾기 힘들
다. '불거나다'는 '살림이 쪼그라들어서 거의 없는 형편이 없다' 정도의 뜻을
갖는다.

일생 의례

제보자의 출생과 성장

    그럼 인제 일쌩 의례 중에서 그 어르신 그 태어낭 거다고 성장항거슬 쫌 여
쭤볼려고 하는데요, 어르시니 태어나싱 고슨 어딤니까?

    ⁻ 여기래요.

여기, 그까 옌날 주소가 어떠케 됨니까?

    ⁻ 옌날 주소가 야ˇ양군 서면 서림리, 내가 태어낭거는

서림니 아까 에

    ⁻ 서림리, 서림리래요.

서림니고요, 그럼 여긴 지금도 그냥 서림

    ⁻ 예, 지:가 아직 게:속 끄자리에

서림니고요. 아까 연세는?

    ⁻ 팔씹 서:이[1].

띠는?

    ⁻ 쥐, 쥐띠.

성장은 어릴, 여기서 언제까지 성장을 쭉 하셔써요?

    ⁻ 여기서 인제 게:속 게:송녀기메 이따가 인제 이 터가 여기 뭐 여기보
다 그저네는 왜정 때 인제 낭그가 이 아푸로 참 이런 낭그가 가뜩해써요.
아페 이 들: 선체가 아주 참 잠목, 성모가 아울러 드러성게, 왜 여기 소나
무가 존:냐 하믄 이 여느 소나무는 무사리 망:커든요, 무살[2]. 그럼 낭그가
요만해도 엄청나게 무겁찌유. 근데 여기는 무사리 아ˇ이래. 무사른 요배
께 안되고 그 전부 이게 소:근 다 이거써유, 시:뻘거케.

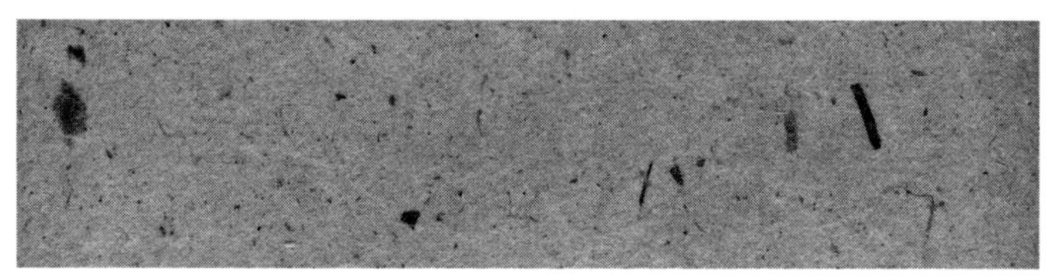

그럼 인제 일생 의례 중에서 그 어르신 그 태어난 것하고 성장한 것을 좀 여쭤 보려고 하는데요, 어르신이 태어나신 곳은 어딥니까?

˗ 여기예요.

여기, 그러니까 주소가 어떻게 됩니까?

˗ 옛날 주소가 양양군 서면 서림리, 내가 태어난 것은

서림리 아까 에

˗ 서림리, 서림리예요.

서림리고요, 그럼 여긴 지금도 그냥 서림

˗ 예, 제가 아직 계속 그 자리에

서림리고요. 아가 연세는?

˗ 팔십셋.

띠는?

˗ 쥐, 쥐띠.

성장은 어릴, 여기서 언제까지 성장을 쭉 하셨어요?

˗ 여기서 인제 계속 계속 여기 근처에 있다가 인제 이 터가 여기 뭐 여기보다 그전에는 왜정 때 나무가 이 앞으로 참 이런 나무가 가득했어요. 이 앞에 이 들은 선체가 아주 참 잡목, 성목 아울러 들어선 것이, 왜 여기 소나무가 좋냐 하면 이 여느 소나무는 무살이 많거든요, 무살. 그럼 나무가 요만해도 엄청나게 무겁지요. 그런데 여기는 무살이 아니야. 무살은 요밖에 안 되고 그 전부 이게 속은 다 익었어요, 시뻘겋게.

아.

– 낭글 캐:서 지불 제:도[3] 이 낭그가 각짜모기 도러가지 앙코 고대로.

아, 예예.

– 그러케 인제 그, 그저네 사:능게 헹펜업써찌유 머.

그러면 어르신

– 그 인제 여:가 인제 그 제재소 터, 낭그 캐는 터지유.

그래서 인제 고기 여기서 성장을 언제까지 학교는?

– 하꾜는 뭐 우리 어릴 때 여:그 쭉 올러가믄 지금 그 양반들 다 사:망돼찌만도 이러케 여서싸리나 이러케 되믄 일곱쌀 되믄 이 근처 가꺼우니까 고 이우제 지반 아저씨가 이써 거:가서 그저 천자문, 하늘천 따:지 배우다가

얼마나 배우셔써요?

– 하늘천 따:진 다 끈내:구.

천자무늘 끈내셔써요?

– 네 천자무늘 끄틀래:구 그다메 인제 ***** 무슨 무슨 **.

강노장?

– 아~이 그저 그기. 그 무슨 채기로 고다암 천자문.

동몽선습?

– 예?

동몽선습.

– 동몽선스비 아~이라. 그 무슨 고꺼정 인제 배우다가 에이 그거뚜 시러선 고만 두곤 여기 현:서 갈리하꾜라고.

현서 갈?

– 갈:리 야~양 보통하꾜 부:설 현:서 갈리하꾜라고 사:년 사, 초등하이꾜 그맘때 궁민하꾜지, 궁미나꾜 사:항년 인제 근데 그런 걸 이따가 그 그런 하끄블 가주 이썬데 기양 여기서 우리가 병자년 그 해 드러가자 눌러 병자

아.

￣ 나무를 캐서 집을 지어도 이 나무가 각자목이 돌아가지 않고 그대로.

아, 예예.

￣ 그렇게 인제 그, 그전에 사는 것이 형편없었지요 뭐.

그러면 어르신

￣ 그 인제 여기가 인제 그 제재소 터, 나무 캐는 터지요.

그래서 인제 거기 여기서 성장을 언제까지 학교는?

￣ 학교는 뭐 우리 어릴 때 여기 쭉 올라가면 지금 그 양반들 다 돌아가셨지만도 이렇게 여섯 살이나 이렇게 되면 일곱 살 되면 이 근처 가까우니까 그 이웃에 집안 아저씨가 있어 거기 가서 그저 천자문, 하늘천 따지 배우다가

얼마나 배우셨어요?

￣ 천자문은 다 끝내고.

천자문을 끝내셨어요?

￣ 네, 천자문을 끝을 내고 그 다음에 인제 ***** 무슨 무슨 **.

강노장?

￣ 아니, 그저 그게. 그 무슨 책이야 고 다음 천자문.

동몽선습(童蒙先習)?

￣ 예?

동몽선습.

￣ 동몽선습이 아니라. 그 무슨 그까지 인제 배우다가 에이 그것도 싫어선 그만두고는 여기 현서 갈리학교라고.

현서 갈?

￣ 갈리, 양양 보통학교 부설 현서 갈리학교라고 사년 사, 초등학교 그맘때 국민학교지, 국민학교 사학년 인제 그런데 그런 걸 있다가 그 그런 학급을 가지고 있었는데 그냥 여기서 우리가 병자년 그 해 들어가자 바로 병자

년 포라기" 나쓰니 머, 하이꾜구 말:구 저 집 지따가 고만 말:구.

　포라기 뭐예요?

　￣ 병자년 수해.

　아, 고걸 포라기라고 함니까?

　￣ 예, 여기선 포라기라두 하구 인제 지끔 유해~이 지끔 참 마:른 모두 수해라고 하지만 그맘땐 포라기라 그래찌.

　하하, 그래요.

　￣ 포락.

　포라기라면 어느 정도 무리 막

　￣ 그러치요, 개우리 그저네 그 무리 안나가서 개우리 아주 전체가 그저 **** 여기도 야~양 남대천 송어, 송어, 으너, 황어가 송어가 이맘때면 이렇게 올러오구 으너두 이맘때게 아주, 고기라면 지처니래써찌유 뭐. 뱀:장어도 이러면서, 기:두 틀기:가 이망쿰씨항기 콩기 여기두 참 살:기 조워써써유.

　기요?

　￣ 예, 기:. 그 인제 인제 그런데 아 그게 병자년수해 나가고 그담:부턴 인제 농냐글 치구 이래니까 업써전는데 그래 저는 인제 그러케 하미서 여기 공자~이 생겨써, 열릴곱쌀 머거서. 하이꾜도

　쭉:: 그면 고거 하면서 갈리붕교에서 사년젠데

　￣ 산연젠데 이:녀니 사:년제. 이항연 댕기믄 야~양 초, 여 주~하꾜, 저 궁민하꾜 가서 사:항녀네 드러갈쑤인는 그런 인제

　아.

　￣ 그래 인제 머 한 쪼꿈 댕기다가 눌러 고만두곤 여기 제:재소가 인는데 날 일:좀 해달라고 해서.

　그럼 초등, 그 옌날 궁미낙꾜는 조러분 아나시고

　￣ 에이, 하꾜가 머:여, 그양 함:문 쪼꿈 배우다가 ***** 쫌 배우고

년 포락이 났으니 뭐, 학교고 말고 저 집 짓다가 그만 말고.

포락이 뭐에요?

⎯ 병자년 수해.

아, 그걸 포락이라고 합니까?

⎯ 예, 여기선 포락이라도 하고 인제 지금 유행이 지금 참 말은 모두 수해라고 하지만 그맘땐 포락이라 그랬지.

하하, 그래요.

⎯ 포락.

포락이라면 어느 정도 물이 막

⎯ 그렇죠, 개울이 그전에 그 물이 안 나가서 개울이 아주 전체가 그 저 **** 여기도 양양 남대천 송어, 송어, 은어, 황어가 송어가 이맘때면 이런 것이 올라오고 은어도 이맘때 아주, 고기라면 지천이었었지요 뭐. 뱀장어도 이러면서, 게도 틀게가 이만큼씩한 것이 큰 것이 여기도 참 살기 좋았었지요.

게요?

⎯ 예, 게. 그 인제 인제 그런데 아 그게 병자년 수해 나가고 그 다음부터 인제 농약을 치고 이러니까 없어졌는데 그래 저는 인제 그렇게 하면서 여기 공장이 생겼어, 열일곱 살 먹어서. 학교도

쭉 그러면 그거 하면서 갈리부꾜에서 사녀제인데

⎯ 사년제인데 이년이 사년제. 2학년 다니면 양양초, 여기 중학교, 저 국민학교 가서 4학년에 들어갈 수 있는 그런 인제

아.

⎯ 그래 인제 뭐 한 조금 다니다가 바로 그만두고는 여기 제재소가 있는데 날 일 좀 해 달라고 해서.

그럼 초등, 그 옛날 국민학교는 졸업은 안 하시고

⎯ 에이, 학교가 뭐요, 그냥 한문 조금 배우다가 ***** 좀 배우고

그러다 인제 여기서 쭉 자라시면 농사 지으면서

─ 농사 제:서 인제 소:화 시팔련도 소:화 시팔련도 인제 시비월따레 일번 동경.

아니 여기 제재소는 언제 근무하셔써요?

─ 제:재소는 일번 가기저네 열릴굽쌀 머거서 해쓰니까.

그때 첨 이를 하싱거예요?

─ 그러치유.

인제 바께서 인제 돈 버는 이른.

─ 예. 하루 구시번씩, 구십쩐씩빠꼬.

아, 인제 제재소에서 첨 인제 일

─ 예.

어떤닐 하셔써요?

─ 낭그도 뭐 그냥 이런 죽때기⁵⁾ 가틍거 줘:내 던제주구 그저 밀꾸루마두⁶⁾ 밀:구. 이 피죽.

아, 피죽.

─ 어, 그거뚜 인제 줘:내 호리구. 밀:꾸루마두 인제 미러서 인제 낭그도 시러내:구.

밀꾸러도 뭐예요?

─ 내루에다가 왜 거 구루마 이케 쇠꼬빠꾸르 다라서 밀:구 댕기능거.

예, 고거를?

─ 그걸 인제 밀: 그건 낭게 시러가주구 밀:구두 댕게서 인제 구부누로, 각짜면 각짜 송파는 송판대로 인제 구분저 놔:서

고거를 뭐라고 함니까?

─ 그게 인제 아이

밀꾸루 아까 뭐.

─ 밀꾸루마.

그러다 인제 여기서 쭉 자라시면서 농사 지으면서

˗ 농사 지어서 인제 소화(昭和) 십팔년도(1943년) 소화 십팔년도 인제 12월달에 일본 동경.

아니 여기 제재소는 언제 근무하셨어요?

˗ 제재소는 일본 가기 전에 열일곱 살 먹어서 했으니까.

그때 처음 일을 하신 거에요?

˗ 그렇지요.

인제 밖에서 인제 돈 버는 일은.

- 예. 하루 구십 원씩, 구십 전씩 받고.

아, 인제 제재소에서 처음 인제 일

˗ 예.

어떤 일 하셨어요?

˗ 나무도 뭐 그냥 이런 죽대기 같은 거 주워 내어 던져 주고 그저 밀구루마 밀고. 이 피죽.

아, 피죽

˗ 어, 그것도 인제 주워 내어 호리고. 밀구루마도 인제 밀어서 인제 나무도 실어 내고.

밀구루마가 뭐에요?

˗ 레임에다가 왜 거 구루마 이렇게 쇠바퀴를 달아서 밀고 다니는 거.

예, 그거를?

˗ 그걸 인제 밀, 그건 나무에 실어 가지고 밀고 다니면서 인제 구분하여, 각자면 각자 송판은 송판대로 인제 구분지어 놔서

그거를 뭐라고 합니까?

˗ 그게 인제 아이

밀구루 아까 뭐.

˗ 밀구루마

아, 밀꾸루마.

- 어. 구루마에다가 인제 그걸 가주댕기미.

아.

- 그래 사라미 그래도 여그메가 그맘때 한 한 엄청나써.

다리 펴나게

- 아이, 괜차나요. 그러케 인제

그걸 제재소에서 한 얼마나 근무를 이를 하셔써요?

- 으 기니까 한 이:년 이년 하다 눌러 인제 일번 보급때로 가써찌.

일본 보급때로 인제 금 여라옵싸레 가셔껜네요.

- 그러치요 여기도 인제 여기다가 완자~에다가 인제 야~양 경찰서 영
구자~에서 오라고 해서 가니까. 먼저는 그 요꼬하마라는데 일번

예예.

- 요꼬하마 전선 주시킈사서 인제 가서 신체검사행게 뭐. 하이꾜가 항
여기 인나 뭐. 기양 거어 떠러지곤 도로 올러오고 또 얼:매 이따 나니까
오라그래서 가니까. 동경 도:꼬 여자 여자 동경 동경 도:꾜 사:링구라고
이걸 하나 써 부체주드라고. 그래서 그저 삼심며~이야 동경가서 한 삼녀
니따가.

동경가셔써요, 요꼬하마로 앙 가시고?

- 요꼬하마에서 떠러지구 항녀기 업쓰니까.

아, 요꼬하마에서 안 되고.

- 예, 동겨~으루, 예 동경 인제 그.

다시 항구고셔따가 다시 동겨~으로 가씀니까?

- 그러치유, 아이 항국 왕게 야~이라 요꼬하마에 우리가 야~양서 떠러
지구 그래 지베와서 또 이:르 하더라니까 또 오라해서. 동경 그 그니까
성동에 가서는 그 용광노에 기중기 운저늘 거 하다가 하다가 나오고.

그거슨 얼마나 정도 하셔써요, 거기서?

아, 밀구루마.

￢ 어. 수레에다가 인제 그걸 가지고 다니며.

아.

￢ 그래 사람이 그래도 여기가 그맘때 한 한 엄청났어.

다리 편하게

￢ 아니, 괜찮아요. 그렇게 인제

그걸 제재소에서 한 얼마나 근무를 일을 하셨어요?

￢ 으 그러니까 한 이 년 이 년 하다가 바로 인제 일본 보급대로 갔었지.

일본 보급대로 인제 그러면 열아홉살에 가셨겠네요.

￢ 그렇지요. 여기도 인제 여기다 완장에다가 인제 양양 경찰서 연구장
에서 오라고 해서 가니까. 먼저는 그 요코하마라는데 일본

예예.

￢ 요코하마 전선 주식회사서 인제 가서 신체검사 한 것이 뭐. 학교가
학력이 있나 뭐. 그냥 거기 떨어지고는 도로 올라오고 또 얼마 있다 나니
까 오라고 그래서 가니까. 동경 토쿄 여자 여자 동경 동경 토쿄 사링구라
고 이걸 하나 써 부쳐 주더라고. 그래서 그저 삼십 명이야 동경 가서 한
삼 년 있다가.

동경 가셨어요, 요코하마로 안 가시고?

￢ 요쿄하마에서 떨어지고 학력이 없으니까

아, 요코하마에서 안 되고.

￢ 예, 동경으로, 예 동경 인제 그.

다시 한국 오셨다가 다시 동경으로 갔습니까?

￢ 그렇죠, 아니 한국 온 것이 아니라 요코하마에 우리가 양양서 떨어지
고 그래 집에 와서 또 일을 하고 있으니까 또 오라고 해서. 동경 그 그러
니까 성동에 가서는 그 용광로에 기중기 운전을 하다가 나오고.

그것은 얼마 정도 하셨어요, 거기서?

 삼년.

삼년 정도 하시고요.

 예.

그다메 인제 항국

 예, 나오자 나오고 눌러 눌러 해방되:쓰니까.

아, 그럼 거기 이쓰면서 뭐 어떤니를 하셔써요, 기중기만 운저나션나요?

 기중기 용광노에서 이제 쇠꼼, 페:철 넌능거.

쇠꼬불 어떠케요?

 쇠꼼, 인제 페:철 포탄 가틍거 맨드능거 쇠꿉뚜 이렁거 일톤짜리가 드
로드라구요. 그래군 뭐 그기 드러가 용광노에 드러가믄 한 삼붐만 되면
무리 철철철 나오니 그 머 엄매 **** 인냐요 머. 기게는 아홉까지르 가지
고 그래니 요기 지금 지하철론는 그렁거 그 우리가 그렁걸 해써요.

아.

 그렁거 머, 그래가주고 여 포항제처레서 **한테 오라고 그래쓰니까,
에이구 가봐야 그러타구 와 이제 아내찌만. 그래 인제 우리가 일번가서
그런 걸 해꾸만.

포항제철 가쓰면 조와쓸껀데.

 그랜데 이미 인제 늘거서, 그래도 일번넘드리 어이 잘한다 그러드라
구.

아, 그래요. 인제 거기서 인제 삼년간 인제 여라홉싸레 가셔쓰니까.

 예, 삼녕간 이따가, 고다메.

스무란사레 여기.

 예, 나와서 게 인제 스물따서세 겨로늘 하다보니 고 이제.

스물따서세요?

 예 고 이전

그저네는, 그저네는 뭐 하셔써요?

ᄀ 삼 년.

삼 년 정도 하시고요.

ᄀ 예.

그 다음에 인제 한국

ᄀ 예, 나오자 나오고 바로 바로 해방되었으니까.

아, 그럼 거기 있으면서 뭐 어떤 일을 하셨어요, 기중기만 운전하셨나요?

ᄀ 기중기 용광로에서 이제 쇠, 폐철 넣는 것.

쇠를 어떻게요?

ᄀ 쇠, 인제 폐철 포탄 같은 것 만드는 것 쇠도 이런 것 일 톤짜리가 들어오더라고요. 그리고 뭐 그게 들어가 용광로에 들어가면 한 삼 분만 되면 물이 철철철 나오니 그 뭐 얼마 **** 있나요 뭐. 기계는 아홉 가지를 가지고 그러니 요기 지금 지하철 놓는 그런 거 그 우리가 그런 걸 했어요.

아.

ᄀ 그런 거 뭐, 그래 가지고 여기 포항제철에서 **한테 오라고 그랬으니까, 에이구 가 봐야 그렇다고, 와서 이제 안 했지만. 그래 인제 우리가 일본 가서 그런 걸 했구만.

포항제철 갔으면 좋았을텐데.

ᄀ 그랬는데 이미 인제 늙어서, 그래도 일본 놈들이 어이 잘한다 그러더라고

아, 그래요. 인제 거기서 인제 삼 년간 인제 열아홉 살에 가셨으니까.

ᄀ 예, 삼 년간 있다가, 그 다음에.

스물한살에 여기.

ᄀ 예, 나와서 그래 인제 스물다섯에 결혼을 하다 보니 그 이제.

스물다섯에요?

ᄀ 예, 그 이전

그전에는, 그전에는 뭐 하셨어요?

‾ 그저네야 뭐 기양.

거 이따가 일본 이따가 삼년 이따가 인제 나와 여기 인제 이쪼그로 오션나요?

‾ 예, 농사일 하고 그래찌유, 뭐.

농사일 계속.

‾ 농사일 머 잡따한 농사 하고 이래다가 유기오 사:벼니 나니까 처가찌비 인제 기링 가 이썬는데 뭐.

아, 어르신 겨로늘 스물따서세 해따 그러셔짜나요.

‾ 예, 그래가주구.

그러며는 겨론 음, 하고 나서 전쟁이 난는 거?

‾ 그러치, 일려니따가 이:녀니따가 인제 전:재˜이 나찌, 유기오사변. 그래서 뭐 여기사 여기 부모더런 여기꾸, 저는 처가찌비 자˜인 장모가 도러가셔서 처남드리랑 머 처제랑 어리구 그래니 거: 가서 인는데 유기오 사:벼니 나가주군 거기서 유기오 사:벼늘 인제 저끄미, *사단 **연대 수색때 따러댕기면서 주굴꼬˜요글 다 하고.

*사다네서 근무하셔써요?

‾ *사단 **연대 수색때기니까 우리는 민가니니지 뭐.

아, 수색때에서.

‾ 야, 수색때 이쓰니 메렌상 업꾸, 여기 저 수도사단 관하린데, 지워느로 드러와서 이썬는데. 그래 그 너머가주 피란나가따가 저, 호상꺼지, 경상북또 호산, 그 일싸후퇴때.

예예, 울찐 그 삼처게서 울찐 그 사이.

‾ 네, 거기 나가따 거기서 또 보국때 부뜰레가주군 그 머 삼척빽뽕녕 삽따녕 이 강능 거 저 성산꺼지 와가주구 대컬령꺼지 디레치구 또 또 후퇴하니까 또 쪼께: 나와가주구는 호산나가서 가족떼리고. 고다메 아구니 북찌나니까 게 차츰차츰 드러오고 강능와서 이따가 멀.

≡ 이거 하나씩 깨: 잡쑤시라고.

⎺ 그전에야, 뭐 그냥.

거 있다가 일본 있다가 삼 년 있다가 인제 나와 여기 인제 이쪽으로 오셨나요?

⎺ 예, 농사일 하고 그랬지요, 뭐.

농사일 계속.

⎺ 농사일 뭐 잡다한 농사 하고 이러다가 육이오 사변이 나니까 처갓집이 인제 강원도 인제군 기림면 가 있었는데 뭐.

아, 어르신 결혼을 스물다섯에 했다 그러셨잖아요.

⎺ 예, 그래 가지고.

그러면 결혼 음, 하고 나서 전쟁이 난 것?

⎺ 그렇지, 일 년 있다가 이 년 있다가 인제 전쟁이 났지, 한국전쟁. 그래서 뭐 여기야 여기 부모들은 여기 있고, 저는 처갓집이 장인 장모가 돌아가셔서 처남들이랑 뭐 처제랑 어리고 그러니 거기 가서 있는데 한국전쟁이 나 가지고 거기서 한국전쟁을 인제 겪으며, *사단 **연대 수색대 따라다니면서 죽을 고역을 다 하고.

*사단에서 근무하셨어요?

⎺ *사단 **연대 수색대이니까 우리는 민간인이지 뭐.

아, 수색대에서.

⎺ 야, 수색대 있으니 형편없고, 여기 저 수도사단 관할인데, 지원으로 들어왁서 있었는데. ㄱ래 ㄱ 넘어서 피란 나갔다가 저, 경북 울진군 호산까지, 경상북도 울진군 호산, 그 일사후퇴 때.

예예, 울진 그 삼척에서 울진 그 사이.

⎺ 네, 거기 나갔다 거기서 또 보국대에 붙들려서 그 뭐 삼척 백복령 삽단령 이 강릉 거 저 성산까지 와 가지고 대관령까지 들어치고 또 또 후퇴하니까 또 쫓기어 나와서는 경북 울진군 호산에 나가서 가족 데리고. 그 다음에 아군이 북진하니까 그게 차츰차츰 들어오고 강릉 와서 있다가 뭘.

ⵀ 이거 하나씩 깨 잡수시라고.

ˉ 뭐여, 호두?

≡ 이거 내가 보메 씨 할라구

아이구, 뭐.

ˉ 저기 저기 고 재터리 가틍거.

요거 좀 드세요, 어, 저거 쫌 드려.

≡ 아이 그럼 또 먼:데서 여 이렁걸 사가꼬 오세유?

≡ 거기서 드세유 좀.

아니요, 드세요.

≡ 예? 아, 하나씩 드시고 여기서 하라버지 드려, 하라버지.

ˉ 게, 유기오 사:벼니 나니.

≡ 하라버지도 하나 잡쑤꼬 하나씩 디레유.

ˉ 음. 옥씨기[7] 좀 딴[8]?

≡ 딴 모야~이요.

ˉ 음 그래 쫌 가저와.

≡ 이런데 오시믄 머 드릴께 이써야지.

ˉ 귀:항건데.

≡ 감자하고 옥씨기 이렁거 머 머글께 이써야지 머 하하.

ˉ 그래 유기오사벼니 나가주구.

≡ 나뭉거 모두 드세요.

ˉ 그니까 인제 아구니 북찐하니 거 우리도 드로니까 여기 인자 아이 아이 드러요. 지서가 여기 수복되뜨라구. 그게 여기 전부 부리 다 타서 페허가 되찌유, 머.

≡ 아치먼 드센나?

예예.

ˉ 그래 지서예서 날 오라그래서 가니까. 그 머 지서 지권들 가지고는 도:새 여기 방위를 담당 모타니 좀 협쪼해달라고 해서. 절문 사람들 한

⁻ 뭐요, 호두?

＝ 이거 내가 봄에 씨 하려고

아이구, 뭐.

⁻ 저기 저기 그 재터리 같은 거.

요거 좀 드세요, 어, 저거 좀 드려.

＝ 아이, 그럼 또 먼 데서 여기 이런 걸 사 가지고 오세요?

＝ 거기서 드세요 좀.

아니요, 드세요.

＝ 예? 아, 하나씩 드시고 여기서 할아버지 드려, 할아버지.

⁻ 그게, 육이오 사변이 나니.

＝ 할아버지도 하나 잡숫고 하나씩 드려요.

⁻ 음. 옥수수 좀 땄나?

＝ 딴 모양이오.

⁻ 음, 그래 좀 가져와.

＝ 이런데 오시면 뭐 드릴 것이 있어야지.

⁻ 귀한 것인데.

＝ 감자하고 옥수수 이런 거 머, 먹을 게 있어야지 뭐 하하.

⁻ 그래, 육이오 사변이 나 가지고.

＝ 남은 거 모두 드세요.

⁻ 그러니까 인제 아군이 북진하니 거 우리도 들어오니까 여기 인제 아
니 아니, 드려요. 지서가 여기 수복되었더라고. 그게 여기 전부 불이 다
타서 폐허가 됐죠, 뭐.

＝ 아침은 드셨나?

예예.

⁻ 그래, 지서에서 날 오라고 그래서 가니까. 그 뭐 지서 직원들 가지고
는 도저히 여기 방위를 담당 못 하니 좀 협조해 달라고 해서. 젊은 사람

유기오 때, 여기도 머 의용군두 가따 오고, 의용군두 인제 영청까지 가따 온 사람도 이써유. 그래도 아~이 간 사람드리 의용군 가서 들구뛰구, 의용군 가서 들구뛰구 이래가주구 인는 사람드리 그 마:나가주구 인제 방공 사사~이 투자를 하니까. 이래 가주구 그 사람들 이심명을 가따 일쭈일 교육씨게 가주구 날 대:자~이라고 해:서.

　대장으로요?

　¯ 예, 내가 대:자~이라구 해가주구 여기 인제 저 구룡넝너메 명개, 명기 조개하구, 갈천, 화~이.

　명개, 조?

　¯ 조개.

　조개, 갈천.

　¯ 갈천, 화~이, 서림까지 인제 오:개리예 날 대:자~이라구 해:서 하구 지서예 인제 지서 지권드리 이꾸 그래쓰니. 지서 지권들도 한 여러명, 그러니 그맘때 인민군 패:잔벼~이 여기, 오:대사네 지껼해:꺼등뇨.

　예.

　¯ 그래구 또 여기 이저저 서락싸네는 거기또 지:늘 치구 거기 또 이써꾸 그래니. 맹 공비가 드러가따 나와따 하구, 무정끼가 이써, 그패드리. 기리니 인제 그 열락뺑, 열락뻐~이 그게 인제 이렁걸

　음.

　¯ 그래가주구 유기오 사:벼늘 저꾸.

　어르신 그러며는 구네 인제 고로케 군생활 하싱게 한 얼마나 되는지

　¯ 아, 군생활 모태써유.

　모타고, 그러케 그러케 인제

　¯ 그러케 이제 그맘때는 그러케 공노자가 이씨믄

　예, 아, 군대를 앙가게 되조.

　¯ 예, 앙가, 그럴쩨 저는 여녀~이 이쓰니까.

들 한 육이오 때, 여기도 뭐 의용군도 갔다 오고, 의용군도 인제 경북 영천까지 갔다 온 사람도 있어요. 그래도 안 간 사람들이 의용군 가서 들고 뛰고, 의용군 가서 들고 뛰고 이래 가지고 있는 사람들이 그 많아서 인제 반공 사상에 투자를 하니까. 이래 가지고 그 사람들 이십 명을 갖다 일주일 교육시켜서 날 대장이라고 해서.

대장으로요?

ᐨ 예, 내가 대장이라고 해서 여기 인제 저 구룡령 너머 명개, 명기 저기하고 갈천, 황이.

명개, 조?

ᐨ 저기.

저기, 갈천.

ᐨ 갈천, 황이, 서림까지 인제 오개 리에 날 대장이라고 해서 하고 지서에 인제 지서 직원들이 있고 그랬으니. 지서 직원들도 한 여러 명, 그러니 그맘때 인민군 패잔병이 여기, 오대산에 집결했거든요.

예.

ᐨ 그리고 또 여기 이 저 저 설악산에는 거기 또 진을 치고 거기 또 있었고, 그러니. 그냥 무장공비가 들어갔다 나왔다 하고, 무전기가 있어, 그 패들이. 그러니 인제 그 연락병, 연락병이 그게 인제 이런걸

음.

ᐨ 그래가지고 육이오 사변을 겪고.

어르신 그러면 군에 인제 그렇게 군 생활 하신 게 한 얼마나 되는지

ᐨ 아, 군생활 못 했어요.

못 하고, 그렇게 그렇게 인제

ᐨ 그렇게 이제 그맘때는 그렇게 공로자가 있으면

예, 아, 군대를 안 가게 되죠.

ᐨ 예, 안 가, 그럴 때 저는 연령이 있으니까.

예?

‐ 여녕, 나이 이쓰니까.

예예.

‐ 그래가주구 그래 뭐 유기오 전:쟁또~아네 표창을 한 너더깨 타써유.

아.

‐ 강원도 경찰국짱 표창 시:개하구 속초경찰써장 하나.

아, 아이구 공노를 마니

‐ 그래구 그다:메 인제 또 박때통녕 저저 누구야 이승만 대통녕때 표창을 다서깨를 타구. 박쩡히 대통쩌게 네:갤 타구, 네:개 다서깨 타구.

예.

‐ 그래구 지끔 와서 인제 참 머 바르게살:기 조하비라구 해:서 그래 총:타기는 인제 참 어떠케 봐:떤지 여란버늘 타써유, 표창을. 그래 머 내무부장:관꺼지 타구, 궁민운동 주~앙본부장까지 강원도:지사꺼지 이러케 해:서 그러케 참. 이 뭐 타봐야 거기 소요~이 인나요, 뭐. 그저 구까를 위해서 애:써따는 표시배께는 안 되더라구요, 그게. 게 이때까지 머 참 나이 팔씨벌매가 돼:두, 경찰과니나 어디 법쩌~에 가서 귀때기 한대 마정거는 어:꾸. 돈:두 벌:지두 모타구 그저 그러케 심녕가늘 하다보니까 참, 공비도 마:~이 저거 해보구, 자버, 싸워두 보구.

어르신 그 겨로는 거 여기 할머니는 어디서 오셔써요?

‐ 기림면 방동니.

기림며니면 어디?

‐ 인제군.

인제군.

‐ 지금 **사령부인는 고 올러오면 기린면 방동니 방동니.

그 양구구니자나요.

예?

‑ 연령, 나이 있으니까.

예예.

‑ 그래 가지고 그래 뭐 육이오 전쟁 동안에 표창을 한 너덧 개 탔어요.

아.

‑ 강원도 경찰국장 표창 세 개하고, 속초경찰서장 하나.

아, 아이구 공로를 많이

‑ 그러고 그 다음에 인제 또 박 대통령 저 저 누구야 이승만 대통령 때 표창을 다섯 개를 타고. 박정희 대통령 적에 네 개를 타고, 네 개 다섯 개를 타고.

예.

‑ 그러고 지금 와서 인제 참 뭐 바르게살기 조합이라고 해서 그래 총 타기는 인제 참 어떻게 봤던지 열한 번을 탔어요, 표창을. 그래 뭐 내무부 장관까지 타고, 국민운동 중앙본부장까지 강원도지사까지 이렇게 해서 그렇게 참. 이 뭐 타 봐야 거기 소용이 있나요, 뭐. 그저 국가를 위해서 애썼다는 표시밖에는 안 되더라고요, 그게. 그게 이때까지 뭐 참 나이 팔십 얼마가 돼도, 경찰관이나 어디 법정에 가서 귀때기 한 대 맞은 거는 없고. 돈도 벌지도 못하고 그저 그렇게 십 년간을 하다 보니까 참, 무장 공비도 많이 저거 해 보고, 잡아, 싸워두 보고

어르신 그 결혼은 거 여기 할머니는 어디서 오셨어요?

‑ 강원도 인제군 기린면 방동리.

기린면이면 어디?

‑ 인제군.

인제군.

‑ 지금 **사령부 있는 거기 올라오면 기린면 방동리 방동리.

그 양구군이잖아요.

˜ 아이, 예.

거기가 아, 인제군.

˜ 인제군.

인제하고 양양하고 마리 쯤 어떠슴니까, 비스탐니까, 다름니까?

˜ 인제구니 유하지유.

유하고.

˜ 그러시지조. 마으미 조:쿠.

아 그래요.

˜ 그 옌:마리 이짜누. 야ˇ양 싸람드른 훌렁 베께나:두 겨울게두 삼심닐
내: 뻗다그러자너, 야ˇ양싸람드르는. 그 인제 사람드른 제가 거가서 한
유기오 사:벼늘 저꺼보고 그래써는데 공산당을 지지하는 사라문 한사람
두 모빠써유.

아.

˜ 그러케 아주 이 아주 꼭 야ˇ이여. 양가튼 인제 사람드리 그러케 그래
그래가주구 거기선 아주 그키 또 인제 그 치물 마저가주구 글 배워따는
사라미 쯤 날뛰던 사람드른 그저 한 내가 볼쩨 한사라밍가 구니니 드러
와서 그거뚜 지방에선 안주길라구 해써때. 사:램 주기능기 머이 존너유?

네.

˜ 안 주길라구 해써. 인제 또 구닌드리 악찌리라구 그래군 머. 거기 면
며:니 면:장두 기림면 싸람드리 추천해가주구 이 사라미래:야 마니 우리
기림면 사:람드리 히새ˇ이, 즉, 히새ˇ이 즈:글테니까. 그래가주구 그사라
믈 추천핸데 ***이라구. 참, 의용군 앙가써유, 한명두.

음.

˜ 그래 자청하구 간눔드리 멘눔 이찌만 다 앙가구.

할머, 할머니는 그 인제구네서 시집오셔서 여기서 인제 쭉 사시는

˜ 그러초, 여그서 나한테 고상하면서 사라찌유.

˹ 아니, 예.

거기가 아, 인제군.

˹ 인제군.

인제하고 양양하고 말이 좀 어떻습니까, 비슷합니까, 다릅니까?

˹ 인제군이 부드럽지요.

유하고.

˹ 그렇죠. 마음이 좋고.

아, 그래요.

˹ 그 옛말이 있잖으오. 양양 사람들은 홀렁 벗겨 놔도 겨울에도 삼십 리를 내 뺀다 그러잖아, 양양 사람들은. 그 인제 사람들은 제가 거기 가 서 한 육이오 사변을 겪어보고 그랬었는데 공산당을 지지하는 사람은 한 사람도 못 봤어요.

아.

˹ 그렇게 아주 이 아주 꼭 양이야. 양 같은 강원도 인제 사람들이 그렇게 그래 그래 가지고 거기선 아주 극히 또 인제 그 침을 맞아 가지고 글 배웠다 는 사람이 좀 날뛰던 사람들은 그저 한 내가 볼 적에 한 사람인가 군인이 들어와서 그것도 지방에선 안 죽이려고 했었대. 사람 죽이는 게 뭐 좋나요?

네.

˹ 안 주이려고 했어. 인제 또 규인드리 악질이라고 그러고 뭐, 거기 면 면에 면장도 기린면 사람들이 추천해 가지고 이 사람이라야만이 우리 기 린면 사람들이 희생이, 즉, 희생이 적을테니까. 그래가지고 그 사람을 추 천했는데 ***이라고. 참, 의용군 안 갔어요, 한 명도.

음.

˹ 그래 자청하고 간 놈들이 몇 놈 있지만 다 안 가고.

할머, 할머니는 그 인제군에서 시집오셔서 여기서 인제 쭉 사시는

˹ 그렇죠, 여기서 나한테 고생하면서 살았지요.

그러면 인제 인제 자제분드른 어떠케 됩니까?

⁻ 아들둘 딸둘.

아. 지그믄 다 객찌에 나가 게시구요?

⁻ 그러치유, 인제 크나드른 김해 가이꾸, 자근아드른 창워니꾸.

예.

⁻ 큰따른 야~양서 인제 야~양 옌:날식따~이라구, 옌:날밥싸~이라구 그 지베서 하구, 자근따른 어디가 인는지는 몰러유, 그거는.

아.

⁻ 그래 머 공깽깨~이지⁹⁾ 머. 그래 참. 소식뚜 몰르구 도:닐쿠, 자식일쿠.

아이구 참. 어르신 그 어르신 부모님, 어르신 여기서 며때째 사싱거예요, 어르신 부모님?

⁻ 구대.

구대, 언제쩍뿌터 여기 오셔쓸까요? 그건 잘 모르게꼬 하이튼 구대

⁻ 그러치유. 구대 우리 인제 시:조 하라버~이는 경기도 요~인, 요~이네 인제 우리 인제 전체가 이꾸. 우리한테 구대조는 야~양 포월리라는데 고 미테 가믄, 고 밑.

포일리요?

⁻ 포월리.

아, 포월리요.

⁻ 야~양 저기 가면 포월리라는데 우리 인제 구대조가 거기 이꾸. 칠때 조는 인제 칠때, 육, 팔, 칠때, 구대 팔때, 칠때는 정말 요그메서 아깨 금: 반혀~이라는. 금:반형.

금반형.

⁻ 예, 금반혀~이라는데 거그메.

그게 근반 임니까, 금바님니까?

⁻ 반, 이 저 반짜.

그러면 인제 인제 자제분들은 어떻게 됩니까?

⁻ 아들 둘 딸 둘.

아. 지금은 다 객지에 나가 계시고요?

⁻ 그렇지요, 인제 큰아들은 김해 가 있고, 작은아들은 창원 있고.

예.

⁻ 큰딸은 양양서 인제 양양 '옛날식당'이라고, '옛날밥상'이라고 그 집에서 하고, 작은딸은 어디 가 있는지는 몰라요, 그거는.

아.

⁻ 그래, 뭐 공깽깽이지 뭐. 그래 참. 소식도 모르고 돈 잃고, 자식 잃고.

아이구 참 어르신 그 어르신 부모님, 어르신 여기서 몇 대째 사신 거예요, 어르신 부모님?

⁻ 9대.

9대, 언제 적부터 여기 오셨을까요? 그건 잘 모르겠고 하여튼 9대

⁻ 그렇지요. 9대 우리 인제 시조 할아버지는 경기도 용인, 용인에 인제 우리 인제 전체가 있고. 우리한테 9대조 할아버지는 양양 포월리라는 데 그 밑에 가면, 그 밑.

포월리요?

⁻ 포월리.

아, 포월리요.

⁻ 양양 저기 가면 포월리라는데 우리 인제 9대조가 거기 있고. 7대조는 인제 7대, 육, 팔, 칠대, 구대 팔대, 칠대는 정말 요기 아까 금반형이라는. 금반형.

금반형.

⁻ 예, 금반형이라는 데 거기.

그게 근반입니까, 금반입니까?

⁻ 반, 이 저 반 자.

예, 반.

⎯ 반짜가 이떠라구요. 그 저 금:바니라능게 이 저.

왜 그밈니까, 그게?

⎯ 금:바니라그래는데 왜 그민지는 모르게쓰나, 금:반혀~이래유.

금바니고.

⎯ 예, 그래가주구, 반펴~이라능게 아매 그래서 생깅가찌 아능가 그래유.

부모님 고향은 전부 서림니 쪼게

⎯ 예, 서:림써 인제 다 그래가주구.

하, 하신니른 뭐예요, 어르신드리? 어리시네 그 아번님

⎯ 예, 농사지유, 머. 자식뚜 농사구 왜정때 인제 아버지 여그서 일행거는 [2초] 갈처네 인제 이제 연탄, 저저 석탄 석탄 석타니 아~이라 목탄 그 숟 삼파니 거게 잠모이기 마느니까. 거기 인제 강능 영임소에서 인제 거기다 하나 하구, 여기두 서림 제재소다 이래가주구. 글쩨 머 수송기 수소~이 인나유 머 자동차라구 그저 도요다가틍거 거기다가 여기 지끔 힐쭈만 우: 차만두 모탕거를 그거 한대 여그 이꾸. 그래구는 우:차르 전부 해:쪼 우마차, 우마차가 한 사십때 이써쓰니까.

아.

⎯ 그래 전부 이래 수송기과~이라능게 그기 야~양 연창, 연탄까진 날르구. 여그서두 저 인제 그 일번넘드리 목, 그저 기차 철로미테 철로목, 그거 여그서 전체 캐:꺼덩뇨. 그거 싱:꾸 야~양가믄 야양 여게서 싱:꾸는 어드루 가는지 머 항경도루 드러가는지 만주루 가는지 그러케. 주로 여그서 해써유.

예. 그면 인제 아까 그 어르신 만나셔떤 그 할머니는 인제군.

⎯ 예, 인제 기림면 방동.

방동이고. 할머니 어디서 거기서 성장하션나요?

⎯ 그러치 거기서.

예, 반.

‑ 반 자가 있더라고요. 그 저 금반이라는 게 이 저.

왜 금입니까? 그게?

‑ 금반이라그러는데 왜 금인지는 모르겠으나, 금반형이에요.

금반이고.

‑ 예, 그래 가지고, 반평이라는 게 아마 그래서 생긴 것 같지 않은가 그래요.

부모님 고향은 전부 서림니 쪽에

‑ 예, 서림서 인제 다 그래 가지고.

하, 하신 일은 뭐예요, 어르신들이? 어르신네 그 아버님

‑ 예, 농사죠, 뭐. 자식도 농사고 왜정 때 인제 아버지 여기서 일한 것은 [2초] 갈천에 인제 이제 연탄, 저 저 석탄 석탄 석탄이 아니라 목탄 그 숯 산판이 거기 잡목이 많으니까. 거기 인제 강릉 영림소에서 인제 거기 다 하나 하고, 여기도 서림 제재소다 이래 가지고. 그때 뭐 수송기 수송이 있나요 뭐 자동차라고 그저 도요타 같은 거 거기다가 여기 지금 허름한 우차만도 못한 것을 그거 한 대 여기 있고. 그러고는 우차를 전부 했죠 우마차, 우마차가 한 사십 대 있었으니까.

아.

‑ 그래 전부 이래 수송기관이라는 것이 그게 양양 연창, 연탄까지 나르고 여기서두 저 이제 ㄱ 일본 놈득이 목, ㄱ저 기차 척로 밑에 척로목, 그거 여기서 전체 캤거든요. 그거 싣고 양양 가면 양양 역에서 싣고는 어디로 가는지 뭐 함경도로 들어가는지 만주로 가는지 그렇게. 주로 여기서 했어요.

예. 그러면 인제 아까 그 어르신 만나셨던 그 할머니는 인제군.

‑ 예, 인제 기린면 방동.

방동이고. 할머니 어디서 거기서 성장하셨나요?

‑ 그렇지 거기서.

그면 거기서 성장하셔서, 거기서 학꾜도 나오셔써요?

￣ 하이꾜 머 거기 하이꾜 머 방동니 하이꾜가 인나유 머 기양 그저 한:문, 은:문 쪼금 인제 하러댕게씰꺼래유. 무시기지유, 머.

아.

￣ 자습 해가주구 인제 항:그리나 쪼끔 알:지, 하이꾜두 안댕게써유. 글 때는 머 농초네서 어려운 살리민데 머 [개 쫓는 소리] [3초]. 머, 그리나 배우나 여그서두 머 글모르는 사라미 마:느니 머. 그맘때 왜 그냐 하믄 강능 경포와서 피란나가서 인제 제법 아구니 북찐 고성꺼지 드러가구 인자 낭강따리르 인제 경계루 두구 서루 대:저글 할 파~인데. 게 거그 좀 드러가니 정세는 인제 어느정도 이제 와나돼:쓰니까 피:란나갈 때, 그래 인제 어트케 됀:냐믄 내 경포예서 인제 강능, 저 울싼 저 거기 저 삼척써 드라가주구 거기 오니깐 영:감 할머시가 인는 두: 내운데 아드른 홍천군:수, 둘째 아드른 삼척 경찰써 수사꽈장, 그러케 하고 인는데. 나:마는 영:감할머시가 두:리 이뜨라구, 그래 방을 선뜨시 줘:유. 농사두 마~이 지꾸, 날보고 일:꾸누루 살:라구러드라구. 그래 머머 드러갈:란지 안드러갈:란지 알쑤업써서 그럼 사러 본다구. 아, 논물 보러 나가따 드러오께 먼:누미 초~을 들구 나와가주구 가자구러드라구. 어디 가냐 그러니까, 어여 가자구. 하꼬 지서예 끌레 가니까 구닌드리 차예다 싱쿤 오:새기루¹⁰⁾ 서락싼 글로로 오새기로 가자 글더라구.

누가요?

￣ 구닌드리.

구닌드리요.

￣ 그래 거 가니깐 육씸미리 포탄 여서깨르 지키더이만 지~야게 여서씨 정도에 떠낭기 저::기 저 가리산 팔부능서네 올러가니까 아침 해가 올러오드라구.

갈

그러면 거기서 성장하셔서, 거기서 학교도 나오셨어요?

˝ 학교 뭐 거기 학교 뭐 방동리 학교가 있나요 뭐 그냥 그저 한문, 언문 조금 인제 하러 다녔을거예요. 무식이지요, 뭐.

아.

˝ 자습 해 가지고 인제 한글이나 조금 알지, 학교도 안 다녔어요. 그때는 뭐 농촌에서 어려운 살림인데 뭐 [개 쫓는 소리] [3초]. 뭐, 글이나 배우나 여기서도 뭐 글 모르는 사람이 많으니 뭐. 그맘때 왜 그러냐 하면 강릉 경포 와서 피란 나가서 인제 제법 아군이 북진 강원도 고성까지 들어가고 인제 남강 다리를 인제 경계로 두고 서로 대적을 할 판인데. 그게 거기 좀 들어가니 정세는 인제 어느 정도 이제 완화됐으니까 피란 나갈 때, 그래 인제 어떻게 됐냐면 내 경포에서 인제 강릉, 저 울산 저 거기 저 삼척서 들어와 가지고 거기 오니깐 영감 할머니가 있는 두 내외인데 아들은 홍천군수, 둘째 아들은 삼척 경찰서 수사과장, 그렇게 하고 있는데. 나이 많은 영감 할머니가 둘이 있더라고, 그래 방을 선뜻 줘요. 농사도 많이 짓고, 날보고 일꾼으로 살라고 그러더라고. 그래 뭐뭐 들어갈는지 안 들어갈는지 알 수 없어서 그럼 살아 본다고. 아, 논물 보러 나갔다 들어 오니까 무슨 놈이 총을 들고 나와 가지고 가자 그러더라고. 어디 가냐 그러니까, 어서 가자고. 학교 지서에 끌려 가니까 군인들이 차에다 싣고 양양 오색으로 설악산 그리로 오새기로 가자 그러더라고.

누가요?

˝ 군인들이.

군인들이요.

˝ 그래 거 가니깐 60mm 포탄 여섯 개를 지키더니만 저녁에 여섯 시 정도에 떠난 것이 저기 저 가리산[11] 팔부능선에 올라가니까 아침 해가 올라 오더라고.

갈

⁻ 가리산, 가리봉.

아.

⁻ 가리사니라구 왜 이짜너.

예예.

⁻ 인제. 거기 가니까 팔부능서네 올러가는데 거진 다 가다시피 해찌유.
거기 인제 **사단 **년대 예:비대대가 거그가 이썬는데. 그 내가 나이 어
트케 봐떤지 그 그 의:무과니 나오더이 그드라구, 포탄가따 주구 잉게하
구 나오는데. 아저씨유, 왜 그러냐이까. 아저씨 가지말구 여기써유. 또 가
따 오믄 또 아** 또 가따가 또 올러올터인데 가지마라유. 가마~이 생가가
~이 어째피 가따와따 할피료가 업:뜨라구유. 그래 거기 이써찌. 이씨께
머 구닌 대:위 하나 상사 하나 중사 하나 하:사 하나 노무자 하나 나꺼징
인제 여서씨 이썬네. 날 바불 식싸밤, 밥핼쭐 아:냐구. 아, 그래찌, 머, 더
러 해봐:따니까 하라 그러드라구. 게 항고에다[12] 바벌 하구는 고맘때 개:
두루피라구 두루피 요망쿰씩 하게 참:: 마시 조:아 한창 필땐데, 아주 전,
지처니여, 낭게 한 지른 올러가 버리구 딱 이러케 하믄. 그래 그걸 따가
주구 항고 또 하나 쌀머서 바불 머 두: 항고 해노:니까 여서시서 그래 멀
멍나유, 시큰 머꾸는. 그 두루풀 이케 쌀머서 주니까 대:위가 그래. 아이,
이걸 사라미 머꾸 주구머 어뜨가라그러냐구.

하하.

⁻ 그걸 별민주를 몰르구.

예.

⁻ 아 왜 내가 껍띠기 홀렁 베께가주구 인지 그맘때 군대 고추자~이 참
별미래써써유. 메레치 드문드문 너꾸 막짜~인데 게 찌거서 내가 먼저 머
그믄. 가마~이 이게 눈꺼버런 멀쩡하니깐 대위가 찌거 머거보더라구유.
이러케 머거보더이만 하나 찍떼이 머거보니 다르, 별미거든뇨. 그걸 머글
려 바불 더머께따구 그래드라구, 다 머꾸는 날보구 바불 더 하라그드라

˗ 가리산, 가리봉.

아.

˗ 가리산이라고 왜 있잖아.

예예.

˗ 인제. 거기 가니까 팔부능선에 올라가는데 거의 다 가다시피 했지요. 거기 인제 **사단 **연대 예비대대가 거기가 있었는데. 그 내가 나이 어떻게 봤던지 그 그 의무관이 나오더니 그러더라고, 포탄 갖다 주고 인계하고 나오는데. 아저씨요, 왜 그러냐 그러니까. 아저씨 가지 말고 여기 있어요. 또 갔다 오면 또 아** 또 갔다가 또 올라올 터인데 가지 말아요. 가만히 생각하니 어차피 갔다왔다 할 필요가 없더라고요. 그래 거기 있었지. 있으니까 뭐 군인 대위 하나 상사 하나 중사 하나 하사 하나 노무자 하나 나까지 인제 여섯이 있었네. 날 밥을 식사 밥, 밥할 줄 아냐고. 아, 그랬지, 뭐, 더러 해 봤다니까 하라 그러더라고. 그래 항고에다 밥을 하고는 고맘때 개두릅이라고 두릅이 요만큼씩 하게 참 맛이 좋아 한창 필 땐데, 아주 전, 지천이야, 나무에 한 길은 올라가 버리고 딱 이렇게 하면. 그래 그걸 따 가지고 항고 또 하나 삶아서 밥을 뭐 두 항고 해 놓으니까 여섯이서 그래 뭘 먹나요, 실컷 먹고는. 그 두릅을 이렇게 삶아서 주니까 대위가 그래. 아니, 이걸 사람이 먹고 죽으면 어떻게 하려고 그러냐고.

하하

˗ 그걸 별미인 줄 모르고.

예.

˗ 아, 왜 내가 껍데기 훌렁 벗겨 가지고 인제 그맘때 군대 고추장이 참 별미였었어요. 멸치 드문드문 넣고 막장인데 그래 찍어서 내가 먼저 먹으면. 가만히 이게 눈꺼풀은 멀쩡하니간 대위가 찍어 먹어 보더라고요. 이렇게 먹어 보더니만 하나 찍더니 먹어보니 다르, 별미거든요. 그걸 먹으려 밥을 더 먹겠다고 그러더라고, 다 먹고는 날보고 밥을 더 하라 그러더

구. 아, 나를 가지 말라구 궁데~이를 뚜디리민서 뽀꺼치드라구유. 네 여:
가치 이짜구. 이트링가 인는데 *사단 **연대가 터저써유. 이 여기 저저
혈리서. 기니까 전체가 이거 **** 약쏘굴 하는데 전체가 지레바친데 바
를 이러케 나 디더두 이러케 하구 디꾸는 뒤:루 빼:가주구는 이러케 디데
야지 기양 털썩털썩 하믄 지뢰줄 다: 건드리거든 막 주굴 파~인데.
　아.

　¯ 게 그러케 해 가주구 우리가 나와가주구 항:계령 정사~에서 근데. 이
마:난 배나무가 하나 인는데 배나무 뒤에다가 마글 치구 가마~이 인는데
야:: 비가 바메 정상까지 퍼분는데 총소리가 지도카게, 거기 군대가 미구
니 일개연, 일개 대대가 와 이써. 우리 또 일, 항국꾼 기감년대 일 일개대
대 또 인제 기감년대에서 일개대대. 이 이 삼개대대니까 일개여다니자누?
여다니 거기또 인민구니 여기 처 올러와써유. 그 아페 나간는데 밤새도록
총소리 나니 아 다 빈 ******

　자다 깨: 보니까 그이까 머 얼매 안 되지 자민 머 요만::한테 요마난 텐
트 하나 치구 인제. 사:라미 하나두 업꺼등, 군대두 업:꾸 머 멀 누구인는
데 이마난 약꿰짝 하나하구, 대대지구 중대장 까라떤 그 머 그 무어시냐
그게 방석하나 하구 이짝 구서게 보니 칼:빈총하나 이꾸. 이런 천치가튼
새끼드라 이래써. 저런노무 새끼드리 전:쟁을 하니 꼬라지가 군대가 총울
가주 가야되지 총두 앙가지군 그래. 그래 그르머 그 도짜리 가따가 야꿰
짜게다가 칼:빈총 느:서 똘똘 마라서는 질빵해:서 단도리[13] 해:노쿠는. 똘
똘 보니까 아무거뚜 내버링거 업뜨라구.

　텐트를 거더가주구는 내 두자버 씨구는 내러가니까 헌베~이 권:총을 딱
빼들구 내러가니깐 내러가는데만 같이 올러오는 놈드리여. 아, 그다메 거
글 지내가니 갈쑤가 인나유. 무서워서, 혼자 이래니. 짐 전 사라믄 어디성
가 물견 머 노무라든지 머이든지 자기가 가따논 보:그품 앙가주가믄 통과
안시기니까.

라고. 아, 나를 가지 말라고 궁뎅이를 두드리면서 볶아치더라고요. 너 여기 같이 있자고. 이틀인가 있는데 *사단 **연대가 터졌어요. 이 여기 저저 현리서. 그러니까 전체가 이거 **** 약속을 하는데 전체가 지뢰밭인데 발을 이렇게 놔 딛어도 이렇게 하고 딛고는 뒤로 빼서는 이렇게 딛어야 하지 그냥 털썩털썩 하면 지뢰줄 다 건드리거든 막 죽을 판인데.

아.

⎯ 그래 그렇게 해 가지고 우리가 나와 가지고 한계령 정상에서 그런데. 이만한 배나무가 하나 있는데 배나무 뒤에다가 막을 치고 가만히 있는데 야, 비가 밤에 정상까지 퍼붓는데 총소리가 지독하게, 거기 군대가 미군이 일개 연, 일개 대대가 와 있어. 우리 또 일, 한국군 기갑 연대 일 일개 대대 또 인제 기갑 연대에서 일개 대대. 이 이 삼 개 대대니까 일 개 여단이잖소? 여단이 거기 또 인민군이 여기 쳐 올라 왔어요. 그 앞에 나갔는데 밤새도록 총소리 나니 아 다 빈 ******

자다 깨 보니까 그러니까 뭐 얼마 안 되지 자며 뭐 요만한데 요만한 텐트 하나 치고 인제. 사람이 하나도 없거든, 군대도 없고 뭐 뭘 누구 있는데 이만한 약 궤짝 하나 하고, 대대 지구 중대장 깔았던 그 머 그 무엇이냐 그게 방석 하나 하고 이쪽 구석에 보니 칼빈 총 하나 있고. 이런 천치 같은 새끼들아 이랬어. 저런 놈의 새끼들이 전쟁을 하니 꼬락서니가 군대가 총을 가지고 가야 되지 총도 안 가지고 그래. 그래 그러면 그 돗자리 갖다가 약 궤짝에다가 칼빈총 넣어서 똘똘 말아서는 질빵해서 채비 해 놓고는. 똘똘 보니까 아무것도 내 버린 거 없더라고.

텐트를 걷어 가지고는 내 뒤집어 쓰고는 내려가니까 헌병이 권총을 딱 빼들고 내려가니깐 같이 올라오는 놈들이야. 아, 그 다음에 거길 지나가니 갈 수가 있나요. 무서워서, 혼자 이러니. 짐 진 사람은 어디선가 물건 뭐 노무라든지 뭣이든지 자기가 갖다 놓은 보급품 안 가지고 가면 통과 안 시키니까.

⌐ 딴데 갈떼두 어:꾸. 그래 날 니러가서 이게 역::주루 인제 댕게서 그 오:새기 약쑤터지 거기 한 이:심미터 인제 내러오니까 [2초] 머 헌:베~이 요런 후라실, 이러케 꼬부라진 후라시드라구. 머 하:양기 까딱까딱해:서 거 펜펜한데. 거기가니까 아저씨 어디서 완냐구이기여, 총을 머 권총을 빼:드러찌, 어디서 완냐그래더라구. 근:무처, 근:무처가 어디에 이썬냐구. 기, 이 기감년대 예:비대대 일때대 대대 의무대 이써따 그래니까. 의무대 대아~이 누구냐구, 이르믄 몰러두 강씨라는, 강대위라 그러니까, 강대위 가 거기서 나와유. 나오데이만 총가주완냐그드라구 허허. 야, 그노무 구 닌드리 그래유. 대대자~이 총가주완냐그드라구. 아, 이런 주굴꼬빌 메뻔 다~해써유.

음.

¯ 딴 데 갈 데도 없고. 그래 날 내려가서 이게 억지로 인제 다녀서. 그 양양군 오색 약수터지 거기 한 이십미터 인제 내려오니까 [2초] 뭐 헌병이 요런 손전등을, 이렇게 꼬부라진 손전등이더라고. 뭐 하얀 것이 까딱까딱 해서 거 편편한데. 거기 가니까 아저씨 어디서 왔냐고, 총을 뭐 권총을 빼들었지, 어디서 왔느냐 그러더라구. 근무처, 근무처가 어디에 있었냐고. 기, 이 기갑 연대 예비 대대 일대대 대대 의무대 있었다 그러니까. 의무 대대장이 누구냐고, 이름은 몰라도 강 씨라는, 강 대위라 그러니까, 강 대위가 거기서 나와요. 나오더니만 총 가지고 왔냐 그러더라구 허허. 야, 그 놈의 군인들이 그래요. 대대장이 총 가지고 왔냐 그러더라구. 아, 이런 죽을 고비를 몇 번 당했어요.

음.

그러면 음, [2초] 어르시는 그 할머니 만나실때 으, [5초] 할머니를 만나실때
어떠케 만나셔써요?

‾ 중매로.

누가 중매를 선나요?

‾ 거기서 인제 나마느니가 한부니 이써가주구, 잘 아는 할머니가 거기
인제 댕기미 이래꺼든요. 그래 그 할머이가 중매루.

아, 그냥 인제 어른들끼리

‾ 예.

그다메 인제 그때는 중매로 인제 만나서 함번 봐쓸꺼 아니, 첨 겨론, 겨론할
때 첨 봄니까, 겨론하기 저네두 함 보셔써요?

‾ 글쎄 머 겨론하기 저네 함번 봐:찌유.

아, 보니까 어, 보고서

‾ 글쎄 머 ** 나이가 암만 스무사리 너머두 아:나, 잘. 그래구 쩌, 여자
거니 이래구.

근데 이제 겨로늘 할 때 겨론하는 과정이 이짜나요, 어르신?

‾ 예?

어르신 신시그로 하셔써요, 구시그로 하셔써요?

‾ 아이 구:시기지유 글쎄 머 사모관대 쓰구.

구시그로 할 때 어트케 하셔써요? 겨로늘 할 때, 겨론하는 과정드리 이짜나
요?

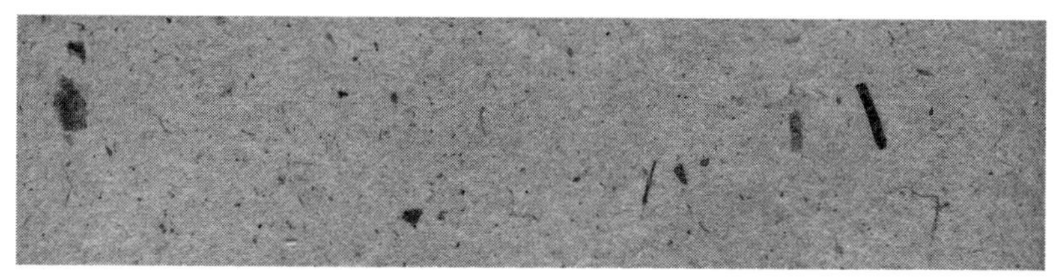

　　그러면 음, [2초] 어르신은 그 할머니 만나실 때 으, [5초] 할머니를 만나실 때 어떻게 만나셨나요?

　⁻ 중매로.

　　누가 중매를 섰나요?

　⁻ 거기서 인제 나이 많은 이가 한 분이 있어 가지고, 잘 아는 할머니가 거기 인제 다니면서 이랬거든요. 그래 그 할머니가 중매를.

　　아, 그냥 인제 어른들끼리

　⁻ 예.

　　그 다음에 인제 그때는 중매로 인제 만나서 한번 봤을 거 아니, 처음 결혼, 결혼할 때 처음 봅니까, 결혼하기 전에도 한번 보셨어요?

　⁻ 글쎄 뭐 결혼하기 전에 한번 봤지요.

　　아, 보니까 어, 보고서

　⁻ 글쎄 뭐 ** 나이가 아무리 스무살이 넘어도 아나, 잘. 그러고 쩝, 여자거니 이러고.

　　그런데 이제 결혼을 할 때 결혼하는 과정이 있잖아요, 어르신?

　⁻ 예?

　　어르신 신식으로 하셨어요, 구식으로 하셨어요?

　⁻ 아니 구식이지요 그럴 때 뭐 사모관대 쓰고.

　　구식으로 할 때 어떻게 하셨어요? 결혼을 할 때, 결혼하는 과정들이 있잖아요?

ˉ 저론하능기, 겨론하는 과정은 머 기양 사모관대 쓰구 그게 머 근데 머, 그건 그양. 첨상, 첨상배하구.

천상배요?

ˉ 예 [5초].

그다으메

ˉ 실라~이 나가서 첨상배하구.

혹씨 겨론하기 저네 궁합꺼틍거는 보지 아느셔써요?

ˉ 궁하비렁거는 우리 그러케 질기지 아너유.

아.

ˉ 그러케 질기진 질기진장커등뇨.

부모님드리 혹씨 보셔쓸쑤도 이짜나요?

ˉ 예?

그 부모님, 겨론하는 당사자 부모님.

ˉ 아매도 머 그양, 그양반드리야 봐께지만 그래두 우리 그러케 궁하분 그러케 워나지 아는 사라미유.

아, 그래요, 그렁거 잘 미찌도 아느시고.

ˉ 예. 그거 보믄 머 아~이, 아~이 걸리능게 인나유.

아.

ˉ 그저 원:진살만 업쓰믄 되니까, 궁합. 하튼, 사:람 사는데 원:진사리 젤: 나뿌지 원:진살만 업쓰먼 머.

음. 그러면.

ˉ 가튼 승:씨가 이쓸까봐 그러치 머.

예 [4초]. 겨로늘 할때는 보통 이제 음, [3초] 겨론하기 위해서 인제 먼저 젤 먼저 어떠케 함니까, 먼저 그 중신 서는 할머니가 이 양찌베 가서 조운 낭자 이꼬, 조운 총가기꼬, 조운 처자 이따고 해서 이제.

ˉ 그런데 머 어디 마따~안 총가기 이쓰니까 이집딸뚜 나승차니까 인

⁻ 결혼하는 것이, 결혼하는 과정은 뭐 그냥 사모관대 쓰고 그게 뭐 그런데 뭐, 그건 그냥. 천상, 첨상배하고.

천상배요?

⁻ 예 [5초].

그 다음에

⁻ 신랑이 나가서 첨상배하고.

혹시 결혼하기 전에 궁합 같은 것은 보지 않으셨어요?

⁻ 궁합 이런 것은 우리 그렇게 즐기지 않아요.

아.

⁻ 그렇게 즐기진 즐기지 않거든요.

부모님들이 혹시 보셨을 수도 있잖아요?

⁻ 예?

그 부모님, 결혼하는 당사자 부모님.

⁻ 아마도 뭐 그냥, 그 양반들이야 봤겠지만 그래도 우리 그렇게 궁합은 그렇게 원하지 않는 사람이오.

아, 그래요, 그런 거 잘 믿지도 않으시고.

⁻ 예. 그거 보면 뭐 안, 안 걸리는 게 있나요.

아.

⁻ 그저 원진산만 없으면 되니까, 궁합. 하여튼, 사람 사는데 원진살이 제일 나쁘지 원진살만 없으면 뭐.

음. 그러면.

⁻ 같은 성 씨가 있을까 봐 그렇지 뭐.

예 [4초]. 결혼을 할 때는 보통 이제 음, [3초] 결혼하기 위해서 인제 먼저 제일 먼저 어떻게 합니까, 먼저 그 중신 서는 할머니가 이 양집에 가서 좋은 낭자 있고, 좋은 총각 있고, 좋은 처자 있다고 해서 이제.

⁻ 그런데 뭐 어디 마땅한 총각이 있으니까 이 집 딸도 나이가 찼으니까

제 아무래두. 그 지직꿰 뜨더께지,[14] 옌:나렌 지직꿰라구 왜 그저 대자
리루.

　예.

ˉ 대자릴 인제 바~에 깔자누?

방에 까는.

ˉ 으, 까능거 그거.

그걸 머라고 함니까?

ˉ 지직.

지직.

ˉ 예, 그걸 지지기라구 인제 그래는데 그기 대자리지유, 대자리.

대자리 아, 예.

ˉ 대자리 그걸루 인제 가 가서 처:메 인제 주인 드러가믄 마:를 선뜬모
타니까 그 지직꿰 인제 요런 빼따구 나옹거 요렁걸 인제 대:구 뜨드믄 그
그지비 알:구.

　아.

ˉ 주, 주인 일르러[15] 와꾸나 그러지.

아, 그러니까 지지글 요기 이제 약깐 빼쪼카게 나옹거.

ˉ 그러치 빼쪼가게 나옹거 요걸 대:구 뜨드믄, 지지꿰 뜬는다 그자누?

그걸 머라고?

ˉ 귀

　아.

ˉ 머 이래.

지, 지지글 뜬는다고

ˉ 그래 이러케 보머 거기 가다보머 머 흔:지비꺼 생기머 그거뚜 뜨꾸,
이짜게 보머 이거뚜 뜨꾸, 이래다가 안저서 이러케 보믄 그 주인, 그 저
색:씨 어마이 아버지가 볼 쩌에는 저누무 잉가~이 우리가 따리 이쓰니까

인제 아무래도. 그 기직의 귀를 뜯었겠지, 옛날엔 기직이라고 왜 그저 대 자리로.

예.

ˉ 대자리를 인제 방에 깔잖으우?

방에 까는.

ˉ 으, 까는 거 그거.

그걸 뭐라고 합니까?

ˉ 기직.

기직.

ˉ 예, 그걸 기직이라고 인제 그러는데 그게 대자리지요, 대자리.

대자리 아, 예.

ˉ 대자리 그걸로 인제 가 가서 처음에 인제 주인 들어가면 말을 선뜻 못하니까 그 기직을 인제 요런 빼딱 나온 거 요런 걸 인제 대고 뜯으면 그 그 집이 알고.

아.

ˉ 주, 주인에게 이르러 왔구나 그러지.

아, 그러니까 기직에 요기 이제 약간 빼쪽하게 나온 거.

ˉ 그렇지 빼쪽하게 나온 거 요걸 대고 뜯으면, 기직 귀 뜯는다 그러잖으우?

그걸 뭐라고?

ˉ 귀

아.

ˉ 뭐 이래.

기, 기직을 뜯는다고

ˉ 그래 이렇게 보면 거기 가다보면 뭐 헌집에 것 생기면 그것도 뜯고, 이쪽에 보면 이것도 뜯고, 이래다가 앉아서 이렇게 보면 그 주인, 그 저 색시 어머니 아버지가 볼 적에는 저 놈의 인간이 우리가 딸이 있으니까

아매 주인 일르러 강게다.

　주인?

　￣ 음. 그 중매.

　아, 중매.

　￣ 중매하러 왕게다 이래군 얘기해 보라그래서 아:무데 총가이기 나승찬 총가기 메쌀 머근 총가기 이꾸, 어머이 아버지가 다 이꾸 머 시꾸가 메친데 이집딸 어지간하믄 쫌 그래구. 처태 누가 대답하는 사라미 인나유.

　예예.

　￣ 그래 처가찌베서 우리르 오라 구래서 봐:야 된다구 그래니.

　아, 처가찌베서 오라고 하니.

　￣ 그래 봐:야 된다니까 머. 오라 하거든 따러가찌 머.

　그럼 갈 때는 누가 어르신 혼자만 가셔써요?

　￣ 그래 혼자하구 중신하구.

　아, 중신, 인제 고거를 인제 부를 때는 머라 그럼니까, 그 할

　￣ 그양, 중시니라 그래지 중시내비.

　중신

　￣ 중시내비.

　여자라도 중시내비라고 함니까, 여자라도?

　￣ 예. 여자라두 중시내비, 남자라두 중시내비라 그래지유.

　아, 그래요, 아 그래서 중시내비를 고다메 인제 가치 어르신만 이러케 가시능군요, 가서.

　￣ 그러치. 가서 이제 머

　그 지베 가요?

　￣ 바루 그지베 가찌유 머.

　아.

아마 주인 이르러 간 거다.

주인?

－음. 그 중매.

아, 중매

－중매 하러 온 것이다 이러고 얘기 해 보라고 그래서 아무 데 총각이 나이 꽉찬 총각이 몇 살 먹은 총각이 있고, 어머니 아버지가 다 있고 뭐 식구가 몇인데 이 집 딸 어지간하믄 쫌 그래구. 첫번에 누가 대답하는 사람이 있나요.

예예.

－그래 처갓집에서 우리를 오라 그래서 봐야 된다고 그러니.

아, 처갓집에서 오라고 하니.

－그래 봐야 된다니까 뭐. 오라 하거든 따라갔지 뭐.

그럼, 갈 때는 누가 어르신 혼자만 가셨어요?

－그래 혼자하고 중신하고.

아, 중신, 인제 그거를 인제 부를 때는 뭐라 그럽니까, 그 할

－그냥, 중신이라 그러지 중신아비.

중신

－중신애비.

어자라도 중신아비라고 합니까, 여자라도?

－예. 여자라도 중신아비, 남자라도 중신아비라 그러지요.

아, 그래요, 아 그래서 중신아비를 그 다음에 인제 같이 어르신만 이렇게 가시는군요, 가서.

－그렇지. 가서 이제 뭐

그 집에 가요?

－바로 그 집에 갔지요 뭐.

아.

⌐ 그지베 드러가, 이지비 그지비라 그래서 그지베 드러가가주구 지약
해:주구 머 밥 밤머꾸 하루빰 자구 너머오구.

아, 거기서 하루빠물 재워줘요?

⌐ 예.

자고?

⌐ 그 이튿날 너머 오구, 아침먹꾸. 색:씨가

저녁머끼 저네 만나자나요?

⌐ 색:씨두 만내지두 모:타구 머.

아, 몬만나요?

⌐ 몬:만내지.

그럼 누구를 만나요?

⌐ ** 엄마지 머. 개:, 자ˇ인 장:모가 장인 장:모가 사:람 볼라구 오라구
해:찌, 색:씨가 사람볼라구 오라그래진 아나꺼든.

아, 그럼 장인 장모가 이제 실랑 될싸라믈 얼굴 보고서 저녁 대저파고, 재워
서 보내고.

⌐ 예.

그러며는 마으메 들며는

⌐ 아 거기서 승나근 아ˇ해.

아, 승나근 안하고.

⌐ 그다메 인제 중시내비가 와서 인제 승나글 하지.

아.

⌐ 너 사우 돼:따 이래지.

그냥 사우 돼따 그러면

⌐ 마:메 만는다 이런얘긴 업써유.

아, 그래요. 그러케 인제 해가주구 인제 머라고 말함니까 인제 너 그냥 중시
내비가 얘기할때, 거기서 조타더라 이러케 얘기

⎺ 그 집에 들어가, 이 집이 그 집이라 그래서 그 집에 들어가 가지고 저녁 해 주고 뭐 밥 밥 먹고 하룻밤 자고 넘어오구.

아, 거기서 하룻밤을 재워 줘요?

⎺ 예.

자고?

⎺ 그 이튿날 너머 오고, 아침 먹고. 색시가

저녁 먹기 전에 만나잖아요?

⎺ 색시도 만나지도 못하고 뭐.

아, 못 만나요?

⎺ 못 만나지.

그럼 누구를 만나요?

⎺ ** 엄마지 뭐. 그래, 장인 장모가 장인 장모가 사람 보려고 오라고 했지, 색시가 사람 보려고 오라고 그러진 않았거든.

아, 그럼 장인 장모가 이제 신랑 될 사람을 얼굴 보고서 저녁 대접하고, 재워서 보내고.

⎺ 예.

그러면 마음에 들면

⎺ 아아, 거기서 승락은 안 해.

아, 승락은 안 하고.

⎺ 그 다음에 인제 중신아비가 와서 인제 승락을 하지.

아.

⎺ 너 사위 됐다 이래지.

그냥 사위 됐다 그러면

⎺ 마음에 맞는다 이런 얘긴 없어요.

아, 그래요. 그렇게 인제 해 가지고 인제 뭐라고 말합니까 인제 너 그냥 중신아비가 얘기할 때, 거기서 좋다더라 이렇게 얘기

⌐ 그니까 인제 중시내비가 드러가서 얘기할쩬 배까테 선선하니까 배까
테 안저서 기양 이찌유 머.

아.

⌐ 그 드러갈쑤가 업:짜누?

아.

⌐ 안체노쿠 **하지.

아, 그쪽 총각 아버지.

⌐ 예, 색:씨 아버지 보구 인제 이 이 애:기 할쩌게는 배까테 안저서 저:
쪼게 안저서 기양 담:배나 피우구 안저서 이따가.

아. 그다메 인제 와서

⌐ 드로라 그러면 드러가서 밥채레 오믄 드러가서 머꾸 아치게두 하루
빰 자구 오구.

아. 자고 오며는 이제 나중, 언제쯤 인제 거기서 조타 안조타를 중시내비가
와서

⌐ 그러치유.

그 어르시난테 먼저 얘기하느냐 아니면 부모님한테 먼저 얘기

⌐ 아ᅵ, 부모저테 얘기해보지.

부몬님한테 얘길 해요. 아, 거기서 조타더라.

⌐ 그저 어지간 하믄.

그러면 인제 겨론, 그러케 인제 되고 나며는 인제 그담 젤먼저 하능게 멈니
까, 그러케 승나기 딱 떠러지면 이제?

⌐ 딱 떠러지믄 인제 그다멘 글쩬 인제 승나근 돼쓰니까 인젠 잔치 단도
릴 해야되자너?

예.

⌐ 그니까 인제 사주가 가구.

먼저 사주가 가구요.

ˉ 그러니까 인제 중신아비가 들어가서 얘기할 땐 바깥에 선선하니까 바깥에 앉아서 그냥 있지요 뭐.

아.

ˉ 그 들어갈 수가 없잖으우?

아.

ˉ 앉혀 놓고 **하지.

아, 그 쪽 총각 아버지.

ˉ 예, 색시 아버지 보고 인제 이 이 얘기 할 적에는 바깥에 앉아서 저쪽에 앉아서 그냥 담배나 피우고 앉아서 있다가.

아. 그 다음에 인제 와서

ˉ 들어오라 그러면 들어가서 밥 차려 오면 들어가서 먹고 아침에도 하룻밤 자고 오고.

아. 자고 오면 이제 나중, 언제쯤 인제 거기서 좋다 안 좋다를 중신아비가 와서

ˉ 그렇지요.

그 어르신한테 먼저 얘기하느냐 아니면 부모님한테 먼저 얘기

ˉ 아니, 부모곁에 얘기해 보지.

부모님한테 얘길 해요. 아, 거기서 좋다더라.

ˉ 그저 어지가하며

그러면 인제 결혼, 그렇게 인제 되고 나면 인제 그 다음 제일 먼저 하는 게 뭡니까, 그렇게 승락이 딱 떨어지면 이제?

ˉ 딱 떨어지면 인제 그 다음엔 그럴 땐 인제 승락은 됐으니까 인제 잔치 준비(채비)를 해야 되잖아?

예.

ˉ 그니까 인제 사주가 가고.

먼저 사주가 가고요.

￣ 예. 사주가 가구, 하:미 가구. 하:미 먼저 가니까.

하미 먼저 가고.

￣ 사:주가 먼저 가구 고다메 함: 가구. 어떤덴 함: 하구 사:주하구 가치 가는집뚜 이찌유 머.

어르신 어떠케 해써요?

￣ 난 내가 가주가찌유.

하믈, 사주를.

￣ 하:믄 하믄 하:매비가 가구.

함, 하믄 가주구 가는 사라믈 머라고 함니까?

￣ 기양 함: 질머지구 그저 사람 하나 질머지구 가선 기양 드러가믄 하:미

그 사주는 어르시니 직쩝 가주구 가셔써요?

￣ 하:믄 인제 잔친날

아니 그 사주요, 사주.

￣ 사:주는 하:메다 가치 느:써.

아, 예, 가치 너어서.

￣ 예. 잔친날 인제 하:미라능게, 근데 이짜게서 저 여자, 여자예 그 몸매르 아러가주구 오슬 다 해:가주구 가니까.

예. 그럼 사주 보내능거를 머라 한다고 함니까?

￣ 여그서 사:주 보낸다 그러지유 머.

아, 사주 보낸다고 그러구요.

￣ 예단, 예다늘 보낸다구 예단.

사주는 누가 보내따구요?

￣ 예장을 인제 이짜게서 보내, 저 이짜게서 해야지.

누가 누가 직쩝 그걸 가주구 가씀니까?

￣ 아~이, 그 하:메다 가치.

고 하믈 가지고 인제 누가 감니까?

˗ 예. 예. 사주가 가고, 함이 가고. 함이 먼저 가니까.

함이 먼저 가고.

˗ 사주가 먼저 가고 그 다음에 함 가고. 어떤 데는 함하고 사주하고 같이 가는 집도 있지요 뭐.

어르신 어떻게 했어요?

˗ 난 내가 가지고 갔지요.

함을, 사주를.

˗ 함은 함은 함진아비가 가고.

함, 함은 가지고 가는 사람을 뭐라고 합니까?

˗ 그냥 함 짊어 지고 그저 사람 하나 짊어지고 가선 그냥 들어가면 함이

그 사주는 어르신이 직접 가지고 가셨어요?

˗ 함은 인제 잔칫날

아니 그 사주요, 사주.

˗ 사주는 함에다 같이 넣었어.

아, 예, 같이 넣어서.

˗ 예. 잔칫날 인제 함이라는 것이, 그런데 이쪽에서 저 여자, 여자의 그 몸매를 알아서 옷을 다 해 가지고 가니까.

예. 그럼 사주 보내는 것을 뭐라 한다고 합니까?

˗ 여기서 사주 보낸다 그러지요 뭐.

아, 사주 보낸다고 그러고요.

˗ 예단, 예단을 보낸다고 예단.

사주는 누가 보냈다고요?

˗ 예장을 인제 이쪽에서 보내, 저 이쪽에서 해야지.

누가 누가 직접 그걸 가지고 갔습니까?

˗ 아니, 그 함에다 같이.

그 함을 가지고 인제 누가 갑니까?

⁻ 잔친날 인제 하:매빈 가치 가지.

함?

⁻ 하:매비가.

아, 하매비가.

⁻ 그래 그사라믄 인제 그니까 잔친날 가능게 가:매 멜:싸람 한 일구비 가유.

아, 가매 멜 싸라미.

⁻ 가:매 멜싸람 한 대:타구 상:각뚜 가구, 실랑가구 머 하:매비꺼정 그러게 되믄 한 일구비 간다구유.

예, 그리구 인제.

⁻ 대:식꾸가 가지유 머, 큰식꾸가.

가는 사라미 다시 한번만, 가는 사라미, 함가지구.

⁻ 가는 사라미 인제 상:각.

상각, 상가근 머예요?

⁻ 상:가근 인제 지반 어:르니 하나 인제 대:표자로 인제.

아, 지바네 대표자로 상각, 그다메요?

⁻ 그다메 실랑가구 고다메 인제 하:매비가 가구, 고다메 이게 그 저 가:매 미:는 사람들 느이. 일굽.

예, 그럼 일구빈데.

⁻ 짜근 안 마치니까.

아, 짜근 안마추고 보통 홀쑤로 이러케.

⁻ 그러치유.

그런데 인제 일고뿌니 가시는데 어, 일고뿐만 감니까, 보통 딴, 일곰명 말고도 또?

⁻ 에헤이, 그렁건 업:써유.

보통 여기서는 일곰명이.

- 잔칫날 인제 함진아비는 같이 가지.

함?

- 함진아비가.

함진아비가.

- 그래 그 사람은 인제 그러니까 잔칫날이라는 게 가마 멜 사람 한 일곱이 가요.

아, 가마 멜 사람이.

- 가마 멜 사람 한 댓 명이 타고, 상각도 가고, 신랑 가고 뭐 함진아비까지 그렇게 되면 한 일곱이 간다고요.

예, 그리고 인제.

- 대식구가 가지요 뭐, 큰식구가.

가는 사람이 다시 한번만, 가는 사람이, 함 가지고.

- 가는 사람이 인제 상각.

상각, 상각은 뭐예요?

- 상각은 인제 집안 어른이 하나 인제 대표자로 인제.

아, 집안에 대표자로 상각, 그 다음에요?

- 그 다음에 신랑 가고 그 다음에 인제 함진아비가 가고, 그 다음에 이게 그 저 가마 메는 사람들 넷. 일곱.

예, 그럼 일곱인데,

- 짝은 안 맞추니까.

아, 짝은 안 맞추고 보통 홀수로 이렇게.

- 그렇지요.

그런데 인제 일곱 분이 가시는데 어, 일곱 분만 갑니까, 보통 딴, 일곱명 말고도 또?

- 에헤이, 그런 건 없어요.

보통 여기서는 일곱 명이.

˜ 예, 그저 일곱끄저 가까운데 다섣 쩐부 일꾸니여.

그러믄 상각까고.

˜ 실랑가구.

실랑가고.

˜ 하:매비가구.

그다메 네명가고, 부몬니믄요?

˜ 부몬님 앙가여. 부모님 머하러.

겨론시게 앙가요?

˜ 어떤데는 인제 아버지가 상:각까는수가 이찌.

예.

˜ 인제 여 여짜게서. 저짜게 인제 후:객 오능거뚜 그러쿠.

후객?

˜ 후개근 인제 실랑, 신부츠게서 오는 사라믈 후:객, 이짜게서 상:각 그
런데.

아, 그면 상가근 보통 누가 됩니까?

˜ 그양 가까운 실랑에 삼추니던지, 아버지가 실타 그면 삼촌드리 마이
가지머.

아, 아버지드른 앙가시구요?

˜ 음, 아~이 가구.

그럼 부모님드른 겨론시글 모뽀시구요.

˜ 으, 근데 아버지가 그러믄 인제 대:개 그저 삼춘드리 마이 가유.

아, 삼촌드리 상각

˜ 삼추니 업:쓰먼 아버지두 가구 또, 그 서~이가 이쓰먼 서~이가 장:개
들믄 서~이두 갈쑤가 이꾸.

서이?

˜ 형님, 실랑에 혀~이가 이쓰먼 혀~이가 가구.

ˉ 예, 그저 일곱 그저 가까운데 다섯 전부 일꾼이요.

그러면 상각 가고.

ˉ 신랑 가고.

신랑 가고.

ˉ 함진아비 가고.

그 다음에 네 명 가고, 부모님은요?

ˉ 부모님 안 가요. 부모님 뭐 하러.

결혼식에 안 가요?

ˉ 어떤 데는 인제 아버지가 상각 가는 수가 있지.

예.

ˉ 인제 여 이쪽에서. 저쪽에 인제 후객 오는 것도 그렇고.

후객?

ˉ 후객은 인제 신랑, 신부측에서 오는 사람을 후객, 이쪽에서 상각 그런
데.

아, 그러면 상각은 보통 누가 됩니까?

ˉ 그냥 가까운 신랑의 삼촌이던지, 아버지가 싫다 그러면 삼촌들이 많
이 가지 뭐.

아, 아버지들은 안 가시고요?

ˉ 음, 안 가고.

그럼 부모님들은 결혼식을 못 보시고요.

ˉ 으, 그런데 아버지가 그러면 인제 대개 그저 삼촌들이 많이 가요.

아, 삼촌들이 상각

ˉ 삼촌이 없으면 아버지도 가고 또, 그 형이 있으면 형이 장가들면 형
도 갈 수가 있고.

형?

ˉ 형님, 신랑의 형이 있으면 형이 가고.

겨론시근 실랑찌베서 함니까?

⎯ 실랑찌베서, 아~이 신부찌베서 하지유.

신부찌베서 하죠.

⎯ 거그서 인제 채레를 거그서 지내니까.

그러며는 겨론 날짜를 언제 잡쬬?

⎯ 홀레 자붐 이짜에서 자버보내지.

이쪼게서 신부츠게서 자바 보내지 안나요?

⎯ 아~이, 이짜게서 자버서 인제 보면 신부츠게다 해:면 신부츠게서두 인제 또 채글 해:가주구 또, 이 존:냐, 아~이 존:냐 다시 한번 점거물 하능 기지.

아, 먼저 실랑쪼게서, 실랑쪼게서 신부찌베 보내면 거

⎯ 신부추게서 인제 이걸 보구, 아:는 사람한테 보구 인:나레요, 이러케 날짤 이러케 받는데 이게 존:냐 안조으냐 그걸 재:검토하는세미지.

아, 검토해서 이제 딱 결쩡이 되면 다시 실랑한테 알려주구.

⎯ 야, 알레주구.

알려주구요. 상각 가능거는 겨론하기 며칠저네 감니까?

⎯ 아이, 그날가. 내라치기[16] 겨론시기라믄 그 저저 예를 올린다믄 오늘 가지유.

그러초.

⎯ 오늘 가서 내:른 신부가 오구.

아, 예. 겨로늘 하고 나서 신부가 옴니까?

⎯ 예, 거기서 예:를 올리구 오구.

아. 그러면 인제 그런시그로 그러케 하고 [4초] 인제 그러케 사주도 하고 [2초] 그러케 하는데 그래서 인제 그 신부찌베 가자나요, 인제 가서 겨로늘 인제, 겨론시글 해야 되자나요, 시글료?

⎯ 예?

시글 할려며는 거 여러가지 준비하능거 다 누가 준비함니까?

결혼식은 신랑집에서 합니까?

⎯ 신랑집에서, 아니 신부집에서 하지요.

신부집에서 하죠.

⎯ 거기서 인제 차례를 거기서 지내니까.

그러면 결혼 날짜를 언제 잡죠?

⎯ 혼례 잡는 것은 이쪽에서 잡아보내지.

이쪽에서 신부측에서 잡아 보내지 않나요?

⎯ 아니, 이쪽에서 잡아서 인제 보면 신부측에다 하면 신부측에서도 인제 또 책을 해 가지고 또, 이 좋냐, 안 좋냐 다시 한번 점검을 하는 거지.

아, 먼저 신랑쪽에서, 신랑쪽에서 신부집에 보내면 거

⎯ 신부 측에서 인제 이걸 보고, 아는 사람한테 보고 옛날에요, 이렇게 날짜를 이렇게 봤는데 이게 좋냐 안 좋냐 그걸 재검토하는 셈이지.

아, 검토해서 이제 딱 결정이 되면 다시 신랑한테 알려 주고.

⎯ 야, 알려 주고.

알려 주고요. 상각 가는 것은 결혼하기 며칠 전에 갑니까?

⎯ 아니 그날 가. 내일 아침이 결혼식이라면 그 저 저 예를 올린다면 오늘 가지요.

그렇죠.

⎯ 오늘 가서 내일은 신부가 오고.

아, 예. 결혼을 하고 나서 신부가 옵니까?

⎯ 예, 거기서 예를 올리고 오고.

아. 그러면 인제 그런 식으로 그렇게 하고 [4초] 인제 그렇게 사주도 하고 [2초] 그렇게 하는데 그래서 인제 그 신부집에 가잖아요, 인제 가서 결혼을 인제, 결혼식을 해야 되잖아요, 식을요?

⎯ 예?

식을 하려면 거 여러 가지 준비하는 거 다 누가 준비합니까?

˗ 그짜게서 다 하지유 머. 신부츠게서 머 준비하능게 머 이쏘? 기양 그저 예를 드러서 수딱, 닥 한바리 가따 노쿠 거기다 콩판노쿠, 기양 뭐 송죽 이러케 이래 노쿠 초뿔 펴 노쿠. 단지 그기지유 머.

예, 그러면 신부가 여긴 월래 신부찌베서 거의 다 겨론시글요?

˗ 거 다 해유. 거 기래구 머 제:주 가틍거뚜 전부 신부츠게서 저거하구 사:모관대는 이짜게서 인제, 이짝 그짜게서 읍씀 이짜게서 가주가구.

예.

˗ 대:개다 그 즈음 초:네 다 이씨니까 사:모관대가.

예.

˗ 사:모관대 쓰구서 배:레하구. 머 머 호를 부린다등가 그렁거뚜 업꾸.

홀?

˗ 아이 멀 불린다구 왜 그래자너 왜 이제 머 민속초네 가믄 실랑신부 하능거 머 신부 '출:' 이래능거.

아 예.

˗ 그렁거 어:꾸, 그렁거 다 어:꾸 그저.

인제 고러케 겨론시글 하고 [3초] 그다메 겨론식 끈나면 인제 머함니까?

˗ 아침머꾸 눌러 와야지유.

혼자 옴니까?

˗ 가:매 타구 이제 그 신불 데리구.

아, 신불 데리고.

˗ 그럼 실랑은 인제 거러오구 가:매 가주강거 거기다 신부태워가주구 오구.

신부를 이러케 태워 올 때 그냥 태워옴니까?

˗ 예?

신부를 이러케 태워 올 때

˗ 예, 가메 미:구, 아페 미:구, 두리 미:구. 그래 인제 너이는 교대루 미:

⁻ 그쪽에서 다 하지요 뭐. 신부 측에서 뭐 준비하는 게 뭐 있소? 그냥 그저 예를 들어서 수탉, 닭 한 마리 갖다 놓고 거기다 콩팥 놓고, 그냥 뭐 송죽 이렇게 이래 놓고 촛불 피워 놓고. 단지 그거지요 뭐.

예, 그러면 신부가 여긴 원래 신부집에서 거의 다 결혼식을요?

⁻ 거 다 해요. 거 그러고 뭐 제주 같은 것도 전부 신부 측에서 저거하고 사모관대는 이쪽에서 인제, 이쪽 그쪽에 없으면 이쪽에서 가지고 가고.

예.

⁻ 대개 다 그 즈음 촌에 다 있으니까 사모관대가.

예.

⁻ 사모관대 쓰고서 배례하고. 뭐 뭐 호를 부른다든가 그런 것도 없고.

홀?

⁻ 아니, 뭘 부른다고 왜 그러잖아 왜 이제 뭐 민속촌에 가면 신랑신부 하는 거 뭐 신부 '출' 이러는 거.

아 예.

⁻ 그런 거 없고, 그런 거 다 없고 그저.

인제 그렇게 결혼식을 하고 [3초] 그 다음에 결혼식 끝나면 인제 뭐합니까?

⁻ 아침 먹고 바로 와야지요.

혼자 옵니까?

⁻ 가마 타고 이제 ㄱ 신부를 데리고.

아, 신부를 데리고.

⁻ 그럼 신랑은 인제 걸어오고 가마 가지고 간 거 거기다 신부 태워 가지고 오고.

신부를 이렇게 태워 올 때 그냥 태워 옵니까?

⁻ 예?

신부를 이렇게 태워 올 때

⁻ 예, 가마 메고, 앞에 메고, 둘이 메고. 그래 인제 넷은 교대로 메기 위

기 위해서 인제 너이를 델구 가니까.

예.

⁻ 저짜게서두 또 한 일구비, 다서시 와유.

그걸 머라고 함니까, 그런 사라믈? 후개기 아까 후개기라고

⁻ 저짜근 인제 저짜게서 오는 인제 그걸 상:가근 후:개기지.

아, 상각.

⁻ 후:객 신부 기리구 인제 기리구 머 여느 인제

세명은 누구에요?

⁻ 세:명은 인제 거그서 인제 머이냐 하믄 그 저저 큰상바덩거, 실라~이.

예.

⁻ 큰상서릴 지구와유, 그걸.

큰상?

⁻ 으, 큰상서리라구 인제 그 머 음:식, 머 편, 머 육: 이렁걸 해:농걸 지구. 이러케 지구 오는 사라미 한 서너뙤지.

아. 서너뙤며는 네명이 될쑤도 이씀니까?

⁻ 아이?

네명이 될쑤도 있어요, 거기도? 네명이 되면 전부 여서싸라미 [개 쫓는 소리].

⁻ 저짜게서 인제 *** 어차피 저짜게서 이롱을 해가주구 오믄

잠깐만뇨 [5초]. 여기는 이걸 머라고 함니까?

⁻ 호두.

머 추지라는 마른 안쓰나요?

⁻ 여그는 아주 호두라 그러던데.

아, 그래요, 아. 그럼 아까 후객뜰 이중에 후개기 이꼬, 그다메 신부가 이꼬.

⁻ 인제 가:매 미:는 사람드리 이제 이짜게서 간 사라미꾸 그래구. 저짜 가서 이제 이롱

해서 인제 넷을 데리고 가니까.

예.

˚ 저쪽에서도 또 한 일곱이, 다섯이 와요.

그걸 뭐라고 합니까, 그런 사람을? 후객이 아까 후객이라고

˚ 저쪽은 인제 저쪽에서 오는 인제 그걸 상각은 후객이지.

아, 상각.

˚ 후객 신부 그리고 인제 그리고 뭐 여느 인제

세 명은 누구에요?

˚ 세 명은 인제 거기서 인제 무엇이냐 하면 그 저 저 큰상 받은 거, 신랑이.

예.

˚ 큰상서리를 지고 와요, 그걸.

큰상?

˚ 으, 큰상서리라고 인제 그 뭐 음식, 뭐 편, 뭐 육 이런 걸 해 놓은 걸 지고. 이렇게 지고 오는 사람이 한 서넛 되지.

아. 서넛 되면 네 명이 될 수도 있습니까?

˚ 아이?

네 명이 될 수도 있어요, 거기도? 네 명이 되면 전부 여섯 사람이 [개 쫓는 소리].

˚ 저쪽에서 인제 *** 어차피 저쪽에서 이롱옥 해 가지ㄱ ㅇ면

잠깐만요 [5초]. 여기는 이걸 뭐라고 합니까?

˚ 호두.

뭐 추지라는 말은 안 쓰나요?

˚ 여기는 아주 호두라 그러던데.

아, 그래요, 아. 그럼 아까 후객들 이 중에 후객이 있고, 그 다음에 신부가 있고.

˚ 인제 가마 메는 사람들이 이제 이쪽에서 간 사람 있고 그러고. 저쪽에서 이제 이롱

예?

- 이롱이라구 이짜너 왜, 이런 농 해가주구 오능거.

예.

- 그걸 만냐게 저짜게 신부츠게서 해 가주 오머 그거 지구 오는 사라드리 한 너더따러서지유.

너덜.

- 네, 그러게니까 머 거 행여리라능게 한 열때돼요. 열때여선넘찌유 머.

음 [5초]. 그러면 인제, 그러면 겨론식 끈나고 거기서 안잠니까?

- 으~이~, 안자요.

안자고 그냥 바로 그날 와요?

- 그러치유. 그날 그날빠메 인제 여그서 가서 거거서 자구 그이튼날 아치게 채레지내구는 눌러 오지유.

그까 바로 사람들 다 행녀리 그냥 오네요?

- 그러치유.

와서, 그다메 신부랑 실랑이 이제 실랑찌베 와서 머함니까?

- 여: 와서 자구 또 그이튼날 가구. ** 여와서 하능거뚜 업찌유 머.

와서 인사는 드레야 될꺼 아니에요, 부모님께, 시부모님.

- 아, 그거야 조상에 자놀리구 신부가 와서 인제

젤 먼저 신부가 와서 그다메 무슨 제사 지내자나요?

- 그러치유, 조상에 자놀리지유.

아.

- 조상에 인제

자놀리고, 그다메 이제 신부를

- 인제 그기 신부가 인제 ** 경주김서방네 조사~이 인제 그 그기 돼:따 ** 그기 돼:따 하는 그걸 조상님한테 고:하구. 그래곤 머 또 상 해서 큰상 하나 잔치쌍 ***큰상 하나 바꾸.

예?

⌐ 이롱이라고 있잖아 왜, 이런 농 해 가지고 오는 거.

예.

⌐ 그걸 만약에 저쪽에 신부 측에서 해 가지고 오면 그거 지고 오는 사람들이 한 너덧 따라서지요.

너덧.

⌐ 네, 그렇게 되니까 뭐 거 행렬이라는 게 한 열댓돼요. 열대여섯 넘지요 뭐.

음 [5초]. 그러면 인제, 그러면 결혼식 끝나고 거기서 안 잡니까?

⌐ 아니, 안 자요.

안 자고 그냥 바로 그날 와요?

⌐ 그렇지요. 그날 그날 밤에 인제 여기서 가서 거기서 지고 그 이튿날 아침에 차례 지내고는 바로 오지요.

그러니까 바로 사람들 다 행렬이 그냥 오네요?

⌐ 그렇지요.

와서, 그 다음에 신부랑 신랑이 이제 신랑집에 와서 뭐합니까?

⌐ 여기 와서 자고 또 그 이튿날 가고. ** 여기 와서 하는 것도 없지요 뭐.

와서 인사는 드려야 될 거 아니에요, 부모님께, 시부모님.

⌐ 아, 그거야 조상에 잔 올리고 신부가 와서 인제

제일 먼저 신부가 와서 ㄱ 다음에 무슨 제사 지내잖아요?

⌐ 그렇지요, 조상에 잔 올리지요.

아.

⌐ 조상에 인제

잔 올리고, 그 다음에 이제 신부를

⌐ 인제 그게 신부가 인제 ** 경주김서방네 조상이 인제 그 그게 됐다 ** 그게 됐다 하는 그걸 조상님한테 고하고. 그러곤 뭐 또 상 해서 큰상 한 잔칫상*** 큰상 하나 받고.

음.

⎺ 그래군 머 [3초].

그러면 인제 그러케 인제 끈나고 나서 다시 인제 다 가치 또 다시 신부찌부로 다 감니까?

⎺ 그러치유 그래 거 자구 그이튼나리 인제 그패드리 가지유. 거그서 완 사람들만.

실랑신부는요?

⎺ 앙가지유.

실랑신부는 인제 거기 인능거고.

⎺ 예 여기서 이따가 한 사밀 이따가.

아, 그럼 사밀 이따가 인제 자겐네요, 인제 가치 자기도

⎺ 사미리따가 인제 재:햐~이라구, 재햐~이라구 하지.

음 [4초]. 그러며는 이제 어르신 그 겨로늘 이러케 할 때 겨론 예무리 이짜나요, 그조 예물.

⎺ 예물 머 그맘땐, 지꾸미나 그러지 그맘땐 예물 그렇게 업써, 예:무리란 얘기두 업꾸.

예단 가틍거 이짜슴니까?

⎺ 예다니라능건 인제 그기 인제 하:메 가능거 그기 인제 예다니지.

예다네는 하메 가능게 어떵게

⎺ 그러지, 예다니라능게 인제 그 신부 오슬 전부 해:가주구 인제 가능거 그기 인제 예단.

신부 오스로는 어떵거 어떵걸 함니까?

⎺ 글쎄, 그 신부 오슨 대:개 인제 머 껌정치매에 힌저고리에 인제 그건 아~이하게찌만[17).

껌?

⎺ 아~이, 그렁건 아~이하지만.

음.

― 그러고 뭐 [3초].

그러면 인제 그렇게 인제 끝나고 나서 다시 인제 다 같이 또 다시 신부집으로 다 갑니까?

― 그렇지요 그래 거 자고 그 이튿날이 인제 그 패들이 가지요. 거기서 온 사람들만.

신랑 신부는요?

― 안 가지요.

신랑 신부는 인제 거기 있는 거고.

― 예, 여기서 있다가 한 삼일 있다가.

아, 그럼 삼일 있다가 인제 자겠네요, 인제 같이 자기도

― 삼일 있다가 인제 재향이라고, 재향이라고 하지.

음 [4초]. 그러면 이제 어르신 그 결혼을 이렇게 할 때 결혼 예물이 있잖아요, 그렇죠? 예물.

― 예물 뭐 그맘땐, 지금이나 그러지 그맘땐 예물 그런 게 없어, 예물이란 얘기도 없고.

예단 같은 거 있잖습니까?

― 예단이라는 건 인제 그게 인제 함에 가는 거 그게 인제 예단이지.

예단에는 함에 가는 게 어떤게

― 그러지, 예단이라는 게 인제 그 신부 옷을 전부 해 가지고 인제 가는 거 그게 인제 예단.

신부 옷으로는 어떤 거 어떤 걸 합니까?

― 글쎄, 그 신부 옷은 대개 인제 뭐 검정치마에 흰 저고리에 인제 그건 안 하겠지만.

껌?

― 아니, 그런 건 아니 하지만.

예.

 ̄ 여 저저 머 비:다누루 인제 [2초] 그렁거.

아, 비다느로요.

 ̄ 네.

이불가틍거는 언제 옴니까?

 ̄ 이불두 다 가치 그날 오지유.

언제?

 ̄ 그날루 지구 다: 오니까 저짜게 사:래미 더 만:치.

예. 후개기 올 때

 ̄ 예 그짜게서

여자드리 멀 가주고, 여자 가주 오능게 어떻게 이씀니까?

 ̄ 인제 우서는 올쩌게는 그 실라~이 큰상바더 옹거, 큰상서리라구.

큰상설.

 ̄ 예, 그기 아매도 한 두: 광지린 되거등뇨, 옌:나레 인제 광주리루 그거 인제 두어짐 하:구. 또 이롱을 인제 노~을 해쓰믄 노~이 그게 한 두워리 인제 둘 저야 지구.

둘?

 ̄ 예, 한 이:며~은 그거 저야 되구. 또 인제 이불, 이불 또 인제

이불 중에서는 어떤 니부를 보통 해요?

 ̄ 대:개 인제 이부른 참 아깨 얘기 말마따나 위예 허영거 미테 껌정치매, 껌정 저저 허영거예다가 껌정 그거 하지 마:~이. 그러잠 뺄:건 인제 그 위예다가 노꾸 미테단 껌정 광:무그루. 그맘때얀 머 광:무가이면 미여~이 아주 최고지 머.

네 [3초]. 실랑찝 친척한테나 이러케 예단 주능건 업씀니까, 가족한테, 머 시아버지 예다니나?

 ̄ 음, 그맘때는 [4초] 우리가 알:기로는 워낭 나라가 업:씨 사러서 머 인

예.

˜ 여 저 저 뭐 비단으로 인제 [2초] 그런 거.

아, 비단으로요.

˜ 네.

이불 같은 것은 언제 옵니까?

˜ 이불도 다 같이 그날 오지요.

언제?

˜ 그날로 지고 다 오니까 저쪽에 사람이 더 많지.

예. 후객이 올 때

˜ 예 그쪽에서

여자들이 뭘 가지고, 여자 가지고 오는 게 어떤 게 있습니까?

˜ 인제 우선은 올 적에는 그 신랑이 큰상 받아온 거, 큰상서리라고.

큰상서리.

˜ 예, 그게 아마도 한 두 광주리는 되거든요, 옛날에 인제 광주리로 그 거 인제 두어 짐하고. 또 이롱을 인제 농을 했으면 농이 그게 한 둘이 인 제 둘 져야 지고.

둘?

˜ 예, 한 이 명은 그거 져야 되고. 또 인제 이불, 이불 또 인제

이불 중에서는 어떤 이불을 보통 해요?

˜ 대개 인제 이불은 참 아까 얘기 말처럼 위에 허연 거 밑에 검정치마, 검정 저 저 허연 거에다가 검정 그거 하지 많이. 그러자면 뻘건 인제 그 위에다가 놓고 밑에다가는 검정 광목으로. 그맘때얀 뭐 광목 아니면 무명 이 아주 최고지 뭐.

네 [3초]. 신랑집 친척한테나 이렇게 예단 주는 건 없습니까, 가족한테, 뭐 시아버지 예단이나?

˜ 음, 그맘때는 [4초] 우리가 알기로는 워낙 나라가 없이 살아서 뭐 있

는 집뜨른 모르지만 그런 스째니라능거는 업써써요, 그렁거는. 그이 깨끄다지 머.

그까 신, 실랑에 아버지 어머니, 시부모니메게 머 드리능건 벨로 업써꾸요?

￣ 업써요. 주능거가 업:꾸 인제 아치게 거 인제 아치게 자구 인제 시 시부모한테 큰절할쩨에 [기침] 그래 인제 메누리한테 머 도:늘 한 오:마넌 준드시, 한 마:넌 준다든지 오:처넌 준다든지 절깝쓰루 주능건 몰러두, 메누리가 시어머~이, 시아버지 주능건 귀경 모태써요.

음 [5초].

그면 인제 그 아까 그 겨론시글 할 때 그 옌나레 전통 홀레시기 인는데 홀레시글 할 때 그 풍습까틍게 이짜나요, 풍습까틍거, 겨론할 때 인제 풍습까틍거 이찌 안슴니까?

￣ 풍스비라능건 우리 여그서는 머

음. 풍습까틍거 예를 드러서 이제 머 [4초] 아까 그 사주보내능거또 이꼬, 사주보내능거 이꼬, 그다메

￣ 함 보내능거 이꾸.

함 보내능게 이꼬.

￣ 예.

사주는 함보다 쫌 일찍 보내야되지 안나요?

￣ 근데 이제 사:주는 하:메 뚝까치 가유. 여기서는 항꺼버네 보낸다구.

그러면 사주도 잘 파악, 잘 모르는 상태에서 겨론해야겐는데요.

￣ 으음, 저지비 하마 알쩌게는 경:주 최면 경:주 최, 전주 이씨면 전주이씨이라능걸 그걸 야:니까 무슨생 기양 여자는 무슨새~이구 남자는 무슨생 그래 이써, 사:주라능게.

그 겨론 하는 나를 그 무슨 나리라고 함니까 [2초] 겨론하는 그 당일라를?

￣ 그래 머 여그서는 애:기대루 보통 잔친나리라구 그래지.

는 집들은 모르지만 그런 습관이라는 것은 없었어요, 그런 거는. 그러니 깨끗하지 뭐.

그러니까 신, 신랑에 아버지 어머니, 시부모님에게 뭐 드리는 것은 별로 없었고요?

⌐ 없어요. 주는 것이 없고 인제 아침에 거 인제 아침에 자고 인제 시 시부모한테 큰절할 적에 [기침] 그래 인제 며느리한테 뭐 돈을 한 오만원 준다든지, 한 만원 준다든지 오천원 준다든지 절값으로 주는 건 몰라도, 며느리가 시어머니, 시아버지 주는 것은 구경 못 했어요.

음 [5초].

그러면 인제 그 아까 그 결혼식을 할 때 그 옛날에 전통 혼례식이 있는데 혼례식을 할 때 그 풍습 같은 게 있잖아요, 풍습 같은 거, 결혼 할 때 인제 풍습 같은 거 있지 않습니까?

⌐ 풍습이라는 것은 우리 여기서는 뭐

음. 풍습 같은 거 예를 들어서 이제 뭐 [4초] 아까 그 사주 보내는 것도 있고, 사주 보내는 거 있고, 그 다음에

⌐ 함 보내는 거 있고.

함 보내는 게 있고.

⌐ 예.

사주는 함보다 좀 일찍 보내야 되지 않나요?

⌐ 그런데 이제 사주는 함에 똑같이 가요. 여기서는 한꺼번에 보낸다고.

그러면 사주도 잘 파악, 잘 모르는 상태에서 결혼해야겠는데요.

⌐ 으음, 저 집이 하마 알 적에는 경주 최면 경주 최, 전주 이씨면 전주 이씨라는 걸 그걸 아니까 무슨 생 그냥 여자는 무슨 생이고 남자는 무슨 생 그래 있어, 사주라는 게.

그 결혼하는 날을 그 무슨 날이라고 합니까 [2초] 결혼하는 그 당일날을?

⌐ 그래 뭐 여기서는 얘기대로 보통 잔칫날이라고 그래지.

아 잔친날료, 잔친날.

¯ 지끄믄 머 예:싱나리라 그래지만 잔친날 그맘때는.

그다메 홀레가 되며는 실랑이 인제 [2초] 그, 신부츠그로 가능거를 머라고 함니까, 이렁거를?

¯ 처가예 간다 그러지 처가찜.

아, 처가찜 간다고 여긴 초행이라는 말, 그런말

¯ 예?

초행, 이런말 안 쓰나요?

¯ 그렁건 안 써유, 초해~이라능건 머.

그렁건 안 쓰고 인제 첨: 가능거를 그냥

¯ 처가찌베 간다구 그러지.

처가찌베

¯ 처가찌베 재:향간다 그래지.

재?

¯ 재:향.

재향은 먼 마림니까?

¯ 재향. 인제 젤 먼저 가따와씨니까 도라간다는데 두:번째 간다는 얘기게찌유. 잔치때 가따오구 인제 재향. 인제 그맘때 가서 자~인 장모를 정시그루 보는때, 보지.

아, 고게 인제 보통 겨론하고 나서

¯ 한 삼사일.

삼사일 이따가 신부찌베 가능거를 재향간다, 재향간다. 그다메. 신부 찌베, 그. 실랑 아. 여긴 혹씨 페백까틍거는 해씀니까, 폐백까틍거?

¯ 폐:배근 이써유, 폐:배근 이제 신부가 가저와서 그걸 가주구 인제 조상에 자늘 올리능거 가주구 폐:배기라 그래거등뇨.

신부가 이제 어디서

아 잔칫날요, 잔칫날.

˜ 지금은 뭐 예식날이라 그러지만 잔칫날 그맘때는.

그 다음에 혼례가 되면 신랑이 인제 [2초] 그, 신부 측으로 가는 거를 뭐라고 합니까, 이런 거를?

˜ 처가에 간다 그러지 처갓집.

아, 처갓집 간다고 여긴 초행이라는 말, 그런 말

˜ 예?

초행, 이런 말 안 쓰나요?

˜ 그런 건 안 써요, 초행이라는 건 뭐.

그런 건 안 쓰고 인제 처음 가는 거를 그냥

˜ 처갓집에 간다고 그러지.

처갓집에

˜ 처갓집에 재향간다 그러지.

재?

˜ 재향.

재향은 뭔 말입니까?

˜ 재향. 인제 제일 먼저 갔다왔으니가 돌아간다는데 두 번째 간다는 얘기겠지요. 잔치 때 갔다 오고 인제 재향. 인제 그맘때 가서 장인 장모를 정식으로 뵈는 때, 보지.

아, 고게 인제 보통 결혼하고 나서

˜ 한 삼사일.

삼사일 있다가 신부집에 가는 거를 재향간다, 재향간다. 그 다음에. 신부 집에, 그. 신랑 아. 여긴 혹시 폐백 같은 거는 했습니까, 폐백같은거?

˜ 폐백은 있어요, 폐백은 이제 신부가 가져와서 그걸 가지고 인제 조상에 잔을 올리는 거 가지고 폐백이라 그러거든요.

신부가 이제 어디서

- 신부가 조상을 인제 조상에 올릴 그 음시글 가주와서 그래능게 머 하다모대 달기라든지 멀 이렁걸. 그래 그기 인제 폐:배기라그러지.

예. 그럼 어떵거 어떵거 있슴니까, 닥?

- 그때 그때 그저 그러치유. 닥 하구 인제 쭉 우선 포가 드러가니까 주과포드러가구.

어떤 포가 드러감니까?

- 그양 대:개 명태포지, 오징언 머 조:매 안쓰니까.

사라인는 사람한태는 페배글 아놀림니까?

- 조상한테 폐:백, 네, 폐:배기라능거는 참 거 대:추 머 밤:. 그 월래 인제 삼:실과에 대:추가 처째유, 바:미 둘째요, 꼬까미 세:째요 인제. 대:개 인제 사괄, 배를 쓰지 사과는 제:사에 참 귀한 음시기라, 그러케 안 씨거든 그거는.

신부찌베서는 그 실랑이 이러케 도착하며는 이러케 머 차리능거 이짜나요, 방가틍거, 그걸 머라고 함니까? 신, 실랑을 마지하기 위해 차렌나레, 실랑을 마지하기 위해서 임시 거처할 고렁거뜨를 머물 공가늘 쫌 마련해야 되자나요?

- 그건 다 항, 아주 한방에 이쓰니까.

한 방에 이써쓰니까.

- 예, 거 머 상:각쌘미나

상각쨍이.

- 인제 여기서 간 상:가이기나 실랑이나 다 한방에서 취침하니까. 그 농초네 머 바~이 만:나유, 아래우깐찝뚜 이꾸 머 그래니까.

실랑이 신부찌베 이러케 갈 때 첨부터 바로 드러가능게 아니라 실랑이 지베 드러갈 때 부정탄다고 막 머 제사지내고.

- 음, 부정탄다고 그랠째 인제 실라~이 오게 되믄 재뽕지라구, 재. 옌:나 렌 낭그 마~이 때:니까 그 재를 요런 조:예다 싸가주구 인제 가:매에다 후러 메기구 실랑다가두 때리구 그래서 인제 그렁걸 아글 이제 아글 제한

˚ 신부가 조상을 인제 조상에 올릴 그 음시글 가지고 와서 그러는 게 뭐 하다못해 닭이라든지 뭘 이런걸. 그래 그게 인제 폐백이라 그러지.

예. 그럼 어떤 거 어떤 거 있습니까, 닭?

˚ 그때 그때 그저 그렇지요. 닭하고 인제 쭉 우선 포가 들어가니까 주과포 들어가고.

어떤 포가 들어 갑니까?

˚ 그냥 대개 명태포지, 오징어는 뭐 좀처럼 안 쓰니까.

살아있는 사람한테는 폐백을 안 올립니까?

˚ 조상한테 폐백, 네, 폐백이라는 것은 참 거 대추 뭐 밤. 그 원래 인제 삼실과에 대추가 첫째요, 밤이 둘째요, 곶감이 셋째요 인제. 대개 인제 사과를, 배를 쓰지 사과는 제사에 참 귀한 음식이라서, 그렇게 안 쓰거든 그 거는.

신부집에서는 그 신랑이 이렇게 도착하며는 이렇게 뭐 차리는 거 있잖아요, 방 같은 거, 그걸 뭐라고 합니까? 신, 신랑을 맞이하기 위해 차렛날에, 신랑을 맞이하기 위해서 임시 거처할 고런 것들을 머물 공간을 좀 마련해야 되잖아요?

˚ 그건 다 항, 아주 한 방에 있으니까.

한 방에 있었으니까.

˚ 예, 거 뭐 상각샌님이나

산가.

˚ 인제 여기서 간 상각이나 신랑이나 다 한 방에서 취침하니까. 그 농초네 뭐 방이 많나요, 아래윗칸 집도 있고 뭐 그러니까.

신랑이 신붓집에 이렇게 갈 때 처음부터 바로 들어가는 게 아니라 신랑이 집에 들어갈 때 부정탄다고 막 뭐 제사지내고.

˚ 음, 부정탄다고 그럴 제 인제 신랑이 오게 되면 잿봉지라고, 재. 옛날엔 나무 많이 때니까 그 재를 요런 종이에다 싸 가지고 인제 가마에다 후려 먹이고 신랑다가도 때리고 그래서 인제 그런 걸 악(惡)을 이제 악을 제한

다구. 이제 그렁거는 대:개 다 해:유.

그걸 머라고 함니까?

⁻ 재뽕지.

재뽕?

⁻ 재뽕지.

재뽕지라고 함니까?

⁻ 예. 재를 인제 봉지에다 느:서 때린다는 이기여.

아, 재뽕지. 재뽕지를

⁻ 실랑한테 때리지.

때리능거.

⁻ 예. 그래 실라~이 인제 머 문지투배기가 되지.

아 예. 그면 먼지 다 뒤지버 쓰겐네요, 재를 다 뒤지버 쓰겐네요.

⁻ 아이 다시 그건, 아이, 그거 털:믄 눌러 돼.

아.

⁻ 우리도 뚜두레 마저 빤는데 그게 머 털:면 다 거뜨타더라구요.

예. 그러며는 으 홀례시글 할 때 어떤 음시글 보통 이 준비가 됨니까, 그 잔친나레 잔친나레 준비가?

⁻ 잔친나레 인제 처뺑가먼 대:개 다 국쑤유.

어떵국쑤임니까?

⁻ 그저 메물국쑤 그맘때는 그저 지끔 메무리 인나유, 그맘때 참 머 메미리 인나유. 그저 발바~애에다가[18] 메물 멥쌀 빠와가지구 이제 메물, 으:안사~이라구 해:서 메물국쑤르 이제 시커먼 지끔 지끄믄 머 야~은 그르시마~이만 그저네 그 사네서 까끈 두, 두가리라구.

예, 두가리.

⁻ 이런 두가리에다가 그저 뜨근뜨그난 궁물, 그 저저 시워난 가찜치 궁무레다가 항그륵씩 주믄

다고. 이제 그런 거는 대개 다 해요.

　그걸 뭐라고 합니까?

　⁻ 잿봉지.

　잿봉?

　⁻ 잿봉지.

　잿봉지라고 합니까?

　⁻ 예. 재를 인제 봉지에다 넣어서 때린다는 이것이야.

　아, 잿봉지. 잿봉지를

　⁻ 신랑한테 때리지.

　때리는 거.

　⁻ 예. 그래 신랑이 인제 뭐 먼지투성이가 되지.

　아 예. 그러면 먼지 다 뒤집어 쓰겠네요, 재를 다 뒤집어 쓰겠네요.

　⁻ 아니 다시 그건, 아니 그거 털면 바로 돼.

　아.

　⁻ 우리도 두드려 맞아 봤는데 그게 뭐 털면 다 거뜬하더라고요.

　예. 그러면 으 혼례식을 할 때 어떤 음식을 보통 이 준비가 됩니까, 그 잔칫날에 잔칫날에 준비가?

　⁻ 잔칫날에 인제 첫번 가면 대개 다 국수요.

　어떤 국수입니까?

　⁻ 그저 메밀국수 그맘때는 그저 지금 메밀이 있나요, 그맘때 참 뭐 메밀이 있나요. 그저 디딜방아에다가 메밀 멥쌀 빻아 와 가지고 이제 메밀, 어안상이라고 해서 메밀국수를 이제 시커먼 지금 지금은 뭐 양은 그릇이 많지만 그전에 그 산에서 깎은 뚝, 뚝배기라고.

　예, 뚝배기.

　⁻ 이런 뚝배기에다가 그저 뜨끈뜨끈한 국물, 그 저 저 시원한 갓김치 국물에다가 한 그릇씩 주면

같찜치요?

- 예, 가찜치라구 이써유. 대:개 다 그게 으:안상 그게.

예, 메물국쑤랑 또 머 업씀니까?

- 메물국쑤하구 다:메는 저약 또 밤참, 밤참두 국쑤야.

밤참두 국쑤.

- 야, 아치믄 또 아치믄 그러구 지~야게 국쑤 마~이 눌러 놔:따가 그 간장무레다가 따근따근 끄레가주구 그 수깔루 퍼멍는 그게 아주 국쑤보덩 마시 나:찌. 그거하고 그리구 소주 한잔씩, 소주

머보다 나따구요?

- 그 지금 마꾹쑤 멍는, 그 눌러서 금방 멍능거버덤 아치게 그 눌러놔:떵걸 간장꿍무레다 펄펄 끄레서 그걸 수깔루 멍능기 그 마시 더 마꾹쑤 멍능거버담 나:따구유. 지끔 머 그 지끔 마꾹쑤가 전부 마꾹쑤유? 그거는 메물루 멍능건 아~이구, 우리가 여기 장수마을 여기서 메무를 한 두:말 뿌렌는데 올깔:게부텅 그걸 해 머글라구 하는데. 그래두 메물국쑤를 머거야 고소하구, 참 쫄기쫄기하구 그렁거래야 되지 지끔 시:자~에 가서 메물국쑤 그거 우리 안 먹짜너. 시원차너유.

고렁거 이꼬, 그다메 인제 또 어떵거어떵거 차림니까 또 음시게, 그게 담니까?

- 예?

그거 말고 머 땅거는 업씀니까?

- 그러치 여느건 머 그양 아침, 아침 저 아침 간따니 아침 간따니 머꾸 채레 지내군 그 저 채레 지내구는 채레상 허러서 거기서 머 기양 두루바네다가 [2초] 거 머 안주 좀 해가주구 소주 한잔씽 머근 그기지 머.

음, 그다메 음. 그 풍습쭝에서 여자드리 이러케 오딥짜나요, 남자드른 쓰능게 어떵게 인나요?

- 사:모관대 씨구.

갓김치요?

˜ 예, 갓김치라고 있어요. 대개 다 그게 어안상 그게.

예, 메밀국수랑 도 뭐 없습니까?

˜ 메밀국수하고 다음에는 저녁 또 밤참, 밤참도 국수야.

밤참도 국수.

˜ 야, 아침은 또 아침은 그러고 저녁에 국수 많이 눌러 놨다가 그 간장 물에다가 따끈따끈 끓여 가지고 그 숟가락으로 퍼 먹는 그게 아주 국수보다 맛이 낫지. 그거하고 그리고 소주 한 잔씩, 소주

무엇보다 낫다고요?

˜ 그 지금 막국수 먹는, 그 눌러서 금방 먹는 거보다 아침에 그 눌러 놨던 걸 간장국물에다 펄펄 끓여서 그걸 숟가락으로 먹는 게 그 맛이 더 막국수 먹는 거보다 낫다고요. 지금 뭐 그 지금 막국수가 전부 막국수요? 그거는 메밀로 먹는 건 아니고, 우리가 여기 장수마을 여기서 메밀을 한두 말 뿌렸는데 올 가을에부터 그걸 해 먹으려고 하는데. 그래도 메밀국수를 먹어야 고소하고, 참 쫄깃쫄깃하고 그런 거라야 되지 지금 시장에 가서 메밀국수 그거 우리 안 먹잖아. 시원찮아요.

그런 거 있고, 그 다음에 인제 또 어떤거 어떤거 차립니까 또 음식에, 그게 다입니까?

˜ 에?

그거 말고 뭐 딴 거는 없습니까?

˜ 그렇지 여느 것은 뭐 그냥 아침, 아침 저 아침 간단히 아침 간단히 먹고 차례 지내곤 그 저 차례 지내고는 차례상 헐어서 거기서 뭐 그냥 두리반에다가 [2초] 거 뭐 안주 좀 해 가지고 소주 한 잔씩 먹는 그거지 뭐.

음, 그 다음에 음. 그 풍습 중에서 여자들이 이렇게 옷 입잖아요, 남자들은 쓰는 게 어떤 게 있나요?

˜ 사모관대 쓰고.

아.
￣ 남자들 사:모
남자드른?
￣ 사:모관대 씨구.
요 요러케 쓰능거시 사무관댐니까?
￣ 그게지, 그 왕 모양으루 그러케 인제 이런
사모관대요, 그다메 또
￣ 여자는 또 왕비가 그래는 쪽또리.
그게 남자는 사모관대 입꼬, 그다메 이게 또 어떵게 이씀니까?
￣ 관복, 아이 관보이기여[19].
관보깁꼬요.
￣ 예. 여자드른, 여자드른 지끔 저 그거 항가지래유, 궁여들 그거 머 여
기 이제 쪽또리 씨구 여기다서 그 오딥꾸 이래능거는 남자는 관보글 입
꼬 여기다 띠 둘루구.
머요?
￣ 관복.
관복.
￣ 으 관복. 관보깁꾸 여그다 이만한 거 머 무슨 ** 달렝:거 그거 띠 둘루
구 미테다가는 또 이 옌:날 신:떤 그 저저 장화가틍거 그 머 털신 그거 그
거지유.
음.
￣ 근데 옌:날 그 저 항국씨저레 그 구항국씨절 그게지 그저. 왕에서 하
는
음.

아.

⌐ 남자들 사모

남자들은?

⌐ 사모관대 쓰고.

요 요렇게 쓰는 것이 사모관대입니까?

⌐ 그것이지, 그 왕 모양으로 그렇게 인제 이런

사모관대요, 그 다음에 또

⌐ 여자는 또 왕비가 그러는 족두리.

그게 남자는 사모관대 입고, 그 다음에 이게 또 어떤 게 있습니까?

⌐ 관복, 아니 관복이야.

관복 입고요.

⌐ 예. 여자들은, 여자들은 지금 저 그거 한 가지예요, 궁녀들 그거 뭐 여기 이제 족두리 쓰고 여기다 그 옷 입고 이러는 것은 남자는 관복을 입고 여기다 띠 두르고.

뭐요?

⌐ 관복.

관복.

⌐ 으, 관복. 관복 입고 여기다 이만한 거 뭐 무슨 ** 달린 거 그거 띠 두르고 밑에다가는 또 이 옛날 신던 그 저 저 장화 같은 거 그 뭐 털신 그거 그게지요.

음.

⌐ 그런데 옛날 그 저 한국 시절에 그 구한국시절 그것이지 그저. 왕에서 하는

음.

머 홀레를 할 때 으, [3초] 홀레를 할 때 여러가지 재민는 거 이짜나요, 머 홀레를 할 때 천, 천날빠메 머 신방본다고 한다던가 그렁거 이짜나요?

˘ 머 그렁기야 그렁건 어디든지 다 인능거 가태유.

예.

˘ 그다:메 이래 보머는 상을 채레 노코 머 실라˘이 신부 오슬 베낀다 이래믄 이 문배까테 지키느라구, 뭉꾸영 다 뚤루구.

예.

˘ 뒤꾸머˘이 유리차˘이니까 머 어떠케 되게찌만, 문꾸영 다 뚤루구. 그렁건 그렁건 그때나 지끔 지끔두 인제 지끄믄 모르지만 그맘때 그, 지끔 머 시논여행가지 그깐 머 인나요?

예. 그다메 인제 실랑 발빠닥 이러케

˘ 아, 그건 처가찌베 가믄 달지.

다라서, 달레써요?

˘ 난 달리진 아너써. 근데 거 청연드리 마˘이 와서 [4초] 그 머 [2초] 처가찌베 가니까 처가찌베 저 모둥 그 이우청년드리 여라무쓱 와뜨라구유. 그에 머 저 저 절문 ** 보고 참, 그러니까 자˘인두 저 피해가더니만, 우빵에 가 안저 이꾸, 바˘이 아래우카˘이니까. 그리구 처남드른 그 사람들하구 가서 술먹짜구, 수를 안줘야 달지 머 술 주니까 안 달더라구. 그 마:를 시게보니까 마창코 그래서 그런지, 안달구 수리나 머꾸

인제 어르신 인제 다리 안 마젿?

뭐 혼례를 할 때 으, [3초] 혼례를 할 때 여러 가지 재밌는 거 있잖아요, 뭐 혼례를 할 때 첫, 첫날밤에 뭐 신방본다고 한다던가 그런 거 있잖아요?

ˉ 뭐 그런거야 그런 건 어디든지 다 있는 거 같아요.

예.

ˉ 그 다음에 이래 보면 상을 차려 놓고 뭐 신랑이 신부 옷을 벗긴다 이러면 이 문 바깥에 지키느라고, 문 구멍 다 뚫고.

예.

ˉ 뒷구멍이 유리창이니까 뭐 어떻게 되겠지만, 문구멍 다 뚫고. 그런 건 그런 건 그때나 지금 지금도 인제 지금은 모르지만 그맘때 그, 지금 뭐 신혼여행가지 그깟 뭐 있나요?

예. 그 다음에 인제 신랑 발바닥 이렇게

ˉ 아, 그건 처갓집에 가면 달지.

달아서, 달렸어요?

ˉ 난 달리진 않았어. 그런데 거 청년들이 많이 와서 [4초] 그 뭐 [2초] 처갓집에 가니까 처갓집에 저 모든 그 이웃 청년들이 여남은씩 왔더라고요. 그래 뭐 저 저 젊은 ** 보고 참, 그러니까 장인도 저 피해가더니만, 윗방에 가 앉아 있고, 방이 아래위칸이니까. 그리고 처남들은 그 사람들하고 가서 술 먹자고, 술을 안 줘야 달지 뭐 술 주니까 안 달더라고. 그 말을 시켜보니까 맞지 않고 그래서 그런지, 안 달고 술이나 먹고

인제 어르신 인제 다리 안 맞았?

‑ 그때 안마저써유. 근데 거기서는 인제 처가찌베서는 그날 그날 그날 빠메는 안마전데 그이튿날 그 우리 동세들한테는 마~이 마저써유.

동세드리 때려써요?

‑ 예, 동서드리 인제 그 우리가 인제 오남매 융남매거등, 따리 다섯 처남 하나인는데 내가 인제 세짼데 우리 위루 인제 두:리꾸. 또 인제 저 처이모 사:춘들 머 이런 패드리 모 모여와가주구 외레남자들, 동세들한테 달레찌만 처형들한테 엄청나게 달레써유. 글쎄 머:든 도:는 머 가저옹거 뚜 ***** 경제저그루 머 흔하나유. 돈:두 메푼 가주강걸 다 씨구 머 처형드리 부담, 동세드리 부담

음.

‑ 에이 머, 장나니 워낙 시:마니까.

아. 그다메 그러며는 인제 한번 정니를 해보며는 어, 먼저 옌나레는 어르신 겨론한후 시논살리믄 어디서 시자글 해씀니까?

‑ 지베서유.

실랑

‑ 아, 여어 우리지베서 해:찌유, 머.

예 여기서 시자글 해, 하셔꾸요.

‑ 네. 하다 눌러 머: 하:례하구 그 이드매 눌러 유기오 사:벼니 나쓰니까 머 시논니니 어쩌니 난 머 만날 공비 토벌하구 쪼처 댕기구. 그러게 댕기다가 머

그런 생화른 멘년 하셔써요?

‑ 공비, 그걸 하여간 칠려늘 해써유. 무보수루 칠련.

예, 이 근처에서요?

‑ 그러치유, 이 서림서.

아, 서리메서 계속 공비가 이쓰니까.

‑ 게:송 머 여기 미청꼬:른, 그 미트로 미청꼴로 마~이 나오구. 저 아래

˘ 그때 안 맞았어요. 그런데 거기서는 인제 처갓집에서는 그날 그날 그 날 밤에는 안 맞았는데 그 이튿날 그 우리 동서들한테는 많이 맞았어요.

동서들이 때렸어요?

˘ 예, 동서들이 인제 그 우리가 인제 오남매 육남매거든, 딸이 다섯 처 남 하나 있는데 내가 인제 세째인데 우리 위로 인제 둘 있고. 또 인제 저 처이모 사촌들 뭐 이런 패들이 모 모여와 가지고 오히려 남자들, 동서들 한테 달렸지만 처형들한테 엄청나게 달렸어요. 글쎄, 뭐든 돈은 뭐 가져 온 것도 ***** 경제적으로 뭐 흔하나요. 돈도 몇 푼 가지고 간 걸 다 쓰 고 뭐 처형들이 부담, 동서들이 부담

음.

˘ 에이 뭐, 장난이 워낙 심하니까.

아. 그 다음에 그러면 인제 한번 정리를 해 보면 어, 먼저 옛날에는 어르신 결혼한 후 신혼 살림은 어디서 시작을 했습니까?

˘ 집에서요.

신랑

˘ 아, 여기 우리집에서 했지요, 뭐.

예, 여기서 시작을 해, 하셨고요.

˘ 네. 하다 눌러 뭐 하례 하고 그 이듬해 바로 육이오 사변이 났으니까 뭐 신혼이니 어쩌니 나 뭐 만날 무장공비 토벌하고 쫓아 다니고. 그렇게 다니다가 뭐

그런 생활은 몇 년 하셨어요?

˘ 공비, 그걸 하여간 칠 년을 했어유. 무보수로 칠 년.

예, 이 근처에서요?

˘ 그렇지요, 이 서림서.

아, 서림에서 계속 공비가 있으니까.

˘ 계속 뭐 여기 미천골은, 그 밑으로 미천골로 많이 나오고. 저 아래 학

하이꾜 아페 그이까 저드리 봐:가주구 일로, 여기 하이꾜 아페는 압싸네
서 다선누미가[20] 이따가 여기 여기 저 거 와서 장:을, 면사무소 와서 장:을
다 퍼가구. 생가글 해 보오, 주굴 고~요글 다하구. 게 지끔 이 양반들 보
믄 공산당 공산당 머 공산주이 학쑬저그루 보믄 그기 머 어떤 의미가 인
는지 몰지만 우리가 공산당 한시 저꺼보니까 상종으르 모탈 사람드리, 상
종을.

　　아.

교 앞에 그러니까 저희들이 봐 가지고 이리로, 여기 학교 앞에는 앞산에서 다섯놈이 있다가 여기 여기 저 거기 와서 장을, 면사무소 와서 장을 다 퍼가고. 생각을 해 보오, 죽을 고역을 다하고. 그래 지금 이 양반들 보면 공산당 공산당 뭐 공산주의 학술적으로 보면 그게 뭐 어떤 의미가 있는지 모르지만 우리가 공산당 한번 겪어보니까 상종을 못할 사람들이, 상종을.

아.

그러면 인제 여기서 인제 그러다가 애는 아이 처다이는 언제쯤 나씀니까?

‐ 처다이는 머 내가 저 저 공비토벌 댕기구그래느라구 느저찌유 머.

처대는 남자여씀니까 여자여씀니까?

‐ 츠:메는 [2초] 합치므는 여자, 처다이가 여자래유. 게 유기오 때 아드를 딸레드를 두:를 주게꺼등.

아, 그래요.

‐ 피란 나가서, 피란 나가니 머 글쩨 좀: 열베~이 마:너썬나유? 글쩨 아:들 아주 머, 비루 씨르다시피 해써유.

아.

‐ 글쩨 참 머 마~이 주거써유, 유기오 때. 일싸후퇴두 참 엄청나게 주거써, 먹찌 모:태, 또 머 거거다 벼~이 들리니.

예.

‐ 참 불쌍하지 머, 그러 그러케 유기오가 비참해따구. 지끔 냥:반드른 유기오가 어떤지 모르지만 유기오가 그러케 비참해따능거 우리가 지끔 생가가면 참

음. 참 그 혹씨 [4초] 애는 이제 처대를 나코, 혹씨 머 또, [2초] 애를 나쓸 때 또 기엉나는 애드리 다 이짜나요, 나름대로 그 여러가지

‐ 그니까 인제 처대 애 날쩌게는 내가 지베 업써지유.

예. 아까 저기 다시 도라가가주고 어르신 그 아이를 나쓸 때 처째 나코 둘째는 어떠케

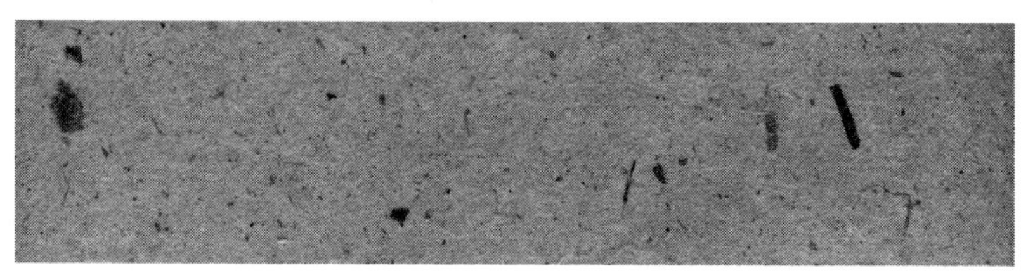

그러면 인제 여기서 인제 그러다가 애는 아이 첫아이는 언제쯤 낳았습니까?

˗ 첫아이는 뭐 내가 저 저 공비토벌 다니고 그러느라고 늦었지요 뭐.

첫애는 남자였습니까 여자였습니까?

˗ 처음에는 [2초] 합치면 여자, 첫아이가 여자에요. 그래 육이오 때 아들을 딸네들을 둘을 죽였거든.

아, 그래요.

˗ 피란 나가서, 피란 나긴 뭐 그럴 때 좀 열병이 많았었나요? 그럴 때 아이들 아주 뭐, 비로 쓸다시피 했어요.

아.

˗ 그럴 때 참 뭐 많이 죽었어요, 육이오 때. 일사후퇴도 참 엄청나게 죽었어, 먹지 못해, 또 뭐 거기다 병이 들리니.

예.

˗ 참 불쌍하지 뭐, 그러 그렇게 육이오가 비참했다고. 지금 양반들은 육이오가 어떤지 모르지만 육이오가 그렇게 비참했다는 거 우리가 지금 생각하면 참

음. 참 그 혹시 [4초] 애는 이제 첫애를 낳았고, 혹시 뭐 또, [2초] 애를 낳았을 때 또 기억나는 애들이 다 있잖아요, 나름대로 그 여러 가지

˗ 그러니까 인제 첫애 애 나을 적에는 내가 집에 없었지요.

예. 아까 저기 다시 돌아가서 어르신 그 아이를 낳았을 때 첫째 낳고 둘째는 어떻게

￣ 둘째가 둘째는 아들, 여그서 나, 지베와서.

아, 지베와서.

￣ 그맘때는 인제 내가 이제 그 머 트꽁대 인제 글쩨 그 여기, 트꽁대는 우리가 조직해가주구 거 댕길쩌게 아이들 나쿠.

예.

￣ 또 둘째두 여그서 나쿠, 세째두 다 지베서.

아, 지베서요, 아. 아이를 나코 보통 인제 사누조리를 하자나요? 여자드리 여자들 바로 일 아나자나요?

￣ 그래, 사밀또~안.

사밀똥, 어떵거어떵거 함니까, 먼저? 애가 태어나며는?

￣ 기양 머 그 우선

애가 태어나면 젤 먼저 하능게 멈니까?

￣ 미여꾹 끄레 멍능게지, 미여꾸글.

누가 끄려주는데요?

￣ 그 인제 시부모, 시부모드리 끄리지, 근데. 어떠텅가 미여꾹 외에는 산:모들한테 뜨거웅거 메기믄 직싸해.

아, 그래요.

￣ 이 꿀 이짜누?

예.

￣ 꿀두 뜨근뜨그낭거 메기믄 그 꾸리 그 피를 모커덩. 딱따가게 하믄 그리믄 직싸한다구. 그면, 꿀두 미지근한물 그양 찬무리면 더 조:쿠, 찬무레다 타서 이케 머꾸 이래야지 미여꾹 외에는 전부 뜨거웅거 머그면 안 돼유.

아, 그래요, 아. 그면 인제 미여꾸글 머꼬 나서 그다메 인제

￣ 그다메 인제 모미 좀 거뿐나지.

예.

˘ 둘째가 둘째는 아들, 여기서 낳아, 집에 와서.

아, 집에 와서.

˘ 그맘때는 인제 내가 이제 그 뭐 특공대 인제 그럴 제 그 여기, 특공대
는 우리가 조직해 가지고 그 다닐 적에 아이들 낳고.

예.

˘ 또 둘째도 여기서 낳고, 셋째도 다 집에서.

아, 집에서요, 아. 아이를 낳고 보통 인제 산후조리를 하잖아요? 여자들이
여자들 바로 일 안 하잖아요?

˘ 그래, 삼 일 동안.

삼일동, 어떤 거 어떤 거 합니까, 먼저? 애가 태어나면?

˘ 그냥 뭐 그 우선

애가 태어나면 제일 먼저 하는 게 뭡니까?

˘ 미역국 끓여 먹는거지, 미역국을.

누가 끓여 주는데요?

˘ 그 인제 시부모, 시부모들이 끓이지, 그런데. 어떻든가, 미역국 외에
는 산모들한테 뜨거운 거 먹이면 즉사해.

아, 그래요.

˘ 이 꿀 있잖으우?

예.

˘ 꿀도 뜨끈뜨끈한 거 먹이면 그 꿀이 그 피를 모으거든. 딱딱하게 하
면 그러면 즉사한다고. 그러면, 꿀도 미지근한 물 그냥 찬물이면 더 좋고,
찬물에다 타서 이렇게 먹고 이래야지 미역국 외에는 전부 뜨거운 것 먹
으면 안 돼요.

아, 그래요, 아. 그러면 인제 미역국을 먹고 나서 그 다음에 인제

˘ 그 다음에 인제 몸이 좀 거뿐하지.

예.

﹣ 미여꾸근 인제 하혀를 대:구 저거하니까 그친다:메는

그러면 인제 그게 하고 나서 그다메 인제 으, [3초] 옌나레는 이게 애를 나키 저네 애 잘라라고 항 거 이짜나요? 어떵거 이씀니까?

﹣ 그렁건 업:써유, 그렁거.

애 잘라라고 머 여러가지 머 삼신할머니한테 빈다든지.

﹣ 하하.

그렁거 안해써요?

﹣ 그렁건 그러니까 난: 다:메 벼ˇ이 나믄 그래지. 그랜데, 미:시니라능게 모둠 인제 지끔 신싱양반드른 미:시니라능게 읍:따 그래는데. 내가 우리 둘째아들, **이라구 지끔 저기 저 경상남도 창원 가이쏘만. 갸:가 [3초] 여 들싸링가 됀:는데 아:가 먹찌 앙쿠 모꼬치거등뇨.

예.

﹣ 그래니, 아:가 먹짜느니, 누:니 이러케 완는데 우리 으:른드른 여기 반 펴ˇ이라는데 아깨 저 반평 거 올러가인는데 누:니 완는데 걸 올라가써유. 올라가서 어머이, 저 부모들한테 그러타그러니까 [3초] 저믈 내야 한다그 드라구유.

네?

﹣ 정.

예예.

﹣ 근데 그 미신 부글 다라매노쿠 저믈 근데 그러자느믄 그너메 또 너머 가야돼, 한 심니.

예.

﹣ **이라구 그양바난테 그걸 디레 오니까 거 반평 오니까 껑껌하드라 구여. 갸:를 델구 내러오는데 호:래ˇ이가 따러써유, 호래ˇ이가.

네.

﹣ 그맘땐 호래ˇ이가 이써꺼등뇨. 나두 한 도:번 만나썬는데. 호래ˇ이가

ᅳ 미역국은 인제 하혈을 되게 저거하니까 그친 다음에는

그러면 인제 그렇게 하고 나서 그 다음에 인제 으, [3초] 옛날에는 이게 애를 낳기 전에 애 잘 낳으라고 한 거 있잖아요? 어떤 거 있습니까?

ᅳ 그런 건 없어요, 그런 거.

애 잘 낳으라고 뭐 여러 가지 뭐 삼신할머니한테 빈다든지.

ᅳ 하하.

그런 거 안 했어요?

ᅳ 그런 건 그러니까 낳은 다음에 병이 나면 그러지. 그랬는데, 미신이라는 것이 모두 인제 지금 신식양반들은 미신이라는 것이 없다 그러는데. 내가 우리 둘째아들, **이라고 지금 저기 저 경상남도 창원 가 있소만. 걔가 [3초] 여덟 살인가 됐는데 아이가 먹지 않고 못 고치거든요.

예.

ᅳ 그러니, 애가 먹지 않으니, 눈이 이렇게 왔는데 우리 어른들은 여기 반평이라는데 아까 저 반평 거 올라가 있는데 눈이 왔는데 거기를 올라갔어요. 올라가서 어머니, 저 부모들한테 그렇다 그러니까 [3초] 점을 내야 한다 그러더라구요.

네?

ᅳ 점.

예예.

ᅳ 그런데 그 미신 북을 달아매 놓고 점을 그런데 그러잖으면 그 너머 또 너머 가야 돼, 한 십 리.

예.

**이라고 그 양반한테 그걸 들여오니까 거 반평 오니까 껌껌하더라구요. 걔를 데리고 내려오는데 호랑이가 따랐어요, 호랑이가.

네.

ᅳ 그맘땐 호랑이가 있었거든요. 나도 한 두어 번 만났었는데. 호랑이가

이썬데 우린 몰:러써유, 막, 난 내아페서 머 살피[21]싱꾸 질발꾸 니러오느
라구 그래썬데 그 양바는 게:속 바:꼬 아 저 지베 지비 저:기 이썬는데, 오
니까 가서 개우레 가서 정화수를 지러오라그랜데. 아, 정화수를 머 장:갑
뚜 글쎄 장:가비 이썬나? 맨소늘 가따 실,그 시끼에다가 노시끼에다가 정
화수를 들구 소느로 오니 송끄테:가 다 어렁거 가틍기 가따 노쿠 그래써
는데. 근데 그 하루빰 자고 이러난는데 아:가 멀쩡해유.

　아.

　¯ 그 그게 내가 보니 미:시~이네. 그래서 미:시니 인는지 엄:는지는 모
르긴하게쓰나 정성얼 디레서 그런지. 야:가 아치게 밥딸라 그러드라구.
기래서 함번 살귀봔저기[22] 인는데 그게 미:신두 너머 너머 저거하면 안되
잔냐 하네.

　[2초] 음, 그런니리 이썬네요. 그러며는 [3초] 산후조리를 할때 아이를 하든
지 아까 미여꾹또 머꼬, 그다메 인제 [2초] 어떵거 먹슴니까?

　¯ 여기 인제 그 그맘때는 인제 수려불.

　수?

　¯ 수렵.

　예예.

　¯ 지끄믄 머 그 야생동무를 망모:짜께 하자누?

　예.

　¯ 그맘땐 여기 지끔 아주 산뙈지, 고라니가 지처니거든.

　예.

　¯ 그맘때두 흔해써유. 그래 산뙈:지가 가서 총 가주 이써쓰니까 쏴: 자
부먼 그 산뙈:지을:. 산:모에 그 이상 더 조웅거 업:써유.

　산뙈지 머요?

　¯ 산뙈:지, 산뙈지 쓸개.

　예예.

있었는데 우린 몰랐어요, 막, 난 내 앞에서 뭐 설피 신고 길 밟고 내려오느라고 그랬었는데 그 양반은 계속 봤고 아 저 집에 집이 저기 있었는데, 오니까 가서 개울에 가서 정화수를 길어 오라 그랬는데. 아, 정화수를 뭐 장갑도 글쎄 장갑이 있었나? 맨손을 갖다 실, 그 식기에다가 놋식기에다가 정화수를 들고 손으로 오니 손끝이 다 언 것 같은 것이 갖다 놓고 그랬었는데. 그런데 그 하룻밤 자고 일어났는데 아이가 멀쩡해요.

　아.

￣ 그, 그게 내가 보니 미신이네. 그래서 미신이 있는지 없는지는 모르긴 하겠으나 정성을 들여서 그런지. 아이가 아침에 밥 달라고 그러더라구. 그래서 한번 살려 봤는 적이 있는데 그게 미신도 너무 너무 저거하면 안 되잖냐 하네.

　[2초] 음, 그런 일이 있었네요. 그러면 [3초] 산후조리를 할 때 아이를 하든지 아까 미역국도 먹고, 그 다음에 인제 [2초] 어떤 거 먹습니까?

￣ 여기 인제 그 그맘때는 인제 수렵을.

　수?

￣ 수렵.

　예예.

￣ 지금은 뭐 그 야생동물을 막 못잡게 하잖으우?

　예.

￣ 그맘땐 여기 지금 아주 산돼지, 고라니가 지천이거든.

　예.

￣ 그맘때도 흔했어요. 그래 산돼지가 가서 총을 가지고 있었으니까 쏴 잡으면 그 산돼지 쓸개 산모에 그 이상 더 좋은 거 없어요.

　산돼지 뭐요?

￣ 산돼지, 산돼지 쓸개.

　예예.

˚ 쓸갤 그걸

그걸 머라고 한다고요?

˚ 쓸개. 으:를.

예예, 아.

˚ 그걸 으:리라구하지, 그래서 그걸 인제 이런 화:루에두, 화:리에다 여세:수때:다가 노쿠 그 아네다가 인제 양재기 노쿤 거기다가 들궈가주구 인제 그 화:리에서 부를 때:구 뜨, 뜨 자꾸 그래믄 그 여기 이제 세:수때: 아네 인는 무리 끌커등뇨.

예.

˚ 끄르믄 이게 자동쩌그루 인제 지레[23] 쫄:러[21].

쪼?

˚ 그게 인제 자꾸, 자꾸 쪼러 드러가지유.

예예.

˚ 그래 그걸 어지가니 맨저봐가주구 그걸 인제 한푸니니 두:푸니니 그거 지레기 요마쿰씩 해가주구는 내 적썽에 맏 쫌, 나는 육푸늘 머거야 되거등뇨, 쓸개를.

아.

˚ 그러치만 산:모는 보:통 그저 스:푼 내지 느:푼. 고러케 저우레다 다러가주구는 미지한 무레다가 이러케 페:서 그거 머그면 산:모에 그 이상 더 조응게 업:찌유 머.

아, 그래요.

˚ 그럼뇨. 산:모는 산때:지 을: 이상 더 조응건 업써유. 그니까 어떠틍가 아무게든지 먹짜믄 뜨거운무를 금무리여.

예.

˚ 여하틍가 미여꿍내노쿠는 전체가 미, 찬무레다 머거야지 미지한데다 머거야지, 아주 그 사람, 여그서 우리가 둘: 주걸, 쌍되~이 참 두:리 주거

˜ 쓸개를 그걸

그걸 뭐라고 한다고요?

˜ 쓸개. 쓸개를.

예예, 아.

˜ 그걸 쓸개라고 하지, 그래서 그걸 인제 이런 화로에도, 화로에다 여기 세숫대야에다가 놓고 그 안에다가 인제 양재기 놓고는 거기다가 들여 가지고 인제 그 화로에서 불을 때고 뜨, 뜨 자꾸 그러면 그 여기 이제 세숫대야 안에 있는 물이 끓거든요.

예.

˜ 끓으면 이게 자동적으로 인제 지레 졸려.

쪼?

˜ 그게 인제 자꾸, 자꾸 졸아 들어가지요.

예예.

˜ 그래 그걸 어지간히 만져 봐 가지고 그걸 인제 한 푼이니 두 푼이니 그거 길이 요만큼씩 해 가지고는 내 적성에 맞게 좀, 나는 육푼을 먹어야 되거든요, 쓸개를.

아.

˜ 그렇지만 산모는 보통 그저 서 푼 내지 너 푼. 그렇게 저울에다 달아 가지고는 미지근한 물에다가 이렇게 펴서 그거 먹으면 산모에 그 이상 더 좋은 게 없지요 뭐.

아, 그래요.

˜ 그럼요. 산모는 산돼지 쓸개 이상 더 좋은 건 없어요. 그러니까 어떻든가 아무 것이든지 먹자면 뜨거운 물은 금물이야.

예.

˜ 여하튼가 미역국 내 놓고는 전체가 미, 찬물에다 먹어야지 미지근한 데다 먹어야지, 아주 그 사람, 여기서 우리가 둘 죽었, 쌍둥이 참 둘이 죽

써유.

　아, 그래요.

　⁻ 그럼뉴. 그 모르는 여자가 미여꾹, 저 그 꿀무를 펄펄 끄레가주구 주
니 그거 드러가니까 피가 인능기 피가 전부 구더 직싸해때유.

　아.

　⁻ 그 묘:가 여그 이써유.

　음.

　⁻ 남자가 *숭겨~이라구 그 영월*씬데.

아이드리 인제 애 나코 아이드리 인제 되며는 아이드를 함부로 바께 안 내
보내자나요?

　⁻ 예?

애 나코 나서 인제. 애 나코 나서 아까 얘기핸는데 그 어머니한테 미여꾹또
주고 산돼지 자바서 올도 주고 이러케 해 쪼려가주고 이러케 주기도 하는데.

　⁻ 으.

그거 말고 이제 아드리나 따를 나으면 인제 지바네 표시를 하자나요, 어디
에?

　⁻ 음, 표시 인제 여기다가는 인제 그걸 꼽찌, 소아리.

소아리?

　⁻ 예, 소나무.

예.

　⁻ 소나무 요만항거 인제 통버드기²⁵⁾.

예예.

　⁻ 인제 그 금방울 통버드기 가따 노:면 아 저지비 아드리다. 또 그
어디에다가 이러케 매다라

　⁻ 그 처마에다 꼬찌 이러케.

처마에다가 아.

었어요.

　아, 그래요.

　⁻ 그럼요. 그 모르는 여자가 미역국, 저 그 꿀물을 펄펄 끓여 가지고 주니 그거 들어가니까 피가 있는 것이 피가 전부 굳어 즉사했대요.

　아.

　⁻ 그 묘가 여기 있어요.

　음.

　⁻ 남자가 *순경이라고 그 영월 *씨인데.

　아이들이 인제 애 낳고 아이들이 인제 되면은 아이들은 함부로 밖에 안 내보내잖아요?

　⁻ 예?

　애 낳고 나서 인제. 애 낳고 나서 아까 얘기했는데 그 어머니한테 미역국도 주고 산돼지 잡아서 쓸개도 주고 이렇게 해 졸여 가지고 이렇게 주기도 하는데.

　⁻ 으.

　그거 말고 이제 아들이나 딸을 낳으면 인제 집안에 표시를 하잖아요, 어디에?

　⁻ 음, 표시 인제 여기다가는 인제 그걸 꽂지, 솔가지.

　솔가지?

　⁻ 예, 수나무.

　예.

　⁻ 소나무 요만한 거 인제 통보드기.

　예예.

　⁻ 인제 그 금방울 통버드기 갖다 놓으면 아 저 집이 아들이다. 또 그 어디에다가 이렇게 매달아

　⁻ 그 처마에다 꽂지 이렇게.

　처마에다가 아.

- 꼬뜬지 인제 꼬즐떼 업쓰먼 다러매든지.

대무네 안해요?

- 예?

대무네 안하냐고요?

- 아, 대문 안하구.

처으메 그

- 아페다가 인제 그 인제 다러매구.

아, 첨

- 예, 처마에다 다러매지 그래.

아.

- 대가리가 올러가구 이파리 알:루 니러가게 하구. 따리 나믄 그 화대, 그 낭게 이런 큰 화대를 가따 따러매노믄 아 저지븐 따리구나.

아, 처마 미테

- 예, 이 처매에다 이러케하믄 보기조치유 머. 기양 실:루, 거뚜 왼:새끼루 꽈가주구.

아, 왼새끼로.

- 왼:새끼루 꽈가주구 이런 처마끄테다가 이러케 다러매구 이래믄 아: 저지분 아드리로구나, 저지분 인제 그에

아, 소아리며는 아드리고

- 응, 화대.

화대며는

- 딸.

따리고.

- 기니까 인제 나미 보기조:케, 그 부정한 사람 오지 말라구래능기지.

아, 예예.

- 기래서 인제 처마 끄테다 다러매믄 질 댕기는 사람 처매끄테 댜: 보니까.

˚ 꽂든지 인제 꽂을 데 없으면 달아매든지.

대문에 안 해요?

˚ 예?

대문에 안 하냐고요?

˚ 아, 대문 안 하고.

처음에 그

˚ 앞에다가 인제 그 인제 다러매고.

아, 첨

˚ 예, 처마에다 달아매지 그래.

아.

˚ 머리가 올라가고 잎이 아래로 내려가게 하고. 딸이 나면 그 화대, 그 나무에 이런 큰 화대를 갖다 따라 매 놓으면 아 저 집은 딸이구나.

아, 처마 밑에

˚ 예, 이 처마에다 이렇게 하면 보기좋지요, 뭐. 그냥 실로, 그것도 왼새끼로 꽈 가지고.

아, 왼새끼로.

˚ 왼새끼로 꽈 가지고 이런 처마 끝에다가 이렇게 달아매고 이러면 아 저 집은 아들이로구나, 저 집은 인제 그래

아, 솔가지면 아들이고

˚ 응, 화대.

화대면

˚ 딸.

딸이고.

˚ 그러니까 인제 남이 보기좋게 그 부정한 사람 오지 말라고 그러는 거지.

아, 예예.

˚ 그래서 인제 처마 끝에다 달아매면 길 다니는 사람 처마끝에 다 보니까.

그 남자는 왜 소아리고, 여자는 왜 화대조, 그게?

‑ 그니까 인제 지두~이라구 해:서 인제 그 이런 소나무를 올러강거를 요길 끄너가주구 까꿀로 다러매구. 여자는 또 그 화대를 따가주구 기양

화대가 머예요?

‑ 화초 화대, 가지가 이짜너 가지.

예예.

‑ 솔가지, 그걸 인제 짤러가주 아, 솔가지믄 아 저지븐 따니미로구나. 또 이 소나무 보드기²⁶⁾ 가따가 이러케 노:믄 건 아드리로구나.

보드기요.

‑ 보드기.

보드기.

‑ 예, 보드기라그래지. 그니깐 인제 다 지끄미야 머 머 소나무 머 고추 두다러매구 그건 다 화녕하니까 그러치 그맘때야 머.

음.

‑ 대:개 다 그러케 해유.

그다메 머 여자드리 혹씨나 겨론할때 애가 임신하잔? 아 여자가 처메 인제 고 첨 애 나키 저네 이케 하능걸 머라고 한다고 함니까, 이게 막 구역찔 하고 막 하능거?

‑ 그러치유. 구역찔하구 인제.

그렁걸 멀 한다고?

‑ 근데 태기가 이따 구래지.

태기가 이따고 한다고요, 아.

‑ 예, 태기가 이따. 태기가 어 어떤 여자드른, 우리 어머~이는 나:를 인 제 오:월 열하룬날 난:데 그맘때 모싱기, 온조~일 가서 모싱기해 가주구 지야게 와서 나:따는데 기리니 옌:나레야 참

아. 근데 여자드리 머 임신하면 머 하지 마라야 될릴 가틍거 이짜나요?

그 남자는 왜 솔가지고, 여자는 왜 화대죠, 그게?

⎺ 그러니까 인제 기둥이라고 해서 인제 그 이런 소나무를 올라간 것을 요기를 끊어 가지고 거꾸로 달아매고. 여자는 또 화대를 따 가지고 그냥

화대가 뭐에요?

⎺ 화초 화대, 가지가 있잖아 가지.

예예.

⎺ 솔가지, 그걸 인제 잘라 가지고 아, 솔가지면 아 저 집은 따님이로구나. 또 이 소나무 보드기 갖다가 이렇게 놓으면 그건 아들이로구나.

보드기요.

⎺ 보드기.

보드기.

⎺ 보드기라 그러지. 그러니깐 인제 다 지금이야 뭐 뭐 소나무 뭐 고추도 달아매고 그건 다 환영하니까 그렇지 그맘때야 뭐.

음.

⎺ 대개 다 그렇게 해요.

그 다음에 뭐 여자들이 혹시나 결혼할 때 애가 임신하잖아요? 아 여자가 처음에 인제 그 처음 애 낳기 전에 이렇게 하는 걸 뭐라고 한다고 합니까, 이게 막 구역질 하고 막 하는 거?

⎺ 그렇지요. 구역질하고 인제.

그런 걸 뭘 한다고?

⎺ 그런데 태기가 있다 그래지.

태기가 있다고 한다고요, 아.

⎺ 예, 태기가 있다. 태기가 어 어떤 여자들은, 우리 어머니는 나를 인제 오월 열하룻날 낳았는데 그맘때 모심기, 온종일 가서 모심기해 가지고 저녁에 와서 낳았다는데 그러니 옛날에야 참

아. 그런데 여자들이 뭐 임신하면 뭐 하지 말아야 될 일 같은 거 있잖아요?

⁻ 멀?

임신하며는

⁻ 그렁거 업찌 머.

그렁건 업꼬요.

⁻ 어어.

그다메 인제 [5초] 해산하는따리 가까워지며는 여자드리 인제 준비해야 될께 이짜나요? 멀 준비를 해야되나요?

⁻ 준비하능게 머 기저구지 머.

기저구요.

⁻ 기저구배껜 그 이상 머 더 할께 머이쏘?

예.

⁻ 옌:나렌 머 기저구가 이써쑤? 기양 그저 털썽나:면 그저 글러 끄치구.

음.

⁻ 지끔 머 기저구니 머: 여를 노:니, 한다를 노:니 하지만 옌:나레야 머. 아 오늘 아이길⁻ 라:구 낼:라가서 모숭구 하는 파~인데 머, 에이구, 다.

오늘 아, 아 나코, 내일

⁻ 그러지. 아 우리 어미니가 아깨두 그래찌만 날 나, 나 나턴날 내가 오월 초하룬날 나구, 온조~일 가서 모싱기 하구, 바메 여 가서 아홉 씨경 돼: 날 나:따는데 머, 애:기할께 이쏘?

하하.

⁻ 기리구 사흐리따가서 모싱기 하구.

예.

⁻ 그래두 우리 어머~이두 경강히 여든서이예 도러가세써유.

아. 그럼 인제 애 나코 나서 그다메 애를 그냥 함부로 바끄로 안 내보내자나요.

⁻ 뭘?

임신하면

⁻ 그런 거 없지 뭐.

그런 건 없고요.

⁻ 어어.

그 다음에 인제 [5초] 해산하는 달이 가까워지면 여자들이 인제 준비해야 될 게 있잖아요? 뭘 준비를 해야 되나요?

⁻ 준비하는 게 뭐 기저귀지 뭐.

기저귀요.

⁻ 기저귀밖엔 그 이상 뭐 더 할 게 뭐 있소?

예.

⁻ 옛날엔 뭐 기저귀가 있었소? 그냥 그저 털썩 낳으면 그저 그것으로 끝이고.

음.

⁻ 지금 뭐 기저귀니 뭐 열흘을 노니, 한 달을 노니 하지만 옛날에야 뭐. 아, 오늘 애기를 낳고 내일 나가서 모심기 하는 판인데 뭐, 에이구, 다.

오늘 애, 애 낳고, 내일

⁻ 그러지. 아 우리 어머니가 아까도 그랬지만 날 나, 나 낳던 날 내가 오월 초하룻날 나고, 온종일 가서 모심기 하고, 밤에 여기 가서 아홉 시경 돼 날 낳았다는데 뭐, 애기할 게 있소?

하하.

⁻ 그리고 사흘 있다가 가서 모심기 하고.

예.

⁻ 그래도 우리 어머니도 건강히 여든셋에 돌아가셨어요.

아. 그럼 인제 애 낳고 나서 그 다음에 애를 그냥 함부로 밖으로 안 내 보내잖아요.

˗ 으음, 안 되며나마나 기양 머 옌:나레 씨키나 하나?

애들 애들 이쓰며는 인제 애를 함부로 모빠짜나요?

˗ 그러지.

메칠 지나고 보고 그러자나요?

˗ 예.

고렁거 메칠 지나고 보나요?

˗ 에이, 메칠 지나고, 저 머 머 기양 나:믄 눌러 나:믄 머, 지끄미야 메칠 지나지만 그맘때야 머 메칠 지내나유? 기양 그저 나턴 자리 쪽쪽 청소해 가주구 가따 노쿠는 그저 애 여그서 혼자 이꾸. 그 멀: 난:냐구 보면 꼬치냐, 그렁건 몰라. 꼬치냐 머이냐 이게 보믄 남자냐 여자냐 그걸 이제 구부나기 위해서 그거 이제 무러보군 글루 끄치지 머.

그러면 저렁건 업쓸까, 머 삼치릴 지나야 머 애 보고 이렁건 엄나요?

˗ 에이, 그렁건 업써유, 그렁건. 그렁건 전혀.

긍까 여기 나코나자마자 바로, 부몬님드른 보지만 외부사람드른 모뽀자나요.

˗ 모:뽀지유, 막. 아, 그래 일쭈이리 지내가야지.

아.

˗ 여 여기다 인제 그 소아리 꼬정거 그거 어떤 사람드른 귀한집뜨른 한 달씩 둬두지.

아, 그니까 보통은 얼마나?

˗ 보통은 그저 한 보름 여를 좀 다 띠평게처유.

아, 다 떼고요.

˗ 산:모가 건강하믄 다 띠 평게친다구.

아, 그러쿠나. 그다메 인제 아이드리 배기리 되자나요?

˗ 야.

그면 그 머 하조?

˩ 으음, 안 되나마나 그냥 뭐 옛날에 씻기나 하나?

애들 애들 있으면 인제 애를 함부로 못 봤잖아요?

˩ 그러지.

며칠 지나고 보고 그러잖아요?

˩ 예.

그런 거 며칠 지나고 보나요?

˩ 에이, 며칠 지나고, 저 뭐 뭐 그냥 낳으면 바로. 낳으면 뭐, 지금이야 며칠 지나지만 그맘때야 뭐 며칠 지내나요? 그냥 그저 낳던 자리 쏙쏙 청소해 가지고 갖다 놓고는 그저 애 여기서 혼자 있고. 그 뭘 낳았냐고 보면 고추냐, 그런 걸 몰라. 고추냐 뭐냐 이렇게 보면 남자냐 여자냐 그걸 이제 구분하기 위해서 그거 이제 물어보고는 그것으로 끝이지 뭐.

그러면 저런 건 없을까, 뭐 삼칠일 지나야 뭐 아이를 보고 이런 것은 없나요?

˩ 에이, 그런 건 없어요, 그런 건. 그런 건 전혀.

그러니까 여기 낳고 나자마자 바로, 부모님들은 보지만 외부사람들은 못 보잖아요.

˩ 못 보지요, 막. 아 ,그래 일주일이 지나가야지.

아.

˩ 여 여기다 인제 그 솔가지 꽂은 거 그거 어떤 사람들은 귀한 집들은 한 달씩 둬 두지,

아, 그러니까 보통은 얼마나?

˩ 보통은 그저 한 보름 열흘 좀 다 때 팽개쳐요.

아, 다 떼고요.

˩ 산모가 건강하면 다 때 팽개친다고.

아, 그렇구나. 그 다음에 인제 아이들들이 백일이 되잖아요?

˩ 야.

그러면 그 뭐 하죠?

￣ 뭘:?

머 애들 배기리 되면.

￣ 에이, 배기른 무슨 배기리어.

아무거도

￣ 그렁거는 업써유.

그면 일려니 되면요?

￣ 일려님 인제 돌짠친 하지.

아.

￣ 도렌 그저 바이비나 항그를 떠기나 해:서 항그르씽 먹찌.

예.

￣ 지끄믄 인제 인제 머든지 풍부하니까 그러치 그저네야 멀 머 머 밥또 제위 머글 파~인데 머.

음, 그러며는 돌잔치를 할때는 어떵거 머머 준비를 함니까?

￣ 그저 머 어떤때는 돈:두 노쿠 머머 연필두 노쿠 인제 그런다구, 기런데.

고렁거 하능거를 멀 한다고 함니까?

￣ 글쎄, 우리 그렁건

머 돌재비

￣ 예, 그렁건 잘 모르게써, 돌 때 인제 돌잔치한다구래는데.

돌잔치 할 때 애한테 이러케 주고 멀 지프라고 하자나요.

￣ 그 상에다가 이러케 노쿠 멀: 이러케 노:믄.

멀 어떵거 어떵거 노씀니까?

￣ 글쎄 머: 연:필로쿠 머 이렁거 인제 음:식.

연필로코요.

￣ 예, 연필로쿠 이렁거 인제.

머 실가틍거또 노코.

￣ 돈, 돈:두 노쿠.

ᵀ 뭘?

뭐, 애들 백일이 되면.

ᵀ 에이, 백일은 무슨 백일이여.

아무것도

ᵀ 그런 거는 없어요.

그러면 일년이 되면요?

ᵀ 일년이면 인제 돌잔치는 하지.

아.

ᵀ 돌엔 그저 밥이나 한 그릇 떡이나 해:서 한그릇씩 먹지.

예.

ᵀ 지금은 인제 인제 뭐든지 풍부하니까 그렇지 그전에야 뭘 뭐 뭐 밥도 겨우 먹을 판인데, 뭐.

음, 그러면 돌잔치를 할 때는 어떤 거 뭐 뭐 준비를 합니까?

ᵀ 그저 뭐 어떤 때는 돈도 놓고 뭐 뭐 연필도 놓고 인제 그런다고, 그런데.

그런 거 하는 거를 뭘 한다고 합니까?

ᵀ 글쎄, 우리 그런 건

뭐뭐, 돌잡이

ᵀ 예, 그런 건 잘 모르겠어, 돌 때 인제 돌잔치한다고 그러는데.

돌잔치 할 때 애한테 이렇게 주고 뭘 짚으라고 하잖아요.

ᵀ 그 상에다가 이렇게 놓고 뭘 이렇게 놓으면.

뭘 어떤 거 어떤 거 놓습니까?

ᵀ 글쎄, 뭐 연필 놓고 뭐 이런 거 인제 음식.

연필 놓고요.

ᵀ 예, 연필 놓고 이런 거 인제.

뭐 실 같은 것도 놓고.

ᵀ 돈, 돈도 놓고.

돈도 노코.

⁻ 예. 대:개 인제 돈: 연필 이렁거 말:구 수른 논능거 모빠써유.

실, 실.

⁻ 실:로쿠.

아, 실:.

⁻ 실:두 인제 명:실 인제 트러 꽝:거 이렁거 노쿠 하믄.

예.

⁻ 실: 노으믄 며~이 질:구, 연필 들머 글자란다 그래구. 돈: 머 또 부뜰면 돈 잘 벌게따그래구.

아. 고러케 인제 잔치를

⁻ 네, 잔치 그러케 하지유.

떠까틍거나 이렁거 준비는 안하구요?

⁻ 그렁거뚜 좀 하지유. 아매두 외, 외아들 저 저 첨: 난 아드리니까.

예.

⁻ 아:드를 위해서 그렁게 아~이라 어머~이를 위해서구, 그 그 메누리 디레다가 그거뚜 그러쿠. 이우제 인제 으:른들두 알궈드리구해서 잔채는 해유.

[2초] 예. 이 말, 여기에는 이제 그 애드리 사람드리 성이니 되자나요?

⁻ 예?

성인.

⁻ 예.

성이니 되면 괄레가틍거또 핸나요, 옌나레는?

⁻ 괄례는 잔치전날 잔치 잔친날 괄례를 하지.

언제 멛, 메쌀때 괄례를 해씀니까?

⁻ 괄례라능거는 어뜽거는 메쌀짜리버담두 실라~이, 실라~이 내일가치 인제 저 실랑찌베 가자누?

돈도 놓고.

￣ 예. 대개 인제 돈 연필 이런 거 말고 술은 놓는 거 못 봤어요.

실, 실.

￣ 실 놓고.

아, 실.

￣ 실도 인제 명주실 인제 틀어 꼰 거 이런 거 놓고 하면.

예.

￣ 실 놓으면 명이 길고, 연필 들면 공부 잘한다 그러고. 돈 뭐 또 붙들면 돈 잘 벌겠다 그러고.

아. 고렇게 인제 잔치를

￣ 네, 잔치 그렇게 하지요.

떡 같은 거나 이런 거 준비는 안 하고요?

￣ 그런 것도 좀 하지요. 아마도 외, 외아들 저 저 처음 낳은 아들이니까.

예.

￣ 아이들을 위해서 그런 게 아니라 어머니를 위해서고, 그 그 며느리 들여다가 그것도 그렇고. 이웃에 인제 어른들도 알려 드리고 해서 잔치는 해요.

[2초] 예. 이 마을, 여기에는 이제 그 애들이 사람들이 성인이 되잖아요?

￣ 예?

성인.

￣ 예.

성인이 되면 관례 같은 것도 했나요, 옛날에는?

￣ 관례는 잔치 전날 잔치 잔칫날 관례를 하지.

언제 몇, 몇 살 때 관례를 했습니까?

￣ 관례라는 것은 어떤 것은 몇 살짜리보다도 신랑이, 신랑이 내일 같이 인제 저 신랑 집에 가잖으우?

예.

⌐ 가는 그날 아치메 그날 아치메 괄레 잔치를 지내유. 나이야 서른사리든, 수물따서이든, 수무리든

아, 그래요.

⌐ 열싸리든.

아, 그건 장가가는 전나레

⌐ 가, 가는날 아치메.

아, 성이니 돼서.

⌐ 가는날, 예?

아.

⌐ 그렁건 업꾸 머 별또로 그래는 사람두 이낀이께찌만 우리더른 가는 날 아치게 괄레쌍을 채레 노쿠 조상한테 배:레하구 한다구.

아. 그 머 보통 열려덜싸레 하고 이렁거 아니고

⌐ 에이, 그렁거.

나이는 전혀 상관 업꼬요?

⌐ 나이는 전혀 상과넙써유. 우리가, 기양 여는데는 멀 그러케 하게찌만, 우리게는, 여그서는 인제 그러케 하능거 모빠써. 전부 가는날 아치게.

아. 괄레를 할 때는 주로 어떵거 어떵거 함니까?

⌐ 괄레를 할쩨는 그 기양 머, 그까, 잔치 배:설 해낳거.

예예.

⌐ 그렁거 그 저 조상에 자놀리구 그러치유.

아, 조상에게 잔 올리고.

⌐ 예. 인제 으:르니 된다는.

어르신 부몬님들한테는?

⌐ 으이, 여그선 머 아~아구 그리구 그양 조상님만, 부모인는데서 잔치

예.

¯ 가는 그날 아침에 그날 아침에 관례 잔치를 지내요. 나이야 서른 살이든, 스물다섯 살이든, 스물이든

아, 그래요.

¯ 열 살짜리이든.

아, 그건 장가가는 전날에

¯ 가, 가는 날 아침에.

아, 성인이 돼서.

¯ 가는 날, 예?

아.

¯ 그런 건 없고 뭐 별도로 그러는 사람도 있긴 있겠지만 우리들은 가는 날 아침에 관례상을 차려 놓고 조상한테 배례하고 한다고.

아. 그 뭐 보통 열여덟 살에 하고 이런 거 아니고

¯ 아니, 그런 거.

나이는 전혀 상관 없고요?

¯ 나이는 전혀 상관없어요. 우리가, 그냥 여느 데는 뭘 그렇게 하겠지만, 우리 쪽에는, 여기서는 인제 그렇게 하는 거 못 봤어. 전부 가는 날 아침에.

아 관례를 할 때는 주루 어떤 거 어떤 거 합니까?

¯ 관례를 할 제는 그 그냥 뭐, 그러니까, 잔치 배설 해 놓은 거.

예예.

¯ 그런 거 그 저 조상에 잔 올리고 그렇지요.

아, 조상에게 잔 올리고.

¯ 예. 인제 어른이 된다는.

어르신 부모님들한테는?

¯ 으이, 여기선 뭐 안 하고 그리고 그냥 조상님만, 부모 있는 데서 잔치

지내구, 저저 으:르니 된다는 표시지 그게.

　그럼, 동네사람드른 머 해주능거 업씀니까?

　⌐ 동네싸람드른 우선 잔, 잔치보러 오니까

　잔치 보러

　⌐ 오니까.

　예.

　⌐ 그 해:주능건 웁:꾸.

　예. 괄레를 치를 때 남자드른 머 상투를 쓰고 머 함니까?

　⌐ 그러치유. 상투 여기서는 상투 앙꽈:유.

　상투 앙꼬고.

　⌐ 난, 우리가, 우리가서 잔치 지내는 사람, 상투질, 꼬능거 모빠써, 아무
두.

　아, 그래요.

　⌐ 예.

　상투 꼬지는 앙쿠요. 그다메 어르신 혹씨 자시글 키우면서 젤 기어게 남능게
이씀니까?

　⌐ 기어게 남능게 아플쩨: 아버미 그저 주굴꼬상해:서 그래두 그 아드리
쾌히 이러나능거, 그이상

　며째 아드리요?

　⌐ 아ˆ이여, 아들레드리 벼ˆ이 나서 그랠쩨 그저 야이기래두 밤새두루 어
디가서 야글 제:다 메기믄 그기 그 효꽈 보능거 그이상 바랠께 업찌유 머.

　아.

　⌐ 부모들

　어르신 그 이제 육씹세가 되셔짠, 육씨빌쎄가 되며는 하는 잔치 이짜나요?

　⌐ 예.

　그 무 머라고 함니까, 그거를?

지내고, 저 저 어른이 된다는 표시지 그게.

그럼, 동네 사람들은 뭐 해 주는 거 없습니까?

⎯ 동네 사람들은 우선 잔, 잔치 보러 오니까

잔치 보러

⎯ 오니까.

예.

⎯ 그 해 주는 것 없고.

예. 관례를 치를 때 남자들은 뭐 상투를 쓰고 뭐 합니까?

⎯ 그렇지요. 상투 여기서는 상투 안 짜요.

상투 안 꼬고.

⎯ 난, 우리 쪽, 우리쪽에서 잔치 지내는 사람, 상투질, 꼬는 거, 못 봤어, 아무도.

아, 그래요.

⎯ 예.

상투 꼬지는 않고요. 그 다음에 어르신 혹시 자식을 키우면서 제일 기억에 남는 게 있습니까?

⎯ 기억에 남는 게 아플 제 아범이 그저 죽을 고생해서 그래도 그 아들이 쾌히 일어나는 거, 그 이상

몇째 아들이요?

⎯ 아니야, 아들네들이 병이 나서 그럴 제 그저 약이라도 밤새도록 어디가서 약을 지어다 먹이면 그게 그 효과 보는 거 그 이상 바랄 게 없지요 뭐.

아.

⎯ 부모들

어르신 그 이제 육십 세가 되셨잖, 육십일 세가 되면 하는 잔치 있잖아요?

⎯ 예.

그 무 뭐라고 합니까, 그거를?

˘ 그건 항:갑.

아, 그 무슨 멀 무슨 잔치를 한다고 함니까?

˘ 육씨베 인제 항:갑, 육씹하나에 항:가비지.

예예.

˘ 나는 육씹하나에 항:갑 아나구 칠씨베 해써유, 칠갑.

아, 칠가블 하셔써요?

˘ 네.

왜 육씨베 안하시고요?

˘ 에이, 육씨베는 까이꺼 절뭉게 패패 절뭉게 머 허허.

아.

˘ 그래 칠씨베.

어르신 이래 보기에 예저네는 이게 이게 무슨 항갑잔치한다 머 이러케 함니까? 옌나레는.

˘ 그러치유, 옌나레 항갑짠치 한다 그래는데 지끄믄 가지각쌔기드라구. 황:갑잔치해서 아:드리 황갑짠치 할라능경비를 여행을 보낸다든지 기래구 인제 그걸 건네뛰구 거 칠가베 인제 이운노인들하구 소주 한잔씩 들게 이러케 맨드능거뚜 이꾸. 그 부주는 하나또 안바꾸.

예, 부주 안 바드시구요.

- 그건 환갑.

아, 그 무슨 뭘 무슨 잔치를 한다고 합니까?

- 육십에 인제 환갑, 육십하나에 환갑이지.

예예.

- 나는 육십하나에 환갑 아니고 칠십에 했어요, 칠순.

아, 칠순을 하셨어요?

- 네.

왜 육십에 안 하시고요?

- 에이, 육십에는 까짓것 그거 젊은 게 팽팽 젊은 게 뭐 허허.

아.

- 그래 칠십에.

어르신 이래 보기에 예전에는 이게 이게 무슨 환갑잔치한다 뭐 이렇게 합니까? 옛날에는.

- 그렇지요, 옛날에 환갑잔치 한다 그래는데 지금은 가지각색이더라고. 환갑잔치해서 아들이 환갑잔치 하려는 경비를 여행을 보낸다든지 그래고 인제 그걸 건너뛰고 거 칠순에 인제 이웃노인들하고 소주 한 잔씩 들게 이렇게 만드는 것도 있고. 그 부조는 하나도 안 받고.

예, 부조 안 받으시고요.

장례 절차에 대한 이야기

그 여기 예저네 장네가틍거또 마니 치러쓸꺼아니에요.

⁻ 예?

장네를 마니, 장네. 사라미 인제 주그며는 아까 그 상포계 가틍거또 이써꼬 그러케 해짜나요. 그럼 인제 상네도 치르자나요? 상네.

⁻ 그러치유.

상네를 지낼 때, 그 어떤 절차로 이러케 지냄니까, 지내는 절차가 이제?

⁻ 차, 상녜 인제 이러케 지낼 때 우선, 마~이니 샤:망되믄 마~이니 샤:망되믄 그맘때 머 저 그 솜: 솜가주구 인제 양:짝코 귀두 트러 마꾸, 손발 거뒤구.

손바를?

⁻ 야, 이러게 거뒤구. 인제 뒤를 매지 이러케 그래 그래고는 머리를 북쪼그루 노코요.

⁻ 예, 노쿠. 그래구 인제 그다메 인제 완저니 그러게 되믄 샤:잘 불르구, 샤:재 부르능거 우리 방버븐 모르지만 샤:자 불르구.

예.

⁻ 그다메는 인제 과늘 짜서 과네다가 모세가주군 여르메 인제 이, 시시는 늘 부:하니까 저 바테 내다가 토로늘 하믄.

바테다가 머한다구요?

⁻ *** 내:다가 토로늘 하지유, 그걸 토:로니라그래유, 그걸 내다가, 시시는 늘.

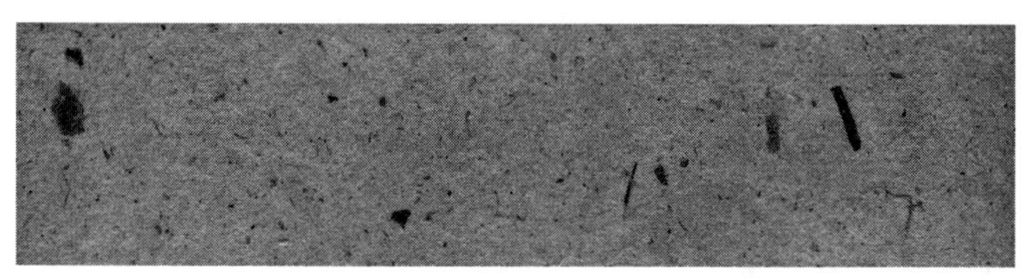

그 여기 예전에 장례 같은 것도 많이 치렀을 거 아니에요.

˜ 예?

장례를 많이, 장례. 사람이 인제 죽으면 아까 그 상포계 같은 것도 있었고 그렇게 했잖아요. 그럼 인제 상례도 치르잖아요? 상례.

˜ 그렇지요.

상례를 지낼 때, 그 어떤 절차로 이렇게 지냅니까, 지내는 절차가 이제?

˜ 차, 상례 인제 이렇게 지낼 때 우선, 망인이 사망하면 망인이 사망하면 그맘때 뭐 저 그 솜, 솜가지고 인제 양쪽 코 귀도 틀어막고, 손발 거두고.

손발을?

˜ 예, 이렇게 거두고. 인제 뒤를 매지 이렇게 그래 그러고는 머리를 북쪽으로 놓고요.

˜ 예, 놓고, 그러고 인제 그 다음에 인제 완전히 그렇게 되면 사자를 부르고, 사자 부르는 거 우리 방법은 모르지만 사자 부르고.

예.

˜ 그 다음에는 인제 관을 짜서 관에다가 모셔 가지고는 여름에 인제이, 시신은 늘 부패하니까 저 밭에 내다가 토론을 하면.

밭에다가 뭐 한다고요?

˜ *** 내어다가 토론을 하지요, 그걸 토론이라 그래요, 그걸 내어다가, 시신을.

바테 내 논, 내 논

￣ 바테다 땅을 파구, 땅을 파구 거기다 과늘 느:믄.

예.

￣ 거 여르메 송:자~이 상하자누?

예예.

￣ 그래믄 그렁거뚜 우:꾸, 상하능거뚜.

아, 땅을 파노코.

￣ 예. 거기다 그기 전부 그 땅이 다 빠러. 그래가주구 머 장산날 찌야게 그 상제들 거 아페 거 가따 놔:두 머 불미시러운 냄새하나 안 나구.

예.

￣ 그러케 인제 그래구, 아치게 인제 거기서 더꾸서 참 장:녠날 장:살 지내구. 그래구 이제 지야게 그 장산날 가따 노:믄 지약 지:사가 큰 지사지, 장산나른. 지약 제사를 인제 또 큰사우가 이씨믄 큰사우가, 사우드리 업쓰믄, 사우가 이쓰믄 사우가 지내구, 웁:쓰믄 동사~이나 가까운 사라미 그 채:살 지내지유.

아, 그래요. 게, 요주믄 장네를 어떠게 요즘, 옌나레는

￣ 전부 화장.

요즈믄 전부 화장을 하나요?

￣ 전부 화장으루 가, 지금 저저 그판 환자가 그 저저 위그파믄 전부 병워네 가자누?

예.

￣ 병워네 사:망되믄 거그서 눌러.

음.

￣ 그리구 인제 거기서 이따가 화장하는 자기 소유가 인는 사라미라믄 인제 화:장 아~이하구 기냥 모:시구 지베 오구.

예.

밭에 내어 놓은, 내 놓은

ꟷ 밭에다 땅을 파고, 땅을 파고 거기다 관을 넣으면.

예.

ꟷ 거 여름에 송장이 상하잖으우?

예예.

ꟷ 그러면 그런 것도 없고, 상하는 것도.

아, 땅을 파 놓고.

ꟷ 예. 거기다 그게 전부 그 땅이 다 빨아. 그래 가지고 뭐 장삿날 저녁에 그 상제들 거 앞에 거 갖다 놔도 뭐 불미스러운 냄새 하나 안 나고.

예.

ꟷ 그렇게 인제 그러고, 아침에 인제 거기서 덮고서 참 장렛날 장사를 지내고. 그러고 이제 저녁에 그 장삿날 갖다 놓으면 저녁 제사가 큰 제사지, 장삿날은. 저녁 제사를 인제 또 큰사위가 있으면 큰사위가, 사위들이 없으면, 사위가 있으면 사위가 지내고, 없으면 동생이나 가까운 사람이 그 제사를 지내지요.

아, 그래요. 그래, 요즘은 장례를 어떻게 요즘, 옛날에는

ꟷ 전부 화장.

요즘은 전부 화장을 하나요?

ꟷ 전부 화장으로 가, 지금 저 저 급한 환자가 ㄱ 저 저 위급하면 전부 병원에 가잖으우?

예.

ꟷ 병원에서 사망되면 거기서 바로.

음.

ꟷ 그리고 인제 거기서 있다가 화장하는 자기 소유가 있는 사람이라면 인제 화장 안 하고 그냥 모시고 집에 오고.

예.

˜ 또 소유사니 어꺼든 구규는 거기다 산 모:씨게 하자누? 그래믄 전부 거그서 화:장해서 나꼴따에다 모셔논 사람두 이꾸 기양, 기양 훌: 뿌레버리는 수두 이꾸, 두가지유.

어르신 이거 노래부르싱거는 어떤노래 부르싱거에요?

˜ 난 노래 부룰쑤인능건, 노래 불릉건 그거, 저 이 가다 노:제 머꾸 가다가 인제 그 가능거 그기래유.

그게 어떵거예요?

˜ 그거 하고 붕만산처네 가능거 하고 인제 그거.

아, 노래를 부르시능거

˜ 네, 근데 이기 인제 노래 부르능건 츠:메 인제 사˜열 보시구 가자누?

예.

˜ 지베서 사˜열 모시구 가가주구는 그 노:제 머글쩨는 고다나니까 노:제 잡쑤코 쉬: 갈 쩌게는

노래해서 쉬어갈

˜ 네. 갈쩌에는 인제 이 정자조코 물조은데 쉬어가세 쉬어가세 정자조코 물조으니 쉬어가세 이래고 인제 그래면 이제 생군드리 사˜열 노쿤 거 기서 노:제 잡수꾼 또 인제 가자 그러지, 인젠 인젠 쉐:쓰니 그 바˜울애비가 소릴 질르면 모든

바˜울 여페

˜ 바˜울, 그저 요랑, 그 저 소리지르는 사람, 그 사라미 인제 인젠 가자 그러면 눌러 그 우무레 드러서서 그래믄 일어나선 가세가세 어서가세 쉬어쓰니 어서가세 인제 그기구. 항꺼버네 세:마디씩 해야돼유. 또 가자하니 가기시쿠 아니가진 모타겐네 하구 인제가믄 언제오누 다시오기 어렵떠라 인제 그게하구. 또 인제 분분, 산소에 다가서는 상군들보구 수고핸네 수고핸네 상군님들 수고해쏘 그거하고 붕망사네 당도하니 나썰고 물

˘ 또 소유 산이 없거든 국유는 거기다 산 못 쓰게 하잖으우? 그러면 전부 거기서 화장해서 납골당에다 모셔 놓은 사람도 있고 그냥, 그냥 훌 뿌려 버리는 수도 있고, 두 가지요.

어르신 이거 노래 부르신 것은 어떤 노래 부르신 거예요?

˘ 난 노래 부르는 것은, 노래 부르는 건 그거, 저 이 가다가 노제 먹고 가다가 인제 그 가는 거 그거예요.

그게 어떤 거예요?

˘ 그거하고 북망산천에 가는 거 하고 인제 그거.

아, 노래를 부르시는 거

˘ 네, 그런데 이게 인제 노래 부르는 건 처음에 인제 상여를 보시고 가잖으우?

예.

˘ 집에서 상여를 모시고 가서는 그 노제 먹을 제는 고단하니까 노제 잡숫고 쉬어 갈 적에는

노래해서 쉬어갈

˘ 네. 갈 적에는 인제 이 정자 좋고 물 좋은데 쉬어 가세 쉬어 가세 정자 좋고 물 좋으니 쉬어 가세 이러고 인제 그러면 이제 상여꾼들이 상여를 놓고는 거기서 노제 잡숫고는 또 인제 가자 그러지, 인제는 인제는 쉬었으니 그 앞소리꾼이 소리를 지르면 모든

방울 옆에

˘ 방울, 그저 요령, 그 저 소리 지르는 사람, 그 사람이 인제 인제 가자 그러면 바로 그 우물에 들어서서 그러면 일어나서는 가세 가세 어서 가세 쉬었으니 어서 가세 이제 그것이고. 한꺼번에 세 마디씩 해야 돼요. 또 가자 하니 가기 싫고 아니 가진 못하겠네 하고 인제 가면 언제 오나 다시 오기 어렵더라 인제 그거 하고. 또 인제 분분, 산소에 다 가서는 상여꾼들 보고 수고했네 수고했네 상여꾼님들 수고했소 그거 하고 북망산에 당도

써른데 슬피우는 두견새소리만 슬푸구나 이래구. 명사심니 해당화야 너는 다시 편, 명년뽐 춘사머레 너는 다시 피련마는 함번가니 이내인생 다시오기 어렵떠라 그래군 행사~을 노쿠 그래 불러요.

음. 먼저 이 상네 다시 한번 제가 쫌 여쭤보고 시풍게 인는데 머냐며는 먼저 그 도라가시자나요, 도라가시면 아까 그 솜 가지고 코

ˉ 입, 코, 아~이 코는 아~이구 귀하구 인제 고기서 무리 나오니까 게서 그거 트러막찌.

귀하고 이파고.

ˉ 아~이 이븐 놔두구 코.

아, 귀하고 코하고.

ˉ 예 그래서 그맘때는 소이미²⁸⁾ 업쓰믄 여그다가 인제 그걸 비:갤 배치지유, 이러케 인제 머리에 내려오게 기래구 인제 그걸 바추믄 이븐 자동 찌그로 다무러지구. 또 어떤 양반드른 이블 허:: 하게 벌:리구 사:망되는 양반드른 이써요. 이블 다무리라구 대:구 그래믄 이블 그래구. 눈두 이러케 뚝빠루 뜨구 사:망된 양반드른 인제 볼 싸람 다 봐쓰니까 누늘 인제 가무라그래믄 그거뚜 조:화루 누늘 감뜨라구요.

음.

ˉ 기래구 인제 칠성방에다 모:세노쿤 그 장포노코 이러구 메깨 아홈메깨 인제 이러케.

도라가시게 되며는 이제 상주드른 멀 함니까?

ˉ 상제들?

예.

ˉ 상제드른 기양 머 인제 상제좀 하능거꾸, 상제들 하능건 웁찌유 머. 그저 그건 상제드른 기양 사:람 도라가시게 되믄 상제드른 나미라능거버덩 이우싸람드리 다: 하지유, 시시네 대해든지 그 장:네 절차를.

그러며는 인제 도라가시고 나며는 염할

하니 낮설고 물 선데 슬피 우는 두견새 소리만 슬프구나 이러고. 명사십
리 해당화야 너는 다시 편, 내년 봄 춘삼월에 너는 다시 피련마는 한 번
가니 이내 인생 다시 오기 어렵더라 그러고는 행상을 놓고 그래 불러요.

음. 먼저 이 상례 다시 한번 제가 좀 여쭤 보고 싶은 게 있는데 뭐냐면 먼저
그 돌아가시잖아요, 돌아가시면 아까 그 솜 가지고 코

⌐ 입, 코, 아니 코는 아니고 귀하고 인제 거기서 물이 나오니까 그래서
그거 틀어막지.

귀하고 입하고.

⌐ 아니 입은 놔 두고 코.

아, 귀하고 코하고.

⌐ 예 그래서 그맘때는 솜이 없으면 여기다가 인제 그걸 베개를 받치지
요, 이렇게 인제 머리에 내려오게 그러고 인제 그걸 받치면 입은 자동적
으로 다물어지고. 또 어떤 양반들은 입을 허 하게 벌리고 사망하는 양반
들은 있어요. 입을 다물라고 계속 그러면 입을 그러고. 눈도 이렇게 똑바
로 뜨고 사망한 양반들은 인제 볼 사람 다 봤으니까 눈을 인제 감으라 그
러면 그것도 조화로 눈을 감더라고요.

음.

⌐ 그리고 인제 칠성방에다 모셔놓고는 그 장포 놓고 이러고 몇 개 아홉
몇 개 인제 이렇게.

돌아가시게 되면 이제 상주들은 뭘 합니까?

⌐ 상제들?

예.

⌐ 상주들은 그냥 뭐 인제 상주 좀 하는 것 같고, 상주들 하는 건 없지요
머. 그저 그건 상제들은 그냥 사람 돌아가시게 되면 상제들은 남이라는
것보다 이웃사람들이 다 하지요, 시신에 대해서든지 그 장례 절차를.

그러면 인제 돌아 가시고 나면 염할

˘ 예, 염, 여:믈 지끔 내가 그거래유, 인제. 여자라믄 혼니불 끼레노쿠 여자친척뜰, 딸레든지 어째든지 인제 나무사래 이쓰니까 그거를 인제 그걸 수오슬 보:통 이피구. 그다메 인제 버긴다메 남자드리 그거를 인제 드러서 소:곧 이페, 속쩍쌈, 걷쩍쌈 이페: 고다메 치매 저구리 이피구 그다메 도:포, 도:포 이피구 고다메 장포를 놔: 가주구는 거뚜 수습해 노쿠는 장포는 와서 꼭뚜배기 그 일굼매끼다든지 머 대:개 키큰 사라믄 아옴매끼 노쿠 또 자:근 사라믄 일굼매끼 꽁꽁 무끄구 머.

일곰

˘ 일굼매끼, 근데 이기 인제 그 베자누, 베를 요걸 두:개씩 째개. 여기 두:개 여기 두:개 째개구, 그럼 요기 하나 이게 두매끼자누?

예.

˘ 두:매끼, 또 두:매끼 니:매끼, 또 두:매끼 니:매끼 하믄 내주~에 일굼매끼 되믄 나짜너. 이거는 그러차느믄 오부데~이[29] 해, 오부데~이 매끼믄 일굼매끼 그래구. 남자는, 키 큰 사라믄 아옴매끼, 아옴매끼루 이러케 해:서 과네다 너쿠.

음. 인제 그 염하능게 인제 결국 이제 시신 인제 그 다 해서 이걸 이피능걸 염한다고

˘ 그기 여이미지유. 그 대:려미라그래지유, 그걸 대:염.

아, 그걸료?

˘ 예.

소렴

˘ 소:여미라능건 소:곧, 인제 먼저 이버떤 오슬 가러 이피구 인제 이 그 저 도:포 장매끼 노키저네 임능걸, 이벙걸 가주 소:여미라 그러지 소:렴.

아, 그럼 먼저 인제 코막꼬 귀막꼬 나서, 눈 이러케 하, 눈 가리고

˘ 가리고

˘ 예, 염, 염을 지금 내가 그것이에요, 인제. 여자라면 홑이불 끌어 놓고 여자 친척들, 딸네든지 어쨌든지 인제 부끄러우니까 그것을 인제 그걸 수의 옷을 보통 입히고. 그 다음에 인제 벗긴 다음에 남자들이 그것을 인제 들어서 속옷 입혀, 속적삼, 겉적삼, 입히고 그 다음에 치마 저고리 입히고 그 다음에 도포, 도포 입히고 그 다음에 장포를 놔 가지고는 그것도 수습해 놓고는 장포는 와서 꼭대기 그 일곱 매끼 달든지 뭐 대개 키 큰 사람은 아홉 매끼 놓고 또 작은 사람은 일곱 매끼 꽁꽁 묶고 뭐.

일곱

˘ 일곱 매끼, 그런데 이게 인제 그 베잖소? 베를 요걸 두 개씩 째. 여기 두 개 여기 두 개 째고, 그럼 요기 하나 이게 두 매끼잖으우?

예.

˘ 두 매끼, 또 두 매끼 네 매끼, 또 두 매끼 네 매끼 하면 나중에 일곱 매끼 되면 낫잖아. 이거는 그러찮으면 전부 해, 전부 매끼면 일곱 매끼 그러고. 남자는, 키 큰 사람은 아홉 매끼, 아홉 매끼로 이렇게 해서 관에다 넣고.

음. 인제 그 염하는 게 인제 결국 이제 시신 인제 그 다 해서 이걸 입히는 걸 염한다고

˘ 그게 염이지요. 그 대렴이라 그러지요, 그걸 대렴.

아, 그것을요?

˘ 예.

소렴

˘ 소렴이라는 것은 속옷, 인제 먼저 입었던 옷을 갈아 입히고 인제 이 그 저 도포 장 매끼 놓기 전에 입는 것을, 입은 걸 가지고 소렴이라 그러지 소렴.

아, 그럼 먼저 인제 코 막고 귀 막고 나서, 눈 이렇게 하, 눈 가리고

˘ 가리고

눈 가리키고 나서 그다메 인제 씨껴야 되자나요?

‐ 그저네 머 지끄믄 딱떠구만. 그저네야 머이 땅나유? 머 기양 그저, 아이 그저네야.

그게 인제 다 인제 다 인제 된 상태에서 소곧 이피능거슬 대

‐ 아이 소, 소:곧뻐텀 소:곧 치마 저구리 인제 이피구 그기 인제 소:여미라 그래구 인제 도:포 그다메 인제 장포노쿠, 장포라능건 베를 인제 지다라크 까라가주군 요다 이러케 노쿠 그걸 가따가 인제 그걸 하패가주구 매끼나 할쩌게 그걸 대:여미라 그래구.

아. 그럼 인제 그 염하는 사라믈 머라고 함니까?

‐ 염싸라기지유, 염사.

인제 그거 하능거를 멀 한다고 함니까?

‐ 염사.

수, 수시 수시 머 건는다 머 이런말 함니까?

‐ 예?

수시 건는다, 이런말 함니까, 수세 건는다, 수세 건는다, 이런말 안씀니까?

‐ 글쎄 그렁거는.

고카능거, 고카능거를.

‐ 음 [3초] 고카능건 머 상제드리 고걸 그렁건 머 기양, [3초] 그렁건 참 우리 고카능건 그건 모르겐는데.

그리고 나서 그럼 시시늘 인제 그러케 여믈 하고 나서 그다메는 이제 그다메 하능거 또 멈니까?

‐ 그다메 인제 하능거는 사밀되믄, 월래 사밀까지는 이 여:믈 모타거등뇨.

아, 그래요?

‐ 그럼유, 법쩌긴데 그기, 마~약 사미레 깨:날 염녀가 이꾸 하니까.

아, 예.

눈 가리고 나서 그 다음에 인제 씻겨야 되잖아요?

¯ 그 전에 뭐 지금은 닦더구만. 그전에야 머이 닦나요? 뭐 그냥 그저, 아니 그전에야.

그게 인제 다 인제 다 인제 된 상태에서 속옷 입히는 것을 대

¯ 아니 소, 속옷부터 속옷 치마 저고리 인제 입히고 그게 인제 소렴이라 그러고 인제 도포 그 다음에 인제 장포 놓고, 장포라는 것은 베를 인제 길다랗게 깔아 가지고는 요기다 이렇게 놓고 그걸 갖다가 인제 그걸 합해 가지고 매끼나 할 적에 그걸 대렴이라 그러고.

아. 그럼 인제 그 염하는 사람을 뭐라고 합니까?

¯ 염사라 그러지요, 염사.

인제 그거 하는 것을 뭘 한다고 합니까?

¯ 염사.

수, 수세 수세 뭐 걷는다 뭐 이런 말 합니까?

¯ 예?

수세 걷는다, 이런 말 합니까, 수세 걷는다, 수세 걷는다, 이런 말 안 씁니까?

¯ 글쎄 그런 것은.

곡하는 거, 곡하는 거를.

¯ 음 [3초] 곡하는 것은 뭐 상주들이 곡을 뭐 그런 건 뭐 그냥, [3초] 그런 것을 참 우리 곡하는 건 그건 모르겠는데.

그리고 나서 그럼 시신을 인제 그렇게 염을 하고 나서 그 다음에는 이제 그 다음에 하는 거 또 뭡니까?

¯ 그 다음에 인제 하는 것은 삼일 되면, 원래 삼일까지는 이 염을 못하거든요.

아, 그래요?

¯ 그럼요, 법적인데 그게, 만약 삼일에 깨어날 염려가 있고 하니까.

아, 예

⌐ 게 워나게 하마 보믄 이러케 하마 사:람 보믄 살:, 주건 사람 이러케 가시믈 맨저 보믄 약깐 팔락팔락 하구, 이 소네 매근 읍:쓰니까 여게 이러::케 맨저보믄 하마 아러유. 그래구 이 한창 벼~을 아를쩨 두러누울쩨 허리미테다가 손늘 느:보믄 손만 안드러가믄 인제 하마 나마느니까 그게 하마 인제 갈 때가 돼:찌유, 사:망할 때가 돼버려서. 기래서 인제 사밀마는 사밀, 지끔 하머 사미리믄 화:장터 가서 화:자~을 하자누? 기니까 애:매한 사람 주글른지두 모르지만 월래 사밀 그저 염:사들두 이 자~이사들두 사밀저네는 임자드리 부드키 해: 달라면 해지만 아~해줄라구 해여, 그 버베 걸린다구.

아, 그래요.

⌐ 그래 나두 그런 그게 쫌 그런데 그 여기야 머 오랍뜨리니까 그저 이운, 그저네 나마느니들, 나마느니가 가서 염:두 해보구 이래썬는데. 대개 여기 그저네두 오일장 하는데 지끔 사밀자~이자누?

아.

⌐ 오일자~이믄 오일장.

인제 염하능거는 그래 염

⌐ 염사라그래구.

염사라그래구요. 그다메 인제 [2초] 머 도늘 주고, 도늘 머 어디 노코 그러케 하지 안씀니까? 인제 나중에 저승낄 가는 사람들한테?

⌐ 돈: 논능건 인제 사~예, 게 인제 그 과네다가 과네다가 인제 그 십쩐짜리 왜 그 구리도니짜누? 그거를 한 삼시번씽는 사라미 이떠라구. 그거 왜 그러냐 하믄 그 구리는 이 한 천둥을 해:두 베라글 구리에다 모:친다능구만. 그래서 그걸 방지하기 위해서 한 서너너더깨씽는 사라미 이꾸. 그래구는 게 머 사~예를 모:시구 [2초] 그리구 는능건 읍:찌유 머, 는능건 어꾸.

도는 왜 그러케 준빌 함니까?

ˉ 그게 워낙 이미 보면 이렇게 이미 사람 보면 살, 죽은 사람 이렇게 가슴을 만저 보면 약간 팔락팔락 하고, 이 손에 맥은 없으니까 여기 이렇게 만져 보면 이미 알아요. 그리고 이 한창 병을 앓을 제 드러 누울 제 허리 밑에다가 손을 넣어 보면 손만 안 들어가면 인제 이미 나이 많으니까 그게 벌써 인제 갈 때가 됐지요, 사망할 때가 돼 버려서. 그래서 인제 삼일 만은 삼일, 지금 벌써 삼일이면 화장터 가서 화장을 하잖으우? 그러니까 애매한 사람 죽을는지도 모르지만 원래 삼일 그저 염사들도 이 장의사들도 삼일 전에는, 임자들이 부득이 해 달라면 하지만 안 해 주려고 해요, 그 법에 걸린다고.

아, 그래요.

ˉ 그래 나도 그런 그게 좀 그런데 그 여기야 뭐 오랍들이니까 그저 이웃, 그전에 나이 많은 이들, 나이 많은 이가 가서 염도 해 보고 이랬었는데. 대개 여기 그전에도 오일장 하는데 지금 삼일장이잖으우?

아.

ˉ 오일장이면 오일장.

인제 염하는 것은 그래 염

ˉ 염사라 그러고.

염사라 그러고요. 그 다음에 인제 [2초] 뭐 돈을 주고, 돈을 뭐 어디 놓고 그렇게 하지 않습니까? 인제 나중에 저승길 가는 사람들한테?

ˉ 돈 놓는 건 인제 상여, 그게 인제 그 관에다가 관에다가 인제 그 십전 짜리 왜 그 구리돈 있잖으우? 그것을 한 삼십원씩 넣는 사람이 있더라고. 그거 왜 그러냐 하면 그 구리는 이 한 천둥을 해도 벼락을 구리에다 못 친다는구만. 그래서 그걸 방지하기 위해서 한 서너너덧 개씩 넣는 사람이 있고. 그러고는 그래 뭐 상여를 모시고 [2초] 그리고 넣는 것은 없지요 뭐, 넣는 것은 없고.

돈은 왜 그렇게 준비를 합니까?

- 예?

도는 왜 준비를 하조?

- 돈?

예.

- 아, 도:늘 느능거는 아깨 말따나 천둥치믄 베라글 치지 말라구 그 아네 구리가 이쓰니까, 구리는 그걸 방지한다 인제 그래서. 돈 넌능거는 행상들 여기 영:구차드리 와서 시러갈쩨 지베서는 아주 떠나자누? 인제가믄 언:제 오냐 염:사드리 어떵건 슬픈 소리 잘하자누? 그래믄 남자드른 조:매 그러치만 여자드리 그거 늘 잘롸유. 어떤때는 머 오마넌두 노쿠, 마:넌두 노쿠 머 잘론는 사람 그러쿠, 그러케 그래구. 돈: 논능거 거기 논능거 이꾸, 화:장터에 가믄 그 화장 드러 가는 차 거그다가 싱꾸, 거 드러갈라 할쩨 거기다가 인제 화장은, 불루 드러갈라구 할쩨 거그다 논는 사라미 이꾸. 그거 다 엉터리지 머.

아까 그 시신, 시시늘 이러케 오슬 이피고 시신, 또 무꺼 두자나요, 고렁걸 머라고 함니까?

- 그게 인제 소렴 그게 소, 그러치유, 소렴할쩨에 하마 그걸 무꺼유, 이걸. 무꺼노:믄 이게 고대로거든, 뻬가 구드니까.

소렴하고 나서

- 그다멘 머 오래 이써두 괜차나, 오래, 그다메 인제 소:렴하고 나서 봐가미 손바리나 무꺼노쿠 기양 하루빠믈 자지, 여그서 하루빰자구, 왜 그런 하루빠믈 자구, 이틀빠믈 자냐하믄, 멀:리 나간 아들딸레드리 마주가는 아버지 부모들 얼구리나 보라구 그래서 하루빰씩 인제 재우는 수가 이써유.

소렴, 하고 나서 그다메 시체, 시시늘 다 걷꼬, 소렴 대렴 하고 나서, 그다메 초혼 하자나요?

- 초혼?

- 예?

돈은 왜 준비를 하죠?

- 돈?

예.

- 아, 돈을 넣는 것은 아까 말처럼 천둥 치면 벼락을 치지 말라고 그 안에 구리가 있으니까, 구리는 그걸 방지한다 인제 그래서. 돈 넣는 것은 행상들 여기 영구차들이 와서 실어갈 제 집에서는 아주 떠나잖으우? 인제 가면 언제 오냐 염사들이 어떤 건 슬픈 소리 잘 하잖으우? 그러면 남자들은 조처럼 그렇지만 여자들이 그거 늘 잘 놔요. 어떤 때는 뭐 오만원도 놓고, 만원도 놓고, 뭐 잘 놓는 사람 그렇고, 그렇게 그러고. 돈 놓는 거 거기 놓는 거 있고, 화장터에 가면 그 화장 들어가는 차 거기에다 싣고, 거 들어가려 할 제 거기다가 인제 화장은, 불로 들어가려고 할 제 거기다 놓는 사람이 있고. 그거 다 엉터리지 뭐.

아까 그 시신, 시신을 이렇게 옷을 입히고 시신, 또 묶어 두잖아요, 그런 걸 뭐라고 합니까?

- 그게 인제 소렴 그게 소, 그렇지요, 소렴할 적에 이미 그걸 묶어요, 이걸. 묶어 놓으면 이게 그대로거든, 뼈가 굳으니까.

소렴하고 나서

- 그 디음엔 머 오께 있어도 괜창시, 오께, 그 디음에 인제 소렴히고 니서 봐 가며 손발이나 묶어 놓고 그냥 하룻밤을 자지, 여기서 하룻밤 자고, 왜 그런 하룻밤을 자고, 이틀 밤을 자냐 하면, 멀리 나간 아들딸네들이 마지막 가는 아버지 부모들 얼굴이나 보라고 그래서 하룻밤씩 인제 재우는 수가 있어요.

소렴, 하고 나서 그 다음에 시체, 시신을 다 걷고, 소렴 대렴 하고 나서, 그 다음에 초혼 하잖아요?

- 초혼?

예.

⎯ 초혼, 초 초혼 하기야 하지만 초혼 그 인제 불르는 사람두 이꾸 안불르는 사람두 이꾸, 그 머.

여기서는 안함니까? 자란하구요? 그다메 여기 인제 고보글 함니까?

⎯ 그러치, 그거 해유.

그거는 어떵검니까?

⎯ 그건 그거는 아깨 얘기말따나 주그믄 그 사:재 부른다능거, 사:자 그래 머 세:마디씩 예:를 드러 가˜원도 야˜양군 서면 서림니 아:무개 인제 그 또 고다메 무슨생 무승게 그거 그래고는 복 복 복 사자야 사자야 이 속쩍쌈 가주가거라 그래구 복 복 복.

소쩍?

⎯ 속:쩍쌈, 예, 가주가라 그래구, 인제 그래군 그 속쩍싸믈 지붕게다[30] 올레 떤지구.

예, 어디다 떤?

⎯ 지붕기에다가.

왜 거기에다 언는 검니까?

⎯ 허허 거기다가, 몰르게뜨라구, 그 내용은 모르는, 거기다 던저. 지붕 게다 게, 장:사지낼 때가 지붕게 적싸미 횐:하게 이찌.

아, 금 그거 언제 거씀니까?

⎯ 그 인제 장사 다 지낸 다:메, 거그다 태워야지.

아, 예.

⎯ 기래구 거 파:병 지내는 데 파:벼˜이라능기, 파:병, 파:벼˜이라능기 인제 그 아깨 내가 말따나 따리 아˜이믄 사우가 아˜이믄 인제 친척뜨리 인제 저게해자누? 그 제:사 지내능거 장:사 전, 장산날지야게 제:사 지내능거 거기 추근 간딴해유.

머가 간딴하다고요?

예.

⎺ 초혼, 초 초혼 하기야 하지만 초혼 그 인제 부르는 사람도 있고 안 부르는 사람도 있고, 그 뭐.

여기서는 안 합니까? 잘 안 하고요? 그 다음에 여기 인제 고복을 합니까?

⎺ 그렇지, 그거 해요.

그거는 어떤 겁니까?

⎺ 그건 그거는 아까 얘기처럼 죽으면 그 사자 부른다는거, 사자 그래 뭐 세 마디씩 예를 들어 강원도 양양군 서면 서림리 아무개 인제 그 또 그 다음에 무슨 생 무슨 게 그거 그러고는 복 복 복 사자야 사자야 이 속적삼 가지고 가거라 그러고 복 복 복.

속적?

⎺ 속적삼, 예, 가지고 가라 그러고, 인제 그러고는 그 속적삼을 지붕에다 올려 던지고.

예, 어디다 던?

⎺ 지붕에다가.

왜 거기에다 얹는 겁니까?

⎺ 허허 거기다가, 모르겠더라고, 그 내용은 모르는, 거기다 던져. 지붕에다 게, 장사 지낼 때가 지붕에 적삼이 훤하게 있지.

아, 그러면 그거 언제 걷습니까?

⎺ 그 인제 장사 다 지낸 다음에 거기다 태워야지.

아, 예.

⎺ 그리고 거 파병 지내는 데 파병이라는 것이, 파병, 파병이라는 것이 인제 그 아까 내가 말처럼 딸이 아니면 사위가 아니면 인제 친척들이 인제 저기 하잖으우? 그 제사 지내는 거 장사 전, 장삿날 저녁에 제사 지내는 거 거기 축은 간단해요.

뭐가 간단하다고요?

ᵀ 그 추이기.

취?

ᵀ 예, 충문. 충문 그거는 여는 사람드른, 여는 제:사 지널쩨는 이게 머유:세차 머 이래자누? 이건 충무니 간딴하거든, 영천지레 여~이불구 금봉구거 십춘초도 이래믄 그기믄 여덜, 그기믄 끄치나. 열려선마디믄

어르신 아까 방금 얘기한 추이기라능건 머예요?

ᵀ 예?

추이기.

ᵀ 축.

아.

ᵀ 그기 인제, 제산날찌야게 파:병 축, 파:병 제사에 인제 그 충, 추이기지.

아, 추기요.

ᵀ 예.

추기, 아 추이기요.

ᵀ 예, 축.

시시늘 무꼬 과네 넌능거는 머라고 함니까?

ᵀ 이꽌.

네 이꽈니라고 하고. 그리고 인제 사밀장을 치르고 나서 예.

ᵀ 그래구 인제 그 이튼나제 사~예가 떠날라구 할쩨 과늘 내:다가 모세 안자서 인제 또 이제 사~예로 갈쩨게 그랠쩨게 인제 주과포를 가따가 쓰게찌, 그 아페다 노쿠.

멀 아페 노코요?

ᵀ 주과포, 포, 술, 주, 그 세:가지 가따 노쿠, 추기 또 이써유. 그건 간딴하지머, 금 총구취어 감고어 이래믄 기래구 눌러 인제 배레, 상제가 하든지 아무 사라미 배레하믄 눌러 과늘 들구 사~예 가따가 싱꾸.

예.

⁻ 그 축이.

취?

⁻ 예, 축문. 축문 그거는 여느 사람들은, 여느 제사 지낼 적에는 이게 뭐 유세차 뭐 이러잖으우? 이건 축문이 간단하거든, 영천 길에 영이불구 금봉구거 십춘초도도 이러면 그거면 여덟, 그거면 끝이나. 열여섯 마디면

어르신 아까 방금 얘기한 축이라는 건 뭐에요?

⁻ 예?

축이.

⁻ 축.

아.

⁻ 그게 인제, 제삿날 저녁에 파병 축, 파병 제사에 인제 그 축, 축이지.

아, 축이요.

⁻ 예.

축이, 아, 축이요.

⁻ 예, 축.

시신을 묶고 관에 넣는 것은 뭐라고 합니까?

⁻ 입관.

네, 입관이라고 하고. 그리고 인제 삼일장을 치르고 나서

⁻ 그리고 인제 그 이튿날 낮에 상여가 떠나려고 학 제 과옥 내어다가 모셔 앉아서 인제 또 이제 상여로 갈 적에 그럴 적에 인제 주과포를 갖다가 쓰겠지, 그 앞에다 놓고.

뭘 앞에 놓고요?

⁻ 주과포(酒果脯), 포, 술, 주, 그 세 가지 갖다 놓고, 축이 또 있어요. 그건 간단하지 뭐, 금 총구취어 감고어 이러면 그러고 바로 인제 배례, 상제가 하든지 아무 사람이 배례하면 바로 관을 들고 상여 갖다가 싣고.

예.

- 그리구 사~예다 싱:꾸 행사~이 떠나러 갈쩨 여~이 귀가 왕충유택 제
징견네 영결종천 이래믄 상군드리 사~엘 미구 떠나는

음. 그다메 인제 대, 대염 끈나며는 상주드리 상보글 인제 이버이 되자나요?

- 그러치유.

그걸 머라고 함니까?

- 상보김, 상보김는다 그래지유 머. 상보기부믄 남자는 동쪽 여자는 서
쪽, 거그서 인제 정화술 이러::케 반 위에다가 정화술 한 바가지 드러다
노쿠 서루 배:례하구 남자는 남복 여자는 여보글, 여보글 입꾸. 서루 배:
례하구, 그러케 제:보글 이버유, 기양 임능게

그다메 이제 바리는 하조, 바린, 바린.

- 바린? 바린 추이기 아깨 내가 얘기한 그기자너, 여~이귀가 왕충유택
제징견네 영결종천행게 바리니 바루 그게 바린추기지.

아.

- 그게 거그서 인제 바린충만 일그믄 사~예는 떠나지유.

아, 바린 충만 일그면 사~예는

- 예 사~예는 떠나니.

음. 금 옌나레는 거기 음 과늘 무끼위해서 땅을 파자나요? 그 어떠케 그걸
할려며는 아무땅이나 팔 순 업짜나요, 그거 쫌 잘?

- 그럼 지끔두 여기는 인제 버이비[31] 지끄믄 해:서 그러치, 인제 구이규,
구규배껜 업:꾸, 인제.

머바께요?

- 구, 궁님. 인제 사~예 시시니 가자믄 내 산소가 업쓰니까 궁니메 가따
사늘 써야 되거덩.

아, 궁니메요.

- 응.

⁻ 그리고 상여에다 싣고 행상이 떠나러 갈 적에 영이 귀가 왕충유택 제 진견례 영결종천 이러면 상여꾼들이 상여를 메고 떠나는

음. 그 다음에 인제 대, 대렴 끝나면 상주들이 상복을 인제 입어야 되잖아요?

⁻ 그렇지요.

그걸 뭐라고 합니까?

⁻ 상복 입, 상복 입는다 그러지요 뭐. 상복 입으면 남자는 동쪽 여자는 서쪽, 거기서 인제 정화수를 이렇게 반상 위에다가 정화수를 한 바가지 들어다 놓고 서로 배례하고 남자는 남복 여자는 여복을, 여복을 입고. 서로 배례하고, 그렇게 제복을 입어요, 그냥 입는 것이

그 다음에 이제 발인은 하죠, 발인, 발인.

⁻ 발인? 발인 축이 아까 내가 얘기한 그거잖아, 영이귀가 왕충유택 제 진견견례 영결종천 한 것이 발인이 바로 그게 발인 축이지.

아.

⁻ 그게 거기서 인제 발인 축만 읽으면 상여는 떠나지요.

아, 발인 축만 읽으면 상여는

⁻ 예, 상여는 떠나니.

음. 그럼 옛날에는 거기 음 관을 묶기 위해서 땅을 파잖아요? 그 어떻게 그걸 하려면 아무 땅이나 팔 수는 없잖아요, 그거 좀 잘?

⁻ 그럼 지금도 여기는 인제 법이 지금은 해서 그렇지, 인제 국유, 국유 밖엔 없고, 인제.

뭐밖에요?

⁻ 구, 국립. 인제 상여 시신이 가자면 내 산소가 없으니까 국립에 갖다 산을 써야 되거든.

아, 국립에요.

⁻ 응.

1) 이 지역에서는 숫자나 나이를 셀 때 '고유어+고유어'의 조합이나 '한자어+한자어'의 조합을 사용하기도 하지만 십 단위 이상에서 '한자어+고유어' 조합을 사용하기도 한다. 그래서 83세인 경우에는 '여든셋'을 쓰지 않고 '팔십셋'을 쓴다.

2) '무살'은 '단단하지 못하고 물렁물렁하게 찐 살'을 뜻한다.

3) '제:도'는 어간 '짓-'과 어미 '-어도'가 결합하여 y 활음화에 이은 '여→에' 축약으로 형성된 활용형이다.

4) '포라기'는 '포락-이'로 분석된다. '포락'은 비가 많이 와서 물이 크게 불어서 심하게 일어난 물난리를 뜻한다.

5) 통나무의 표면에서 잘라 낸 널조각.

6) '밀꾸루마'는 '미는 구루마(수레)'를 뜻하며, 우리말과 일본어의 합성으로 이루어졌다.

7) '옥씨기'는 '옥수수'의 방언형이다. 이 제보자의 경우는 '옥수수'와 '옥시기'를 모두 사용한다.

8) '딴?'은 '땄나?' 정도의 뜻을 갖는데, 상대높임법 상에서 하게체 정도에 해당하는 등급을 갖는다. '딴'은 어간 '따-'와 과거 시제 선어말 어미 '-았-', 그리고 하게체 등급의 어미 '-나'가 결합하여 형성된 것인데, 할아버지와 할머니의 대화 상황에서 실현된 말이다.

9) '공깽깽이'는 '다 없어져 버리고 아무것도 남아 있지 않은 상태'를 뜻하는 방언형이다.

10) '오새기'는 강원도 양양군의 '오색'을 가리킨다.

11) 강원도 홍천군 두촌면에 있는 산의 하나.

12) '항고'는 '반합'의 일본어식 표현이다.

13) '단도리'는 '채비'의 일본어식 표현이다.

14) 중매쟁이가 결혼 적령기에 있는 여자 집에 가서 결혼 적령기에 있는 딸을 보러 왔음을 알리기 위해 기직의 귀를 뜯는 행위를 한다.

15) '주인 이른다'는 것은 결혼할 여자 집의 부모에게 중매쟁이가 그 집의 딸을 보러 왔음을 말한다는 뜻이다.

16) '내라치기'는 '낼+아칙+이'로 분석되며, '낼'은 '내일'의 방언형이며, '아칙'은 '아침'의 방언형이다.

17) 이 지역에서는 단형 부정문을 만들 때 부정부사 '안'도 쓰이지만 '아니' 또는 비모음화를 겪은 '아~이'도 흔히 사용된다. 따라서 '아~이하게찌만'에서도 마찬가지로 부정부사 '아~이'가 쓰이고 여기에 '하겠지만'이 결합한 것이다.

18) '발바~애'는 '디딜방아'의 방언형. '발방아'가 쓰이기도 한다.

19) '관보이기여'에서 '관보이기'는 '관복+이'로 분석되는데, 이는 움라우트의 중간 단계 형태라고 볼 수 있다. 즉 '관복이'는 중간 단계인 '관보이기'를 거쳐 최종적으로는 '관뵈기'로 실현될 것으로 보인다.

20) '다섣누미가'는 '다섯-눔-이가'로 분석되는데, '-이가'에서 주격 조사가 연속해서 결합한 경우를 볼 수 있다. 그러나 주격 조사의 중출이 이 지역에서 흔하게 일어나지는 않는다.

21) '살피'는 '설피'의 방언형이다. '설피'는 산간 지대에서, 눈에 빠지지 않도록 신 바닥에 대는 넓적한 덧신인데, 주로 칡, 노, 새끼 등으로 얽어서 만든다.

22) '살궈받저기'에서 '살궈'는 '살구+어'로 분석되는데, '살구-'는 '살리-'의 방언형이다.

23) '지레'에 해당하는 표준어형을 찾기 힘들다. '지레'는 '다른 힘이 들지 않고 자연적으로' 정도의 뜻을 갖는다.

24) '쫄:러'는 '쫄려'의 단순한 오기로 보이며, '쫄리-'는 '졸리-'의 방언형이다.

25) '통버드기'에서 '버드기'의 표준어형은 '보드기'인데, 크게 자라지 못하고 마디가 많은 어린 나무의 가지를 가리킨다.

26) '보드기'는 크게 자라지 못하고 마디가 많은 어린 나무의 가지를 뜻한다.

27) '아이길'은 '아이기-를'로 분석되는데, '아이기'는 '아기'의 움라우트 중간 단계에 실현되는 어형이다. 즉 '아기〉아이기〉애기'의 변화 과정을 거치게 되는 것이나.

28) '소이미'는 '소임-이'로 분석되는데, '솜'과 주격 조사 '-이'가 결합하여 움라우트의 중간 단계인 '소이미'가 실현된 것이다.

29) '오부데~이'에 해당하는 표준어형을 찾기 힘들다. '오부데~이'는 '전부, 모두' 정도의 뜻을 담고 있다.

30) '지붕게다'는 '지붕-에다'로 분석되는데, '지붕'의 체언 어간말 'ㄱ'은 선행 시기 '집+우ㅎ'의 ㅎ 종성에 대응한다.

31) '버이비'는 '버입-이'로 분석되며, '법+이'에서 움라우트의 중간 단계로 '버이비'가 형성된 것이다.

생업 활동

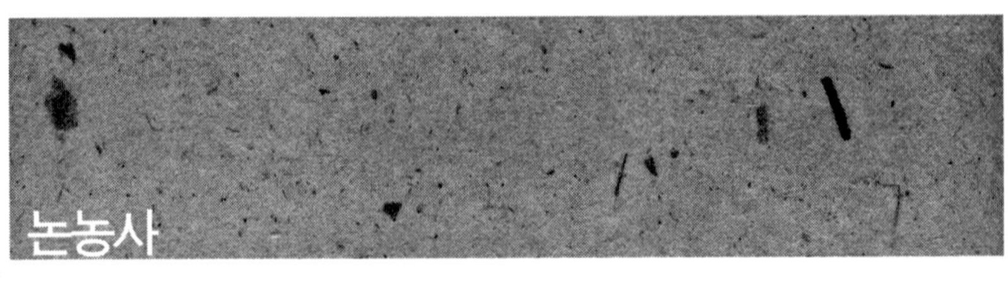

어르신 그 예저네 농사도 지으시고 마니 농사 지으셔짜나요?

⁻ 예.

노네서도 논농사도 지꼬

⁻ 예. 반농사도 지코

농사 진는 얘기를 쫌 제가 하고시퍼가지고

⁻ 예.

먼저 농사를 지을 때는 볃 농사를 지을 때, 베, 베이짜나요 베를 품종이 이짜나요?

⁻ 예.

품종이 어떤게 이씀니까?

⁻ 품종. 그게 내가 알기루 인제 육 유구도, 녹두.

유

⁻ 유구도.

유구도.

⁻ 유구도라는거는 그게 이제 왜정때, 일본정치때, 유구도 일본정치때 하구. 지끔 저 머 오:대니 뭐이래지만. 고담에는 녹뚜베.

예.

⁻ 우리가 알기느 나 그 시:가지배께 안돼.

예.

⁻ 그리구 인제 저 그거. 그 베 잘 떠러지는거 월남써 가져온거 그게 무

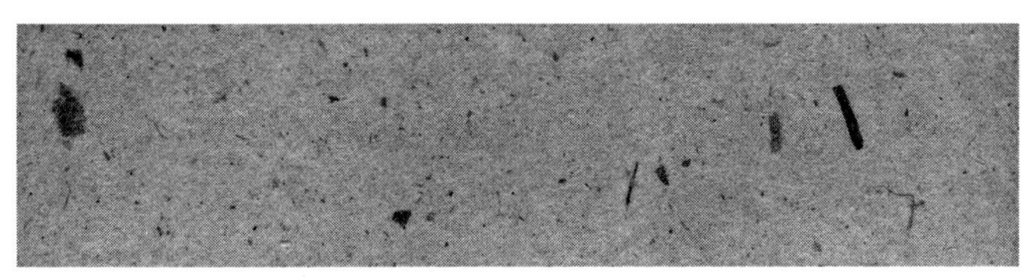

어르신 그 예전에 농사도 지으시고 많이 농사 지으셨잖아요?

― 예.

논에서 논농사도 짓고

― 예. 밭농사도 짓고

농사 짓는 얘기를 좀 제가 하고 싶어 가지고

― 예.

먼저 농사를 지을 때는 벼농사를 지을 때, 벼, 벼 있잖아요, 벼를 품종이 있

잖아요?

― 예.

품종이 어떤 게 있습니까?

― 품종. 그게 내가 알기로 이젠 이젠 육 유구도, 녹두.

유

― 유구도,

유구도.

― 유구도라는 것은 그게 이제 왜정 때, 일본 정치 때, 유구도 일본 정치

때하고. 지금 저 뭐 오대니 뭐 이러지만. 그 다음에는 녹두벼.

예.

― 우리가 알기는 나는 그 세 가지밖에 안 돼.

예.

― 그리고 인제 저 그거. 그 벼 잘 떨어지는 거 월남서 가져온 거 그게

슨 베여. 그기 까:래재조망거 거 그 이르미. 까자머건네.

월남써 가지고 온 베요?

˘ 알랑미 쌀 알랑미 그거.

알랑미도 이꾸 그 다으메 글믄 베농사를 진는 그 과정이 처으메는 어떠케 됨니까?

˘ 츠:메 인제

처메 먼저 노늘.

˘ 노늘 갈:구

예, 노늘 갈때 옌날 예저네는 어떠케 가랐씀니까?

˘ 옌:나렌 이제 후치루

보메, 보메

˘ 이른 보메 갈:지.

갈고, 가을에는 안감니까?

˘ 갈:구.

언제 감니까?

˘ 모싱기때 또 갈:구 그다메 또 한번 갈:구.

며뻔 감니까?

˘ 모싱기 저네 한 번 갈:구 지끔은 머 겨~웅기로 그저 한 번 마 갈:구 말지만 모싱기 때 저네 그 논뚜럭 하이기 위해서 갈:구. 그다메 인제 그게 좀 옌나렌 기게가 아~이니까 소루 하니까 또 이제 또 한 번 가라야 그걸 이제 가른 거 그게 저 흑떼미가 인능 걸 그걸 좀 부시는 세미지.

예 예 예.

˘ 그래 두 번 갈:지. 그리구. 세 번째는 이제 논 살머가지구 이제 모 심구구.

그럼 이제 그로케 노늘 갈고 나서는 그 다멘 갈 때는 어떵걸로 주로 감니까?

˘ 소 후치루

무슨 벼요. 그게 자름한 거 거 그 이름이. 잊어먹었네.

　월남서 가지고 온 벼요?

ㅡ 안남미(安南米) 쌀 안남미 그거.

안남미도 있고 그 다음에 그러면 벼농사를 짓는 과정이 처음에는 어떻게 됩니까?

ㅡ 처음에 이제

처음에 먼저 논을.

ㅡ 논을 갈고

예, 논을 갈 때 옛날 예전에는 어떻게 갈았습니까?

ㅡ 옛날엔 이제 극젱이

봄에, 봄에

ㅡ 이른 봄에 갈지.

갈고, 가을에는 안 갑니까?

ㅡ 갈고.

언제 갑니까?

ㅡ 모심기 때 또 갈고 그 다음에 또 한 번 갈고.

몇 번 갑니까?

ㅡ 그러니까 모심기 전에 한 번 갈고 지금은 뭐 경운기로 그저 한 번만 갈고 말지만 모심 때 전에 그 논두렁 하기 위해서 갈고 그 다음에 이제 그게 좀 옛날엔 기계가 아니니까 소로 하니까 또 이제 또 한 번 갈아야 그걸 이제 간 거 그게 저 흙더미가 있는 걸 그걸 좀 부수는 셈이지.

예 예 예.

ㅡ 그래 두 번 갈지. 그리고. 세 번째는 이제 논 삶아 가지고 이제 모 심고.

그럼 이제 그렇게 논을 갈고 나서는 그 다음엔 갈 때는 어떤 걸로 주로 갑니까?

ㅡ 소 극젱이로.

아. 소 후치

‐ 가대기, 가대기루.

가대기로요?

‐ 소루 끌:구 소가 끌:구 사:래미 뒤에서 인제

가대기는 뭡니까?

‐ 가대기는 인제 그 저 지끔은 저 옌:날엔 가대기구 중고예 보구레가 저 일본놈들 보구레가 나와서 보구레로 가라찌만 옌날엔 후치, 후치라고 세가달배~이.

예예예.

‐ 이러케 됏거 여그다가 넙쭉:항거 인제 버서플 거그다 달구 버서피 인제 그거뚜 한차그루 이러게 찌구러져야애. 그럼인제 그걸 나가믄 이러케 제키구 저짜가서 옴 또 절루 제치구. 그걸 그러케 또, 게 모쿠모쿠 이래기 위해서 인제 두럭을 지:키 위해서 그러케 인제 갈구. 가대기가 그게 후치루 옌날엔 후치로 마~이 해찌.

그러케 인제 갈고 나서 보통 며뻔 한 몇번정도 일케 왕복 보통 이러케 감니까?

‐ 머, 메뻔이라능거 버덩두 인제 논, 논이 이러케 이쓰믄 처메 인제 논두럭

예?

‐ 논두럭. 논두러글 인제 이짝 이걸 하이기 위해서 이 흑떼미가 일루 자빠지게.

뭐가요?

‐ 흑떼미가. 후치가 나가민서 흐글 인제 일루 제끼거등뇨. 그래 가따 글루 또 와요 또 오믄 이 흐기 인제 후치가 이짜그로 기니까 일루 인제 또 업찌유.

후치킨다라능게 뭐에요?

아. 소 극젱이

˘ 가대기, 가대기로.

가대기로요?

˘ 소로 끌고 소가 끌고 사람이 뒤에서 이제

가대기는 뭡니까?

˘ 가대기는 이제 그 저 지금은 저 옛날엔 가대기고 중고에 쟁기가 저 일본놈들 쟁기가 나와서 쟁기로 갈았지만 옛날엔 극젱이, 극젱이라고 세 가닥.

예예예.

˘ 이렇게 된 거 여기다가 넓죽한 거 인제 보습을 거기에다 달고 보습이 이제 그것도 한쪽으로 이렇게 기울어져야 해. 그럼 이제 그걸 나가면 이렇게 젖히고 저쪽에서 오면 또 저리로 젖히고. 그걸 그렇게 또, 그래 모으고 모으고 이러기 위해서 인제 두둑을 짓기 위해서 그렇게 인제 갈고. 가대기가 그게 극젱이로 옛날엔 극젱이로 많이 했지.

그렇게 이제 갈고 나서 보통 몇 번 한 몇 번 정도 이렇게 왕복 보통 이렇게 갑니까?

˘ 뭐, 몇 번이라는 거보다도 이제 논, 논이 이렇게 있으면 처음에 이제 논두렁

예?

˘ 논두렁. 논두렁을 인제 이쪽 이걸 하기 위해서 이 흙더미가 이리로 자빠지게.

뭐가요?

˘ 흙더미가. 극젱이가 나가면서 흙을 이제 이리로 젖히거든요. 그래 갔다 그리로 또 와요 또 오면 이 흙이 이 극젱이가 이쪽으로 그러니까 이리로 인제 또 엎지요.

극젱이 킨다라는 게 뭐예요?

─ 후치.

아, 예 후치로?

─ 후치루 인제 노늘 갸:는데 후치루 인제 갈다보면 인제 이기 두러기자
누?

예예.

─ 두러글 하자믄 츠:메 이 논두럭 미틀 깨까시 훌터유. 깨깓 일루 소가
이 두렁미테 드러서 소가 나가믄 이제 그 흑떼:미가 일루 자빠지그등. 인
자 아~이 가란데루. 개: 그다메는 또 인자 도러서오믄 이게 반대빠~야~으
루 홀 이짜로 윙기지.

예예.

─ 윙게가꾼 그다메 또 인제 또 이짜게서 나가믄서 해꼬를 또 떠요 해꼬
를 뜨믄

해꼬리 뭡니까?

─ 기양 인제 그 해꼬리랑게 저저 해뚜러기라능거

아, 해뚜럭.

─ 그걸 인제 거 생다지[1] 노니지 머. 노늘 갈:구 이러케 인제 두럭바블
제케 놔쓰~이 이건 인제 놔:두구 일루 이러::케 나가따가 또일루 드러오믄
이걸 이짜그루 이렇게 또 제키지유. 제켜가지구는 나오던 데로 또나가유.

나오던?

─ 그 골수루[2]. 골수루 인제 일단 나가믄 후치를 그다멘 이짜그루 안대
구 오른쪼게다 대. 그럼 이짜게 인제 한 두어드럭 낭께 요로케 해노쿤 이
거 반:끄너서 업꾸. 또 이짜그루 해서 또 반:끄너서 또 업꾸. 또 일루나와
서 마대페:구 또 일루나와서 인제 마대피믄 인제 네번댕기믄 한두러기
되:지.

예예.

─ 그러케 해가지구 인제 그다메는 또 그걸 거실러[3], 거시른다 그자너.

˗ 극젱이.

아, 예, 극젱이로?

˗ 극젱이로 이제 논을 가는데 극젱이로 이제 갈다 보면 이제 이게 두렁이잖소?

예예.

˗ 두렁을 하자면 처음에 이 논두렁 밑을 깨끗이 훑어요. 깨끗 이리로 소가 이 두렁 밑을 들어서서 소가 나가면 이제 그 흙더미가 이리로 자빠지거든. 이제 아니 간 데로 그게 그 다음에는 또 이제 돌아서 오면 이게 반대 방향으로 흙을 이쪽으로 옮기지.

예예.

˗ 옮겨 가지고는, 그 다음에 또 인제 또 이쪽에서 나가면서 햇골을 또 떠요, 햇골을 뜨면

햇골이 뭡니까?

˗ 그냥 이제 그 햇골이라는게 저 햇두럭이라는 거

아, 햇두렁.

˗ 그걸 이제 거 생짜 논이지 뭐. 논을 갈고 이렇게 이제 두렁밥을 젖혀 놓았으니 이건 이제 놓아 두고 이리로 이렇게 나갔다가 또 이리로 들어오면 이걸 이쪽으로 이렇게 또 젖히지요. 젖혀 가지고는 나오던 데로 또 나가요.

나오던?

˗ 그 고랑으로. 그 고랑으로 이제 일단 나가면 극젱이를 그 다음엔 이쪽으로 안 대고 오른쪽에다 대. 그럼 이쪽에 이제 한 두어 두렁 남게 이렇게 해 놓고는 이거 반 끊어서 엎고. 또 이쪽으로 해서 또 반 끊어서 또 엎고. 또 이리로 나와서 마대 펴고 또 이리로 나와서 이제 마대 펴면 이제 네 번 당기면 한 두렁이 되지.

예 예.

˗ 그렇게 해 가지고 이제 그 다음에는 또 그걸 거슬러, 거스른다고 그러

그걸 인제 그거를 이짜그루 제키구 이짜그루 제키구 이래 그러믄 가물때
는 요만침바께 안나므니깐 요거는 쉬:꾸. 그래가지구 그걸 인제 모시믈
쩬 스:레 그래 가지고 이제 그걸 모 심을 땐 써레

예.

⌐ 스:레루 쇠를 두: 바릴 매워유.

스레로?

⌐ 에. 스:레루 인제 쇠가 스:레가 한 바리두 이만: 항거이니까 쇠를 두바
리를 매워가지구 그거를 인제 사라미 눌르믄 이 갈쿠리 가틍거 이 스:레
라 그러는데. 일루 나가는 게 흑떼미를 깨지.

예예.

⌐ 깨믄 그다메 인제 뒤에 또 널빤대기루 번지라는게 이써.

예예.

⌐ 번지라구 인제 추이미 이만:한게 이만침 둘러가주구 양:짜게다 구~영
을 내:구 내까라

기리는 얼마정도 됩니까?

⌐ 네?

길이는 얼마정도?

⌐ 기리가 한 이:메다 되지.

예예.

⌐ 그 번지 지레기가.

예.

⌐ 기래 뭐 어떤건 뭐 논바가민서 노니 도갈배미란건 인제 잰배미라기
래서 도가리라 그러거등요.

뭘료?

⌐ 도갈배미.

도갈배미가 뭡니까?

잖아. 그걸 이제 그것을 이쪽으로 젖히고 이쪽으로 젖히고 이래 그러면 가물 때는 요만큼밖에 안 남으니까 요거는 쉽고. 그래서 그걸 인제 모 심을 땐 써레

예.

⎺ 써레로 소를 두 마리를 매요.

써레로?

⎺ 에. 써레로 이제 소가 써레가 한 마리도 이만한 거니까 소를 두 마리 매어서 그것을 이제 사람이 누르면 이 갈퀴 같은 것을 써레라 그러는데. 이리로 나가는 게 흙더미를 깨지.

예 예.

⎺ 깨면 그 다음에 이제 뒤에 또 널빤지로 번지라는 게 있어.

예예.

⎺ 번지라고 이제 춤이 이만한 게 이만큼 둘러 가지고 양쪽에다 구멍을 내어 매고 내깔아

길이는 얼마 정도 됩니까?

⎺ 네?

길이는 얼마 정도?

⎺ 길이가 한 2M 되지.

예예

⎺ 그 번지 길이가.

예.

⎺ 그래 뭐 어떤 건 뭐 논 봐 가면서 논이 도갈배미라는 건 이제 잔배미라고 해서 도가리라 그러거든요.

뭐요?

⎺ 도갈배미.

도갈배미가 뭡니까?

˘ 그건 배미가 잰거.

아, 배미가 잰거.

˘ 고런거 할쩌게는 번지가 이러케 쪼끔 짤라야 되지. 한 일메다 돼야되거등. 그리구 인제 큰거 할쩬 기래믄 인제 그거를 눌르지장쿠 이러케 이 장판빵만한 공그기 위해서는 아주 머 일쩌~아게 대:패로 미른거를 그러지만 슬그마::니 눌러서 이러케 나가믄 흑떼~이두 페지구 논두 고러지구. 그래 그다메 인제 모를 찌는 사람 모를 찌구. 옌날엔 소느루 모를 쩌쓰니까 그래가지구는 다 공고난다멘

다 공고?

˘ 공:고 난 다메.

예예.

˘ 그다멘 또 인제 이런 구세기도˝ 또 나믄데가 좀 이짜:누?

예예.

˘ 그러믄 또 밀:개라는게 이써유.

예예.

˘ 밀개라는게 지레기가 요마나게 해가지구는 쇠머리에 여그다 구영 두 개 뚤르구 낭그 한 바리 한 발가온 되능거 가지구 그런 낭글 가들배~이 징걸 꿰 가지구 내:미러가지구 인제 그걸 인제 공그지유. 그다메 인제 몰:쩐걸 모쫑하는 사라미 또 이써유.

모?

˘ 모쫑.

예.

˘ 모쫑하는사람이 인제 거 준모.

예예

˘ 그걸 갖다 여다 노네다 던지믄 그다메 인제 모심구지유 머. 사람드리 한 삼심명 이심명씨 옌나렌

￉ 그건 배미가 잔 거.

아, 배미가 잔 거.

￉ 그런 거 할 적에는 번지가 이렇게 조금 짧아야 되지. 한 일 미터 돼야 되거든. 그리고 인제 큰 거 할 땐 그러면 이제 그거를 누르지 않으면 이렇게 이 장판방만한 거 고르기 위해서는 아주 뭐 일정하게 대패로 민 것과 같지 않지만 슬그머니 눌러서 이렇게 나가면 흙덩이도 펴지고 논도 골라지고. 그래 그 다음에 이제 모를 찌는 사람 모를 찌고. 옛날엔 손으로 모를 쪘으니까 그래 가지고는 다 고르고 난 다음에는

다 고르고?

￉ 고르고 난 다음에.

예예.

￉ 그 다음엔 또 이제 이런 구석도 또 남은데가 좀 있잖으우?

예예.

￉ 그러면 또 고무래라는 게 있어요.

예예.

￉ 고무래라는 게 길이가 요만하게 해 가지고는 쇠 머리에 여기에다 구멍 두 개 뚫고 나무 한 발 한 발 가웃 되는 거 가지고 그런 나무의 가닥을 긴 것을 꿰어 가지고 내밀어 가지고 이제 그걸 이제 고르지요. 그 다음에 이제 모를 찐 건 모종하는 사람이 또 있어요.

모?

￉ 모종.

예.

￉ 모종하는 사람이 인제 그 준모.

예예.

￉ 그걸 갖다 여기에다 논에다 던지면 그 다음에 인제 모 심지요. 사람들이 한 삼십 명 이십 명씩 옛날엔

아, 그래요? 삼십명씩?

￣ 그럼 요만:한 노는 삼십명, 우리두 한 스물따서여서슨 늘 사람을 그러케가지구 숭권는데 그래가지구 그걸 숭권다멘 갈:게 인제 그맘땐 뭐 그게 인나 지:믈 소느로 매지.

그런데 그걸 하기 전에 바틀 갈고 나서 그다메 그 바틀 그렇게 갈고 나서 이제 그다메 뭘 흑데미를 깨고 이러고 그다멘 뭘해야 되는거에요? 모자리를 만드러야 되는거에요?

￣ 바틀?

논가트면 모자리?

￣ 모자리를 하지.

어디함니까?

￣ 노네. 모자리를 인제 그 모자리라는건 뭐 전 배미를 다 안갈구.

어디를요?

￣ 전배미를.

예.

￣ 다 아~이 갈구 고 모자리 틈만. 베씨를 한 댄:말 분다믄 한 댄:말 드러가게. 바:늘 일부를, 논빼미 일부를 인제 그 가라가지군 고거뚜 두러글 매저가지구는 인제 거그다 인제 그걸 또 공그주. 공궈가지구는 두러글 매즈믄서 베씨를 인제 뿌린다메

베씨를? 뿌린?

￣ 뿌린다 뿌린다으메 그다메 거다 인제 걸그믈 약간 줘 가민 그게 큰다메 그걸 쩌서 모를 쩌서 다:늘 무꺼서

다늘 무꺼서.

￣ 그다메 숭근다.

다늘 무꺼서 어떠케 함니까?

￣ 노네다 던지지. 그걸 살마 아깨 말따나 논손질핸, 그 노네다가 번지두

아, 그래요? 삼십 명씩?

⎺ 그럼 요만한 논은 삼십 명, 우리도 한 스물다섯 여섯은 늘 사람을 그렇게 가지고 심었는데 그래 가지고 그걸 심은 다음엔 가을에 인제 그맘 땐 뭐 그게 있나 김을 손으로 매지.

그런데 그걸 하기 전에 밭을 갈고 나서 그 다음에 그 밭을 그렇게 갈고 나서 이제 그 다음에 뭘 흙더미를 깨고 이러고 그 다음엔 뭘 해야 되는 거예요? 못 자리를 만들어야 되는 거예요?

⎺ 밭을?

논 같으면 못자리?

⎺ 못자리를 하지.

어디 합니까?

⎺ 논에. 못자리를 이제 그 못자리라는건 뭐 전 배미를 다 안 갈고.

어디를요?

⎺ 전 배미를.

예.

⎺ 다 아니 갈고 그 못자리 틈만. 볍씨를 한 댓 말 붓는다면 한 댓 말 들어가게. 반을 일부를, 논 배미 일부를 이제 그 갈아 가지고는 그것도 두렁을 맺어 가지고는 인제 거기다 인제 그걸 또 고르지요. 골라서는 두렁을 맺으면서 볍씨를 인게 뿌린 다음에

볍씨를? 뿌린?

⎺ 뿌린다 뿌린 다음에 그 다음에 거기다 이제 거름을 약간 줘 가며 그게 큰 다음에 그걸 쩌서 모를 쩌서 단을 묶어서

단을 묶어서.

⎺ 그 다음에 심는다.

단을 묶어서 어떻게 합니까?

⎺ 논에다 던지지. 그걸 삶아 아까 말처럼 논 손질한, 그 논에다가 번지도

치구 밀:개두 하구 인제 이사^이 업쓸쩬 거그다 던지구 인제 그다메 숭그지유.

　숭굴때는 이제 어떠케 숭굼니까? 숭굴때는?

　⌐ 그양 인제 일렬루 이러:케 이제 업뜨레서

　업뜨려서? 예저네는 뭘 천씀니까?

　⌐ 줄. 줄모.

　어떤걸? 그걸 뭐라고 하나요?

　⌐ 모쭐. 모쭈린데 일본눔드리 나와서 그 몰, 주를 처지 그저네야 전부 뭐 막쑹거찌뭐.

　아, 그럼 예저네는 모쭈리 업꼬?

　⌐ 모쭈리 업꼬.

　그냥?

　⌐ 기냥 숭거찌유. 기양 이러:케 인제 한꺼번에 인제 저그서부터 여러이 주를 일렬루 서서.

　예.

　⌐ 그 잘숭그는 사람은 좀 멀리가는사람 먼저 나가는 사람두 이꾸 쫌 뚜더뚬 숭군는 사람은 느께 나오는 사람두 이꾸.

　그러믄 삐뚤삐뚤삐뚤 하겐는데요?

　⌐ 그러친 아나요.

　삐뚤삐둘 할꺼 가튼데

　⌐ 그럼 쫌 삐뚤삐뚤 하지. 빨리 나가는 사람 더뎌나오는 사람 그 더뎌 나가는 사라믄 또 인제 거 모를 일구여덜포기씨 숭그거등 여기여기여기 여기 이러케 오믄 이러케 이만침 드자너.

　며포기 심는다고요?

　⌐ 일고포기 여덜포기 숭그지. 그래야지된데 이걸 미처 이사라미 미처 몬나오믄 이여페 사라미 빨리 가믄 이 여페사람이 이만침 디레 숭거줘.

치고 고무래도 하고 인제 이상이 없을 땐 거기다 던지고 인제 그 다음에 심지요.

심을 때는 이제 어떻게 심습니까? 심을 때는?

⁻ 그냥 이제 일렬로 이렇게 이제 엎드려서

엎드려서? 예전에는 뭘 쳤습니까?

⁻ 줄. 줄모.

어떤 걸? 그걸 뭐라고 하나요?

⁻ 못줄. 못줄인데 일본 놈들이 나와서 그 못줄을 쳤지 그전에야 전부 뭐 막 심었지 뭐.

아, 그럼 예전에는 못줄이 없고?

⁻ 못줄이 없고.

그냥?

⁻ 그냥 심었지요. 그냥 이렇게 이제 한꺼번에 이제 저기서부터 여럿이 줄을 일렬로 서서.

예.

⁻ 그러니까 잘 심는 사람은 좀 멀리 가는 사람 먼저 나가는 사람도 있고 좀 드문드문 심는 사람은 늦게 나오는 사람도 있고.

그러면 삐뚤 삐뚤 삐뚤 하겠는데요?

⁻ 그렇진 않아요.

삐뚤삐뚤 할 거 같은데

⁻ 그럼 좀 삐뚤삐뚤하지. 빨리 나가는 사람 더뎌 나오는 사람 그 더뎌 나가는 사람은 또 이제 그 모를 일곱, 여덟 포기씩 심거든 여기여기여기 여기 이렇게 오면 이렇게 이만큼 들잖아.

몇 포기 심는다고요?

⁻ 일곱 포기, 여덟 포기 심지. 그래야지 된데 이걸 미처 이 사람이 미처 못 나오면 이 옆에 사람이 빨리 가면 이 옆에 사람이 이만큼 들여 심어

숭거주믄 요고 인제 우포이기가 한너덜 포기 ** 재주 숭그믄 인제 빨리
나가서 어지간:하믄. 그르나 늘 일쩡하진 안초.

　근데 보통은 한사라미 며포길 심는다고요?

　˜ 일구포기. 그저 다서포기에서 일구포기 숭구지 [7초].

　그다으메 그 모판 아 그러구 나서는 이제 어떠 어떠케 함니까?

　˜ 그리구 모를 숭군 다으메는. 한 보름 이따간.

　보통 논 가는거는 언제쩍 함니까?

　˜ 보메.

　보메 하구요.

　˜ 보메 그저머. 보메가 갈:지.

　보메 갈구.

　˜ 보메 일찍 갈구 인제 인제가 일찍 가는 사람두 이꾸 모자리 해기 위
해서는 일찍 가라야돼유.

　예, 일찍 가라야 돼죠.

　˜ 예.

　그다메 그러케 해서 인제. 인제 베를 심, 다

　˜ 다 싱구고.

　싱구고나면 인제 그다메 괄리를 해야 돼자나요?

　˜ 어, 괄리를 해야지.

　어떠케 해야 됨미까?

　˜ 거 물괄리를 인제 봐가민 논 어떤때는 인제 모사릴.

　예.

　˜ 모사리가[5] 인제 모가 노네 싱궈쓰니까 이에 거기서 뿌레기를 바가야
되거든.

　예.

　˜ 그니까 그걸가지구 모사리라그래지.

쥐. 심어주면 여기 이제 윗포기가 한 너댓 포기 ** 자주 심으면 이제 빨리 나가서 어지간하면. 그러나 늘 일정하진 않지요.

그런데 보통은 한 사람이 몇 포기를 심는다고요?

⎺ 일곱 포기. 그저 다섯 포기에서 일곱 포기 심지 [7초].

그 다음에 그 모판 아 그리고 나서는 이제 어떻게 합니까?

⎺ 그리고 모를 심은 다음에는. 한 보름 있다간.

보통 논 가는 거는 언제쯤 합니까?

⎺ 봄에.

봄에 하고요.

⎺ 봄에 그저 뭐. 봄에 갈지.

봄에 갈고.

⎺ 봄에 일찍 갈고 인제 일찍 가는 사람도 있고 못자리 하기 위해서는 일찍 갈아야 돼요.

예, 일찍 갈아야 돼죠.

⎺ 예.

그 다음에 그렇게 해서 이제. 이제 벼를 심, 다

⎺ 다 심고.

심고 나면 이제 그 다음에 관리를 해야 되잖아요?

⎺ 어, 관리를 해야지.

어떻게 해야 됩니까?

⎺ 거 물관리를 인제 봐 가며 논 어떤 때는 이제 모살이.

예.

⎺ 사름이 이제 모가 논에 심었으니까 이게 거기서 뿌리를 박아야 되거든.

예.

⎺ 그러니까 그걸 가지고 못자리라 그래 이제.

예, 예.

⁻ 모사리가 핸다므는 지:믈 매:야돼, 요만침한 논찌:믈.

예.

⁻ 소누루 이케 머머 그양, 맬꺼읍찌유, 그양, 이저. 그양 중는 소니주머. 매 글꾸, 또 한 번 매구 두 번 매구. 두 번씩 매믄 저 어지가난건 놔:두구, 그다메. 또, 피를 뽀바야돼. 피가 그르믄 그 괘심항게 피 뽀꾸 그다메 이 베가 단, 이그믄. 소누루 비:가지구. 그저네야 뭐 우차가 이써? 전부 지게루 저드레찌.

지게루 어때요?

⁻ 저드레써 지게루.

저드린다는게 뭡니까?

⁻ 지게에다가 인제 베따늘 싸:서 지구, 이 베를 비:선. 이러케 이제 추물 석: 줌딴.

예.

⁻ 한 포기 베가지구 여그다 그래 이사람 지구저가주구, 석 쭘만 주믄 싸리 한 되씩 나유.

아, 석.

⁻ 석: 쭘.

석쭘

⁻ 석쭘딴이라 이래 한 줌

아, 그걸 석쭘딴이라 그래요?

⁻ 예, 줌, 석쭘딴.

예.

⁻ 석:쭘, 그래서 골 개서 이러케 이러케 내어 세우지

예.

⁻ 그 바라미 통해가주구 말르게.

예, 예.

¯ 사름을 한 다음에는 김을 매야 돼. 요만한 논 김을.

예.

¯ 손으로 이렇게 뭐뭐 그냥, 맬 거 없지요, 그냥 이저. 그냥 죽는 손이지요 뭐. 매어 긁고 그리고, 또 한 번 매고 두 번 매고. 두 번씩 매면 저어지간 한 건 놓아 두고, 그 다음에. 또, 피를 뽑아야 돼. 피가 그러면 그 괘심한 게 피를 뽑고 그 다음에 이 벼가 단(볏단), 익으면. 손으로 베 가지고. 그전에야 뭐 우차가 있어? 전부 지게로 져 들였지.

지게로 어때요?

¯ 져 들였어, 지게로.

져 들인다는 게 뭡니까?

¯ 지게에다가 이제 볏단을 쌓아서 지고, 이 벼를 베어서는. 이렇게 이제 춤을 석 줌 단.

예.

¯ 한 포기 베어 가지고 여기다 그래 이 사람이 지구 져 가지고, 석 줌만 주면 쌀이 한 되씩 나요.

아, 석.

¯ 석 줌.

석 줌

¯ 석 줌 단이라 이래 한 줌

아, 그걸 석 줌 단이라 그래요?

¯ 예 줌, 석 줌 단.

예.

¯ 석 줌, 그래서 그걸 그래서 이렇게 이렇게 내어 세우지.

예.

¯ 그 바람이 통해서 마르게.

예.

⎺ 말르믄 그걸 저:다간 다 저:다가 지베 나까리를 가레야지.

예.

⎺ 나까리를 가레가주군. 그다메 인제 태를 처.

예 예.

⎺ 그래가지구 이러케 노쿠 도리깨루 뚜드리는 수두 이꾸, 태를 마니 치

주, 머.

도리깨로 하기도 하고 또 그거 말고 예저네.

⎺ 그래 노코 인제 뭐 저.

뭐 그 거기.

⎺ 발뚱기게?

발뚱기게 뭐

⎺ 아니야, 저 태.

아, 예 예.

⎺ 태치는거, 태 마˜이 치주 뭐.

예.

⎺ 그니까 원시농사지.

그걸 무슨 뭘 한다고 함니까?

⎺ 도리깨질.

아, 네. 그걸 하면서, 하고나서.

⎺ 그걸 하고서 나서 인제, 그게 그러케 돼면 인제 베가 거점 말르니까.

아까, 음, 그니까.

⎺ 예.

모를 심구고 나서 심고 나서

⎺ 예.

그다메, 지을 맨다구

예.

˗ 마르면 그걸 저다가 저다가 집에 낟가리를 가려야지.

예.

˗ 낟가리를 가려 가지고는. 그 다음에 이제 태를 쳐.

예 예.

˗ 그래 가지고 이렇게 놓고 도리깨로 두드리는 수도 있고, 태를 많이 치지요, 뭐.

도리깨로 하기도 하고 또 그거 말고 예전에.

˗ 그래 놓고 이제 뭐 저.

뭐 그 거기.

˗ 발동기계?

발동기계 뭐

˗ 아니야, 저 태.

아, 예 예.

˗ 태 치는 거. 태 많이 치지요, 뭐.

예.

˗ 그러니까 원시농사지.

그걸 무슨 뭘 한다고 합니까?

˗ 두리깨진.

아, 네. 그걸 하면서, 하고 나서.

˗ 예. 그걸 하고서 나서 이제, 그게 그렇게 되면 이제 벼가 거의 마르니까.

아까, 음, 그러니까.

˗ 예.

모를 심고 나서 심고 나서

˗ 예.

그 다음에, 김을 맨다고

⁻ 지:믈 매지유.

지믈 매는건 보통 언제 맴니까?

⁻ 그저 모 숭권지 한 달 되믄 매지.

예.

⁻ 한 달 전후루 맨다구.

예.

⁻ 한 이시밀만 되믄 매야지.

왜 지믈 매야 되나요?

⁻ 거 인제, 그 잡초를 자끼 위해서.

예, 예.

⁻ 잡초를 제거하기 위해서 지:믈 매지.

뭘로 지믈 맴니까?

⁻ 소누루.

아. 손으로 매고 딴 건 업씀니까?

⁻ 예, 상, 딴 거야 뭐 그다멘 뭐 그 저저뭐 벼훌치긴가 머 베끼겡가 그
게 나와서 밀구 댕게찌만 그거는 왜정때.

예.

⁻ 그 왜정때 행기구.

예.

⁻ 그 저 구항국시저레는 여기 소누루 매써유.

아, 소느로요?

⁻ 예.

아, 손으로 맬 때, 보통 몃뻔 맴니까?

⁻ 그저 두:번 매구, 잘매는 사람은 세:번두 매지유.

아, 처음 매는 걸 뭐라고 함니까?

⁻ 초벌.

⁻ 김을 매지요.

김을 매는 건 보통 언제 맵니까?

⁻ 그저 모 심은지 한 달 되면 매지.

예.

⁻ 한 달 전후로 맨다고.

예.

⁻ 한 이십일만 되믄 매야지.

왜 김을 매야 되나요?

⁻ 거 인제, 그 잡초를 잡기 위해서.

예, 예.

⁻ 잡초를 제거하기 위해서 김을 매지.

뭘로 김을 맵니까?

⁻ 손으로.

아. 손으로 매고 딴 건 없습니까?

⁻ 예, 상, 딴 거야 뭐 그 다음엔 뭐 그 저저 뭐 벼훑이인가 뭐 볏기계인
가 그것이 나와서 밀고 다녔지만 그거는 왜정 때.

예.

⁻ 그 왜정 때 한 거고.

예.

⁻ 그 저 구한국 시절에는 여기 손으로 맸어요.

아, 손으로요?

⁻ 예.

아, 손으로 맬 때, 보통 몇 번 맵니까?

⁻ 그저 두 번 매고, 잘 매는 사람은 세 번도 매지요.

아, 처음 매는 걸 뭐라고 합니까?

⁻ 초벌.

아.

⁻ 초벌 매구, 두번짼 재:벌.

예.

⁻ 세번짼 세:번째 맨다구 그래구.

아. 그러케인제 매고나서 인제 뭘 함니까 그다으메는.

⁻ 그다메 매구나믄 그다메 인제 피바래~이, 저 저 피뽀꾸는 머.

아, 피를 뽀불 때.

⁻ 예.

어 [5초]. 피는 한 어느정도 언제쩍 뽑, 뽐는

⁻ 피가 피기저네.

아, 피가 피기저네.

⁻ 패기저네 인제 뽑찌요.

아, 하고.

⁻ 베가 패기저네, 피 피가 피기저네

뽑꼬 나서 그다메 인제 무를 이러케 노네 무를.

⁻ 네, 무를 인제 노네 모라고 해서 노네 무리 게소기써도 안돼거든.

예 예.

⁻ 말레따 떼:따 해야지.

예.

⁻ 말레따 떼:따 해야 베가되지, 게송 무레이쓰믄 그 머 무노니 조타구
래도 무란대니까 무노니 조타 그지만 무른 말라야지 노는 쫌 말라야돼
유.

예.

⁻ 말라야 농사가 제대루.

그럼, 인제 무를 어느 언제쩍 언제 대고 언제 빼고 이러케 함니까?

⁻ 기니까 인제, 무른 저냐게 대:구.

아.

ˉ 초벌 매고, 두 번째 재벌.

예.

ˉ 세 번째는 세 번째 맨다고 그러고.

아. 그렇게 이제 매고 나서 이제 뭘 합니까 그 다음에는.

ˉ 그 다음에 매고 나면 그 다음에 인제 피 바랭이, 저 저 피 뽑고는 뭐.

아, 피를 뽑을 때.

ˉ 예.

어 [5초]. 피는 한 어느 정도 언제적 뽑, 뽑는

ˉ 피가 피기 전에.

아, 피가 피기 전에.

ˉ 패기 전에 이제 뽑지요.

아. 하고.

ˉ 베가 패기 전에, 피 피가 피기 전에

뽑고 나서 그 다음에 이제 물을 이렇게 논에 물을.

ˉ 네, 물을 인제 논에 모라고 해서 논에 물이 계속 있어도 안되거든.

예 예.

ˉ 말렸다 떼었다 해야지.

예

ˉ 말렸다 떼었다 해야 벼가 되지, 계속 물에 있으면 그 뭐 무논이 좋다
고 해도 물을 안 대니까 무논이 좋다 그러지만 물은 말라야지 논은 좀 말
라야 돼요.

예.

ˉ 말라야 농사가 제대로.

그럼, 이제 물을 어느 언제적 언제 대고 언제 빼고 이렇게 합니까?

ˉ 그러니까 이제 물은 저녁에 대고.

예.

⁻ 아치겐 떼고.

아, 그래요.

⁻ 왜그냐면, 이제 나제 때:노면 무리 그게 끌르니까.

아.

⁻ 그래 지야겐 바메는 인자, 생무를 대고 아치게 논물 보러가믄 무를 막꾸.

어디에다가 무를 무슨

⁻ 노네다가, 노네다가 무를 대:따가 아치게 가선 떼:지.

구멍이 뭡니까?

⁻ 구멍이라는건 아~이 그건 물꼬라 그러는데 물꼬. 물꼬라고 이리구 인제 해가주구 요만쿰씩 해가주구 우빼미서 아래빼미로 가게 이러케 카늘 마거 노쿠, 어느정도 조정을 하지.

아, 예.

⁻ 무리 무리 인제 베가 성장하기 조케끔

순전?

⁻ 예? 베가 크기 조:케.

예.

⁻ 크기 조:케 인제 무를 요종도로 대:주는 수도 이꼬, 요보덤 노필 수두 이꼬 요버덤나추는수두이꼬. 그래 요골로 아이 물꼬에다 조정을 해 줘유.

예 예.

⁻ 그래믄 인제 늘 물 따따하구.

예. [3초]. 인제 무를 인제 다 대고 나서는 인제 그걸 멷뻔 어느정도 언제까지 계속함니까 고거를?

⁻ 베 팰 때까지.

베?

⁻ 베 팰때도 무리 마:~이 베가 팰때는 무를 마:~이 머꺼등.

예.

ⁿ 아침엔 떼고.

아, 그래요.

ⁿ 왜 그러냐면, 이제 낮에 대어 놓으면 물이 그게 끓으니까.

아.

ⁿ 그래 저녁엔 밤엔 인제, 생물을 대고 아침에 논물 보러 가면 물을 막고.

어디에다가 물을 무슨

ⁿ 논에다가, 논에다가 물을 댔다가, 아침에 가서는 떼지.

구멍이 뭡니까?

ⁿ 구멍이라는 건 아니 그건 물꼬라 그러는데 물꼬. 물꼬라고 이러고 이 제 해 가지고 요만큼씩 해 가지고 웃배미에서 아랫배미로 가게 이렇게 칸을 막아 놓고, 어느 정도 조정을 하지.

아, 예.

ⁿ 물이 물이 이제 벼가 성장하기 좋게끔

순전?

ⁿ 예? 벼가 크기 좋게.

예.

ⁿ 크기 좋게 이제 물을 요 정도로 대 주는 수도 있고, 이보다 높일 수도 있고 이보다 낮추는 수두 있고. 그래 요걸루 아주 물꼬에다 조정을 해 줘요.

예 예.

ⁿ 그러면 이제 늘 물 따뜻하고.

예. [3초]. 이제 물을 이제 다 대고 나서는 이제 그걸 몇 번 어느 정도 언제 까지 계속합니까 그거를?

ⁿ 벼 팰 때까지.

벼?

ⁿ 벼 팰 때도 물이 많이 벼가 팰 때는 물을 많이 먹거든.

예.

⁻ 그니까 인제 베 팰 때까지는 그래구. 베 이시라게 누루무스하게 물좀 떼:따 대:따 해야돼요. 좀 말례따 대:따.

그르케 하고나면 그다메는 뭘 함니까?

⁻ 베를 베:야지 다으메는 하니까

예저네는 야기 이씀니까?

⁻ 야이기 뭔 야이기, 아이구

그럼 어떠케? 마냐게

⁻ 기양 죽찌 머.

그냥 주거요.

⁻ 그럼뇨.[4초]

그다메 인제, 베가 다 패며는 인제 노네는 무리 피료 업짜나요?

⁻ 무리 피료 업:쪼.

그럼 인제 무를 어떠케 함니까?

⁻ 무를 떼지.

그걸 무를 뗀다고 함니까?

⁻ 예, 뗀다고 하지유.

무를 인제 다 떼고 나며는

⁻ 예.

그다메, 노니 인는 노네 뭐를 내야 됨니까? 무리 빠지도록 뭘 해야 됨니까?

⁻ 마, 마가야지 논무를.

아. 논무를 막꼬.

⁻ 예.

그다으메. 그다메 예저네는 그러케 하다 보며는 논, 이제 베가 패고

⁻ 예.

한참 패고 인제, 언제쯔메 인제 베가 팸니까?

예.

─ 그러니까 이제 벼 팰 때까지는 그러고. 벼이삭이 누르스름하게 물 좀 뗐다 댔다 해야 돼요. 좀 말렸다 댔다.

그렇게 하고 나면 그 다음에는 뭘 합니까?

─ 벼를 베야지 다음에는 하니까

예전에는 약이 있습니까?

─ 약이 무슨 약이, 아이구

그럼 어떻게? 만약에

─ 그냥 죽지 뭐.

그냥 죽어요.

─ 그럼요. [4초].

그 다음에 이제. 벼가 다 패면은 이제 논에는 물이 필요 없잖아요?

─ 물이 필요 없지요.

그럼 이제 물을 어떻게 합니까?

─ 물을 떼지.

그걸 물을 뗀다고 합니까?

─ 예, 뗀다고 하지요.

물을 이제 다 떼고 나면은

─ 네.

그 다음에, 논이 있는 논에 뭐를 내야 됩니까? 물이 빠지도록 뭘 해야 됩니까?

─ 마, 막아야지 논물을.

아. 논물을 막고.

─ 예.

그 다음에. 그 다음에 예전에는 그러케 하다 보면 논, 이제 벼가 패고

─ 예.

한참 패고 이제, 언제쯤에 벼가 팹니까?

ˉ 베가 말복때.

말복때.

ˉ 예, 인제 패기 하먼 좀 요새 한창 패지 뭐.

예. 인제 팰때쯤 되며는 인제 새가튼 거또 막

ˉ 예?

새, 새.

ˉ 새는 이시라기 누::럴 쩨 이 새가 드러. 베가 이글 이글 쩨 새가 들지 그 저넨 안 드러요.

그러케 인제 그러면 인제 베이시라기 이거서 이글 때쯤 새가 막 오자나요?

ˉ 그럼.

나라오자나, 막 머그러

ˉ 그러치.

어떤 새드리 옴니까?

ˉ 참새.

예.

ˉ 대:개 전부 참새지뭐. 참새가 드루와요.

그 오면 어떠케 쪼쪼?

ˉ 어떠케 인제 그저 뭐 태친다고 하지 태 아니 저저저

어떠케 쪼차요?

ˉ 거또뭐 허수애비도 세워 노쿠.

예.

ˉ 이러케 세워 논거뚜 이꾸, 그 등테 모양으루 따:가지군, 그 아주 가늘게 꽈가지구 이러케 돌리다가 팩하믄 소리가 깽깽 나지.

예.

ˉ 그 그걸.

그걸 이르미 뭠니까?

˙ 벼가 말복 때.

말복 때.

˙ 예, 인제 패기 하면 좀 그런데 이 요새 한창 패지 뭐.

예. 인제 팰 때쯤 되면은 인제 새 같은 것도 막

˙ 예?

새, 새.

˙ 새는 이삭이 누럴 때 이 새가 들어. 벼가 익을 제 새가 들지 그전엔 안 들어요.

그렇게 인제 그러면 이제 벼이삭이 익어서 익을 때쯤 새가 막 오잖아요?

˙ 그럼.

날아오잖아, 막 먹으러

˙ 그렇지.

어떤 새들이 옵니까?

˙ 참새.

예.

˙ 대개 전부 참새지 뭐. 참새가 들어와요.

그 오면 어떻게 쫓지요?

˙ 어떻게 이제 그저 뭐 태 친다고 하지 태 아니 저저저

어떻게 쫓아요?

˙ 거 또 뭐 허수아비도 세워 놓고.

예.

˙ 이렇게 세워 놓은 것도 있고, 그 등테 모양으로 땋아 가지고는, 그 아주 가늘게 꽈 가지고 이렇게 돌리다가 팩하면 소리가 깽깽 나지.

예.

˙ 그 그걸.

그걸 이름이 뭡니까?

⎯ 그 이르미 [4초]. 화대 친다 그래너?

아, 화대요?

⎯ 예. 그럼.

그걸 친다구요.

⎯ 예. 그걸 치믄 소리가 나믄 쪼께 내:빼구, 그자느면 뭐. 쪼께나믄 그
게 젤 수여.

예.

⎯ 그래 소리질르구, 워이 그래 저 거 베가 갈:게 누를 쩨는 논뚜러게다
이러게

베가 갈게

⎯ 베가 이글 쩨는.

예.

⎯ 에, 그 참새가 들 쩨는 논빼미마다 사라미 가뜨카지 뭐.

논

⎯ 논뺌, 논마둥, 자기 논마둥.

예.

⎯ 무슨 그 아깨 말따나 말치가튼 거 가따가 이러케 노쿠 그 미테 안저
서 새 보는게 이:리지.

아, 예.

⎯ 고달퍼찌 뭐.

그러케 인제 하고 나며는 인제 베이시락 다 익꼬 인제 베가 인제 막 여무러요?

⎯ 예, 누:러믄.

누러믄 인제.

⎯ 그다메 비지.

아, 빌때는

⎯ 아.

ᵀ 그 이름이 [4초]. 화대친다 그러나?

아, 화대요?

ᵀ 예. 그럼.

그걸 친다고요.

ᵀ 예. 그걸 치면 소리가 나면 쫓겨 내빼고. 그러지 않으면 뭐. 쫓겨나면 그게 제일 수야.

예.

ᵀ 그래서 소리지르고, '워이' 그래 저 거 벼가 가을에 누럴 때는 논두렁 에다 이렇게

벼가 가을에

ᵀ 벼가 익을 제는.

예.

ᵀ 에, 그 참새가 들 적에는 논 배미마다 사람이 가득하지 뭐.

논

ᵀ 논배미, 논마다, 자기 논마다.

예.

ᵀ 무슨 그 아까 말처럼 말치 같은 것 가따가 이렇게 놓고 그 밑에 앉아 서 새 보는 게 일이지.

아, 에.

ᵀ 고달팠지 뭐.

그렇게 이제 하고 나면 이제 벼이삭 다 익고 벼가 이제 막 다 여물어요?

ᵀ 예, 누러면.

누러면 인제.

ᵀ 그 다음에 베지.

아, 벨 때는

ᵀ 아.

인제 처으메 어떠케 아까 아까 벨 때 어떠케 벤다고 해썬나요?

￣ 나스루.

나스루요.

￣ 나스루 슥:쭘따느루 이르케.

석쭘따느로.

￣ 예. 석쭘따네 비:서 무꺼가지구 낭글 세워서, 걸 인제 한 보름가나나 한 이시빌간 말리지.

예 예.

￣ 고다메 인제 지게로 저드레서

지게로 보통 어디에 짐니까? 거기 노네 놔두지 안씀니까? 지게로

￣ 안놔둬, 지겐 지베이찌 뭐.

지브로 지베 인제

￣ 그걸 지구 드루와야지.

아, 드루와야

￣ 지구 드루다가 말러쓰니까.

예, 말라쓰니까.

￣ 지까리를 벤까리를 맨드러야지 또, 낭글 찌거다가.

베까리는 보통 어떠케 만듬니까?

￣ 뻬까리는 인제 이러케 추:메[0] 인제 이러케 낭글 인제 상가켱을 낭글 세:겔 이러케 세원 다:메. 고다메 또 인제 저트루 자꾸 이러케 인제 새가네[7] 이러케 노쿠 미튼 버러지구 위는 쪼께 이러케 노쿠

요러케 요러케 요러케 요러케

￣ 그럼. 그레노쿠 이래노쿠는 낭그두 한 두어 서너개 미트루 이러케 돌레.

아, 네.

￣ 그래야 베따니 그다멘 베따늘 맨: 미티꺼는 인제 그 베가지구 셰우지.

인제 처음에 어떻게 아까 벨 때 어떻게 벤다고 했었나요?

¯ 낫으로.

낫으로요.

¯ 낫으로 석 줌 단으로 이렇게.

석 줌 단으로.

¯ 예. 석 줌 단에서 묶어 가지고 나무를 세워서, 그걸 인제 한 보름간이나 한 이십일간 말리지.

예 예.

¯ 그 다음에 인제 지게로 져 들여서

지게로 보통 어디에 집니까? 거기 논에 놓아 두지 않습니까? 지게로

¯ 안 놓아 둬, 지게는 집에 있지 뭐.

집으로 집에 이제

¯ 그걸 지고 들어와야지.

아, 들어와야

¯ 지고 들어오다가 말랐으니까.

예, 말랐으니까.

¯ 짚가리를 볏가리를 만들어야지 또, 나무를 찍어다가.

볏가리는 보통 어떻게 만듭니까?

¯ 볏가리는 인게 이렇게 처음에 인제 이렇게 나무른 인제 산가형으로 나무를 세 개를 이렇게 세운 다음에. 그 다음에 또 이제 곁으로 잡고 이렇게 이제 사이에 이렇게 놓고 밑은 벌어지고 위는 좁게 이렇게 놓고

요렇게 요렇게 요렇게 요렇게

그럼. 그래 놓고 이래 놓고는 나무도 한 두어 서너 개 밑으로 이렇게 돌려.

아, 네.

¯ 그래야 볏단이 그 다음에는 볏단을 맨 밑에 거는 인제 그 베어 가지

예.

‑ 세운다메 그다메는 여기다가 인제 베아리 아느루 드러가게 하구.

예.

‑ 이제 글거리를[8] 미트로 나오게 하구 이러케 노쿠는 **에서도 여그 구녕이 크믄 베따늘 가로로 놔요.

예.

‑ 가로로 놔서 인제 그 우에다 이러케 올려놔서 그러케 말리구.

예. [5초]. 그러케 인제 뺃따늘 인제 어느 정도 말림니까?

‑ 예?

뺃따늘

‑ 그양 그대로 둬 두지 뭐. 둬 두문 말르문.

예.

‑ 그다메 인제 날 바다가지구 품 푸마시를 하지.

예 예.

‑ 오느른 우리가 베 타작할테니까 좀 와서, 낼: 우리 할테니까 조:마 그: 드러 달라구 우리 어우리하세 그지 어우리라[9] 그래지 그건.

아, 그거를

‑ 예, 그거를 어우리라 그러는데 어우리 해가지구 인제

푸마시한다는 마라고

‑ 푸마시는 나무지베가서 품파리하는게 푸마시구.

예.

‑ 이건 어우리니까

어우리는 그럼 뭡니까?

‑ 서루. 서루 인제 도워줘가미 하니까 그 어우리예요, 어우리하세 그래지.

고 세우지.

예.

¯ 세운 다음에 그 다음에는 여기다가 인제 벼 알이 안으로 들어가게 하고.

예.

¯ 이제 그루터기를 밑으로 나오게 하고 이렇게 놓고는 **에서도 여기 구멍이 크면 볏단을 가로로 놔요.

예.

¯ 가로로 놔서 인제 그 위에다 이렇게 올려 놔서 그렇게 말리고.

예. [5초]. 그렇게 인제 볏단을 인제 어느 정도 말립니까?

¯ 예?

볏단을

¯ 그냥 그대로 둬 두지 뭐. 둬 두면 마르면.

예.

¯ 그 다음에 인제 날 받아 가지고 품 품앗이를 하지.

예 예.

¯ 오늘은 우리가 벼 타작할 테니까 좀 와서, 내일 우리 할 테니까 조금만 거들어 달라고 '우리 어우리하세' 그러지 '어우리'라 그러지 그건.

아, 그거를

¯ 예, 그거른 어우리라 그러는데 어우리 해 가지고 인제

품앗이한다는 말하고

¯ 품앗이는 남의 우리 집에 가서 품팔이 하는 게 품앗이고.

예.

¯ 이건 어우리니까

어우리는 그럼 뭡니까?

¯ 서로. 서로 인제 도와 주어 가며 하니까 그 어우리예요, 어우리하세 그러지.

어우리 하세.

＊ 예.

그럼 인제, 그러케 어우리를 해야 하자나요?

＊ 하자면 인제 오늘꺼 우리꺼 인제 새바게 하마 처따기 울:구 껌껌하먼 와 태: 처.

언제요?

＊ 새 처따기 울:구 쫌 이따가 쫌 아피 좀 훤:하다 하먼 벼:를 보구 어떤 사라 매지를 하니까

아, 그러케 일찌케요?

＊ 그러면 그러케 일찍해가지구 태:를 치구 도리깨를 인제 이 그니까 한 동네 사람드리 다 와서

＊ 아, 다오지 안코 한 칠팔명씩 이게 그게 한 지비 인제 두 내우 두 내우 오지 뭐. 그래 너더찝씩 이러케 어울러서. 그래야지 한 동네가 다 하믄 그노무 동네 그 다하자믄 한 보름 걸리니까

하하하.

＊ 건 안되지 그래서. 그러케 와 가지구는 인제 어우러가지고는 아주머니드른 도리깨질 자라구.

음.

＊ 그래 일부 인제 떠른 거는 저쪽 아주머니드른 또 까불구. 치루 까부라가지구는

아, 먼저 처으메는 태지를 하고

＊ 태지를

그다으메 또 도릳

＊ 그 도리깨질 근데 태:지를 해가지구 집따늘 저게 넹기문

예.

＊ 또 도리깨드리 한 서너시 하지 그저. 아래또리깨[10] 두:개 상:도리깨[11]

어우리 하세.

˜ 예.

그럼 인제, 그렇게 어우리를 해야 하잖아요?

˜ 하자면 인제 오늘 거 우리 거 인제 새벽에 벌써 첫닭이 울고 껌껌하면 와서 태를 쳐.

언제요?

˜ 새 첫닭이 울고 좀 이따가 좀 앞이 좀 훤하다 하면 별을 보고 어떤 사람 매질을 하니까

아, 그렇게 일찍 해요?

˜ 그러면 그렇게 일찍 해 가지고 태를 치고 도리깨를 인제 이 그러니까 한 동네 사람들이 다 와서

˜ 아, 다 오지 않고 한 칠팔 명씩 이게 그게 한 집이 이제 두 내외 두 내외 오지 뭐. 그래 너덧 집씩 이렇게 어울러서. 그래야지 한 동네가 다 하면 그놈의 동네 그 다하자면 한 보름은 걸리니까

하하하하.

˜ 그건 안 되지 그래서. 그렇게 와 가지고는 인제 어울러 가지고는 아주머니들은 도리깨질 잘하고.

음.

˜ 그게 일부 인제 떤 것은 겨쩌 이주머니들은 또 끼불고. 키로 까불어 가지고는

아, 먼저 처음에는 태질을 하고

˜ 태질을

그 다음에 또 도리

˜ 그 도리깨질 그런데 태질을 해 가지고 짚단을 저기 넘기면

예.

˜ 또 도리깨들이 한 서넛이 하지 그저. 아랫도리깨 두 개 상도리깨

하나.

　예.

　⌐ 저거또 또 상:도리깨가 인제 처서 내:치면 그다메 아래서 인제 도리깨
로 해가지구

　아, 도리깨도 두 가지 종류군뇨?

　⌐ 그럼, 상:도리깨 이꾸.

　예.

　⌐ 또 이제 아래, 아래또리깨 이꾸. [5초].

　그러며는 그러며는 아, 상도리깨는 뭐고 아랜, 어떤 도리깨요?

　⌐ 상:도리깨란 사라믄

　예.

　⌐ 그양 인제 베따늘 인제 그 저저 그거. 태:로 처서 내: 던지자누?

　예예.

　⌐ 그래믄 그기 안풀리구 통다니 되자누?

　예예.

　⌐ 그래믄 도리깨루 그너므 통다늘 끄너. 도리깨루 끄너가지구 헤체지믄
그걸 도리깨루 도리깨루 그 가지루 이르이르 그 저 도리깨질 한: 매 내치
믄 이 단이 저러케 저:기 나가믄 또 아래또리깨 사라믄 그걸 또 치지.

　아래또리깨는

　⌐ 아래또리깨는 이 미테서 일 하는 사라믈 아래또리깨.

　미테서 하는 사라믈 아래또리깨 아.

　⌐ 그러케해가주 처가준 그거를 인제 그르믄 갈그 저 기니깐 그게 머여
거르 거 무슨 거름되는 무슨 아깨 그 저 검불 글른 깍찌.

　예.

　⌐ 깍:찌루 인제 지플 글거내:선

　예예.

하나.

　예.

　⁻ 저것도 또 상도리깨가 인제 쳐서 내치면 그 다음에 아래서 인제 도리깨로 해 가지고

　아, 도리깨도 두 가지 종류군요?

　⁻ 그럼, 상도리깨 있고.

　예.

　⁻ 또 이제 아래, 아랫도리깨 있고. [5초].

　그러면 그러면 아, 상 도리깨는 뭐고 아래, 어떤 도리깨요?

　⁻ 상도리깨란 사람은

　예.

　⁻ 그냥 인제 볏단을 인제 그 저저 그거. 태로 쳐서 내던지잖으우?

　예예.

　⁻ 그러면 그게 안 풀리고 통단이 되잖으우?

　예예.

　⁻ 그러면 도리깨로 그놈의 통단을 끊어. 도리깨로 끊어 가지고 헤쳐지면 그걸 도리깨로 도리깨로 그 가지로 이러이러 그 저 도리깨질 한 매 이걸로 내치면 이 단이 저렇게 저기 나가면 또 아랫도리깨 사람은 그걸 또 치지.

　아랫도리깨는

　⁻ 아랫도리깨는 이 밑에서 일하는 사람을 아랫도리깨.

　밑에서 하는 사람을 아랫도리깨 아.

　⁻ 그렇게 해 가지고 쳐가지구는 그거를 이제 그러면 가루 저 그러니까 그게 뭐야. 거르 거 무슨 거름 되는 무슨 아까 그 저 검불 긁는 갈퀴.

　예.

　⁻ 갈퀴로 이제 짚을 긁어내선

　예예.

˜ 다:늘 이러케 무꺼서

예예. 다늘 무꺼가지구 이제

˜ 무꺼가지구 인제 그거를 또 갈:게 소에 소메기루

예예.

˜ 개 소메기루 인제 지야겐 또 다: 싸쿠

예.

˜ 또 어떵거 인제 베를 미처 모까불믄

네.

˜ 또 부치지 치루 지야게 인제.

응.

˜ 그래니 중:노동이지, 뭐.

응, 그걸 부친다고요?

˜ 예.

그리고 나서는뇨?

⁻ 단을 이렇게 묶어서

예예. 단을 묶어 가지고 이제

⁻ 묶어 가지고 이제 그거를 또 가을에 소에 소먹이로

예예.

⁻ 그래, 소먹이로 이제 저녁엔 또 다 쌓고

예.

⁻ 또 어떤거 이제 벼를 미처 못 까불면

네.

⁻ 또 부치지 키루 저녁에, 이제

응.

⁻ 그러니 중노동이지, 뭐.

응, 그걸 부친다고요?

⁻ 예.

그리고 나서는요?

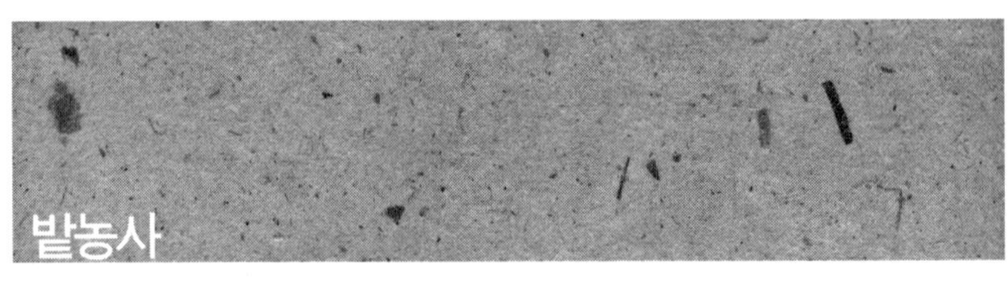

그 다음에 베농사 말고

⎺ 반농사.

반농사 이짜나요?

⎺ 에에.

반농사엔 어떵거 어떵거 지씀니까?

⎺ 반농사는 인제 봄 이른보메 이른 보메 이 바틀 가라가주구.

어떵거 어떵거 지씀니까?

⎺ 감자.

감자.

⎺ 감자, 옥수수, 콩. 그 머 여러 가지지유, 뭐. 인제 그러케 우선 주고이기[2] 강나오, 감자, 옥수수, 콩, 조이, 서:소기라고 하는

예예.

⎺ 그래 우선 그기 바테선 그 네:가지가 인제 그 주고이기지.

예. 그러면 어느시 어느 시 시저레 마춰서 보통 반농사는 어, 어터케 지씀니까, 먼저 반농사를 질라며는?

⎺ 에, 반농살 짐: 보메 이:른 보메 거르믈 내:서

이른 보믈

⎺ 바테다 거르믈 내:서 인저인저 골고루 뿌리구 그다메 인제 바틀 그 아깨 마란 소루 후치루 가러유.

아, 먼저, 다시 한번만요. 예. 먼저 노늘, 바틀

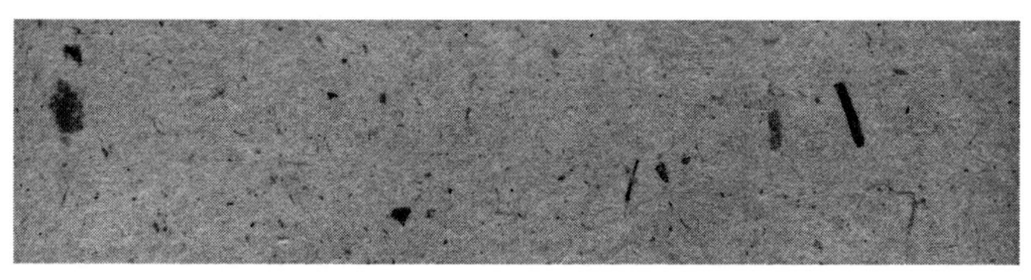

그 다음에 벼농사 말고

⎺ 밭농사.

밭농사 있잖아요?

⎺ 예예.

밭농사엔 어떤 거 어떤 거 짓습니까?

⎺ 밭농사는 인제 봄, 이른 봄에 이른 봄에 이 밭을 갈아 가지고.

어떤 거 어떤 거 짓습니까?

⎺ 감자.

감자.

⎺ 감자, 옥수수, 콩, 그 뭐 여러 가지지요, 뭐. 인제 그렇게 우선 주곡이
강냉이, 감자, 옥수수, 콩, 조, '서속(조)'이라고 하는

예예.

⎺ 그래 우선 그게 밭에선 그 네 가지가 이제 그 주곡이지.

예. 그러면 어느 시 어느 시 시절에 맞춰서 보통 밭농사는 어, 어떻게 짓습니
까, 먼저 밭농사를 지으려면?

⎺ 에, 밭농살 지으면 봄에 이른 봄에 거름을 내서

이른 봄을

⎺ 밭에다 거름을 내서 인제인제 골고루 뿌리고 그 다음에 이제 밭을 그
아까 말한 소로 극젱이로 갈아요.

아, 먼저, 다시 한 번만요. 예. 먼저 논을, 밭을

‾ 바틀 인저 후치루 가러.

아, 후치로

‾ 거르믈 내:서 거리미루 바테다 골고루 페구.

아, 골고루

‾ 페구.

거르믈 먼저

‾ 거르믈 먼저 페구.

페구.

‾ 그다메 페구 그다메 후치루 바트루 갈:주. 바틀 갈:구.

예.

‾ 또 감자 숭굴쩨는 감자가 인제 젤: 먼점 드러가니까 감자가 인저 고:
를 케.

예예예.

‾ 감자를 아주 고를 케구 거다 감자 종자를 인제 뭐 놔:가지군 거기다
또 거르믈 노턴지, 거르멈는 사라믄 기양 무꾸. 그리구 그다:메 인제 봐서
는 옥쑤수도[13] 거치 숭궈유. 옥쑤 옥쑤술 인제 여르메 따머끼 위해서 옥
쑤수를 숭구고. 옥쑤수 숭권 다:메는 그 다메 콩. 콩은 저 지끔은 뭐 모싱
기 후 콩을 숭구지만 고맘때는

언제때는?

‾ 그게 옥쑤:, 모싱기 후루 지끄믄 콩을 숭구거든, 기후가.

모싱기

‾ 후:루.

후루.

‾ 어, 기후가 더우니까.

더우니까.

‾ 그저네 마:~이 추꾸 누:니 마이 와끄등뇨?

﹁ 밭을 인제 극젱이로 갈아.

아, 극젱이로

﹁ 거름을 내서 거름으로 밭에다 골고루 펴고.

아, 골고루

﹁ 펴고.

거름을 먼저

﹁ 거름을 먼저 펴고.

펴고.

﹁ 그 다음에 펴고 그 다음에 극젱이로 밭으로 갈지요. 밭을 갈고.

예.

﹁ 또 감자 심을 때는 감자가 이제 제일 먼저 들어가니까 감자가 이제 밭고랑을 켜.

예예예.

﹁ 감자를 아주 밭고랑을 켜고 거기다 감자 종자를 이제 뭐 놓아 가지곤 거기다 또 거름을 놓던지, 거름 없는 사람은 그냥 묻고. 그리고 그 다음에 이제 봐서는 옥수수도 같이 심어요. 옥수 옥수술 이제 여름에 따먹기 위해서 옥수수를 심고. 옥수수 심은 다음에는 그 다음에 콩. 콩은 저 지금은 뭐 모심기 후에 콩을 심지만 고맘때는

언제 때는?

﹁ 그게 옥수, 모심기 후로 지금은 콩을 심거든, 기후가.

모심기

﹁ 후로

후로

﹁ 어, 기후가 더우니까.

더우니까.

﹁ 그 전에 많이 춥고 눈이 많이 왔거든요?

예.
￢ 우리 뭐 어릴쩌게, 지끄믄 뭐 큰나이 머거쓸까만. 뭐 인제 옥쑤술 숭
구고 콩을. 콩은 인제 그저 감자는 캐:서 감자꾸데~이에다 저:장하구.
감자?
￢ 구데~이다가.
예.
￢ 감자두지다, 두지다가 저:장을 하구. 옥쑤수는 따서 타래를 맨드러서
처마에다 매:다
타래를 만드능게 뭐조?
￢ 타래 이렁거조.
아, 이 옥쑤수
￢ 이게 옥쑤수 까믄 두개 하낙씩 이러케
아이 묵, 뭉는거.
￢ 무꺼가지군 이제
아.
￢ 그 아 아페 그
실겅가튼데다 매달려서
￢ 예. 거그다가 인제 매:다라서 인제 그 그 하고, 그러다가 이제 겨울게
다~해서 그거 까구. 콩은 제일 예중 마:대~이라 하지, 콩마대~이.
아, 콩마댕이는 제일 나중에 하고.
￢ 에. 조이마대~이도 제일 예중 하고.
그다메, 어, 그럼 이제 다시 한 번 정리를 하면 반농사지을 때 거르믈 내고.
￢ 바틀 갈고
바틀 갈고
￢ 고:를 케고
고를 케고

예.

⎯ 우리 뭐 어릴 적에, 지금은 뭐 큰 나이 먹었을까만. 그래 뭐 이제 옥
수술 심고 콩을. 콩은 이제 그저 감자는 캐서 감자 구덩이에다 저장하고.

감자?

⎯ 구덩이에다가.

예.

⎯ 감자 뒤주에다. 뒤주에다가 저장을 하고. 옥수수는 따서 타래를 만들
어서 처마에다 매어다

타래를 만드는 게 뭐죠?

⎯ 타래 이런 거죠.

아, 이 옥수수

⎯ 이게 옥수수 까면 두 개 하나씩 이렇게

아이 묶, 묶는 거.

⎯ 묶어 가지곤 이제

아.

⎯ 그 아 아페 그

시렁 같은 데다 매달려서

⎯ 예. 거기다가 이제 매달아서 이제 그 그 하고, 그러다가 이제 겨울에
다 해서 그거 까고. 콩은 제일 나중 마당질이라 하지. 콩 마당질

아, 콩 마당질은 제일 나중에 하고.

⎯ 예. 조 마당질도 제일 나중 하고.

그 다음에, 어, 그럼 이제 다시 한 번 정리를 하면 밭농사 지을 때 거름을 내고.

⎯ 밭을 갈고

밭을 갈고

⎯ 고랑을 켜고

고랑을 켜고

⌐ 씨를 르쿠

인제 씨를 너코

⌐ 묻는다.

씨를 요러케 묻는다는

⌐ 예.

무꼬나서

⌐ 예.

그 다음에 어떡, 그다멘요?

⌐ 그다메 예 지:믈 매야지.

예, 지믈 매고

⌐ 예, 지믈 한 뒤:번씩 매:야돼요.

지믈 매고나서

⌐ 에. 그다메 인제 (에헴) 가을기 되면 캔다.

예.

⌐ 그전엔 지그만때 감자를 안캐써, 좀 더이따 캐:찌.

예.

⌐ 찬바람 내구야 인제, 감자가 여무러야 된다구 그래믄서.

감자를 캐서 캐고 나면 어떠케 함니까?

⌐ 감자 캐고 난 다음엔 그 다음엔 전부 인제 건 바튼 기양 공 기양 뒈두
지 뭐 겨우내나.

바튼 그냥

⌐ 뒈:두고.

감자가튼거슨

⌐ 거다 인제

그냥 거둬서

⌐ 예.

˗ 씨를 넣고

이제 씨를 넣고

˗ 묻는다.

씨를 요렇게 묻는다는

˗ 예.

묻고 나서

˗ 예.

그 다음에 어떡, 그 다음엔요?

˗ 그 다음에 예 김을 매야지.

예, 김을 매고

˗ 예, 김을 한 두어 번씩 매야 돼요.

김을 매고 나서

˗ 에. 그 다음에 이제 가을이 되면 캔다.

예.

˗ 그전엔 지금 이맘때 감자를 안 캤어, 좀 더 있다 캤지.

예.

˗ 찬바람 내고서야 이제, 감자가 여물어야 된다구 그러면서.

감자를 캐서 캐고 나면 어떻게 합니까?

˗ 감자 캐고 난 다음엔 그 다음에 전부 인제 건 밭은 그냥 공 그냥 뒤
두지 뭐 겨우내내.

밭은 그냥

˗ 뒤 두고.

감자 같은 것은

˗ 거기다 이제

그냥 거둬서

˗ 예.

감자구뎅이에 너는데 콩가튼 거튼 거는뇨?

˗ 콩은 인제 타:저글 해서, 마대~이한다그예찌. 콩마대~일 해서는 가마~
이에다 느:서, 이제 아깨말따나 두지 말고 허깐.

예예.

˗ 허깐가튼데 쥐새끼 안드나드는데다가 걸 싸추, 싸서 저:장을 하구, 또
장에다 팔기두 하구 메주두 쑤쿠.

예예. 메주를 쑬때 뭘 콩을 어떠케 해야돼요?

˗ 콩을 가마에다가 인제 느: 쌀마야지.

예, 쌀머서

˗ 대구 끄르믄 참, 뭐. 쪼그마넌 뭐 코~이지마는, 송까락마씨한거이. 절
구루다 찌턴지 발바~애다 쩨:서 메주를 맨들구.

또 이런

˗ 마~에다가 하는 건 두부할라구 망에다 갈지, 망.

아.

˗ 망에다 갈:구.

아, 망에다가 이르케

˗ 예. 갈:, 갈아서 인제 두부도 해먹구, 뭐, 콩탕뚜 해먹구 그래요.

망에는 위에 망두 이꾸, 미테 망두 이짜나요?

˗ 네.

위, 위에꺼를 뭐

˗ 위에꺼 머, 암망, 순망 그런나? 암망, 순, 암놈, 순놈.

아, 그걸 암커슬

˗ 위:꺼, 암:능꺼, 뒤꺼 미테꺼슨 수꺼.

예. 그다메 여기 보리농사도 지어짜나요?

˗ 예. 보리농사도 지:써요.

보리는 어떤 종류 보리

감자 구덩이에 넣는데 콩 같은 거는요?

￣ 콩은 이제 타작을 해서, 마당질한다 그랬지. 콩 마당질을 해서는 가마니에다 넣어서, 이제. 아까 말처럼 뒤주 말고 헛간.

예예.

￣ 헛간 같은 데 쥐새끼 안 드나드는 데다가 그걸 쌓죠, 쌓아서 저장을 하고, 또 장에다 팔기도 하고 메주도 쑤고.

예예. 메주를 쑬 때 뭘 콩을 어떻게 해야 돼요?

￣ 콩을 가마에다가 이제 넣어 삶아야지.

예, 삶아서

￣ 되게 끓으면 참, 뭐. 조그만한 뭐 콩이지만은, 손가락만큼씩 한 거. 절구로다 찧던지 디딜방아에다 찧어서 메주를 만들고.

또 이런

￣ 맷돌에다가 하는 건 두부 하려고 맷돌에다 갈지, 맷돌.

아.

￣ 맷돌에다 갈고.

아, 맷돌에다가 이렇게

￣ 예. 갈, 갈아서 이제 두부도 해 먹고, 뭐, 콩탕도 해 먹고 그래요.

맷돌에는 위에 맷돌도 있고, 밑에 맷돌도 있잖아요?

￣ 네

위, 위엣것을 뭐

￣ 위엣거 뭐, 암맷돌, 숫맷돌 그렇나? 암맷돌, 숫, 암놈, 숫놈.

아, 그걸 암컷을

￣ 윗거, 암놈의 것, 뒷것은 저 밑엣 것은 숫거.

예. 그 다음에 여기 보리농사도 지었잖아요?

￣ 예. 보리농사도 지었어요.

보리는 어떤 종류 보리

˚ 여기선 인제 쌀보리라 아~이 하구.

예.

˚ 쇠 메기는 보리, 털보리.

아, 쇠.

˚ 그걸 마:~이 해써요.

아, 그래요?

˚ 그걸 인제 갈:게 마댕이 다 하구 인제 베마대~이 하구 어떵건 인제 거
리미 써컹거.

예.

˚ 그거를 인제 보리에다가 이케 거르믈 내:서, 거뚜 쇠루 갈아야지, 가
라야죠, 보리를 숭구구.

음, 인제 그런 거뚜루 아까, 아까 방금 얘기해떤 쌀보리는 안해꼬?

˚ 쌀보리는 우리가 항걸 몰:러.

예. 그 방금 얘기해떤

˚ 털보리를 이제.

털보리 하고

˚ 에. 그기지 뭐. 털보리.

예. 그러며는 보리, 그다메 미른 이씀니까, 밀?

˚ 그럼, 귀, 밀:도, 귀, 호밀하고 귀:리하지, 귀:리.

귀리요?

˚ 귀:리, 밀깔기: 빼는 귀:리.

예.

˚ 호밀도 하긴 하지만 호밀씽 귀해써 우리게. 귀:리하구 호밀도 하구해
요.

예, 그러믄 보리는 언제쯤 파종. 거 씨를.

˚ 보리두 갈:게.

˝ 여기선 이제 이 쌀보리를 안하고.

예.

˝ 소 먹이는 보리, 털보리.

아, 소.

˝ 그걸 많이 했어요.

아, 그래요?

그걸 이제 가을에 마당질 다 하고 이제 벼 마당질 하고 어떤 건 이제 거름이 썩은 거.

예.

˝ 그것을 이제 보리에다가 이렇게 거름을 내서, 그것도 소로 갈아야지, 갈아야죠, 보리를 심고.

음. 이제 그런 것들을 아까, 아까 방금 얘기했던 쌀보리는 안했고?

˝ 쌀보리는 우리가 한 걸 몰라.

예. 그 방금 얘기했던

˝ 털보리를 이제.

털보리 하고

˝ 예. 그거지 뭐. 털보리.

예. 그러면은 보리, 그 다음에 밀은 있습니까, 밀?

˝ 그럼, 귀, 밀두, 귀, ㄱ 저, 호밀하고 귀리 하지, 귀리.

귀리요?

˝ 귀리야, 밀가루 빼는 귀리.

예.

˝ 호밀도 하긴 하지만 호밀씨는 귀했어 우리에게. 귀리하고 호밀도 하고 해요.

예, 그러면 보리는 언제쯤 파종. 거 씨를.

˝ 보리도 가을에.

아.
 ̄ 갈:게 해가주구, 모싱기저네
예.
 ̄ 모싱기 한, 얼매저네. 그꺼두 인제 쫌 그저네 참 보리꼬개니 핸, 해찌
만. 보리가 들: 이근거 그양 이제 베:다가 다꺼서.
예.
 ̄ 그거 머꾸 이러케 살:구.
아, 갈게 하구, 미른 언제쯤
 ̄ 밀두 갈:기야, 다 그맘때야.
그니깐 보리 바치나 밀바까튼데 이러케 갈자나요?
 ̄ 갈:지.
뭐로 감니까?
 ̄ 소로 갈:지, 뭐.
소로요?
 ̄ 그거뚜 소야.
아, 소로 갈 때, 어, 어트게 감니까, 소로?
 ̄ 소루 기양, 뭐, 가대기로[1] 고:를 이르케
소는 아까 그, 아까 이야기한
 ̄ 아깨 모야~으루
예.
 ̄ 두 바리루 가는 사람 이꾸 그르지만, 보리 숭군덴 두바리루 안 가러.
아, 받 농사를 지을 때는
 ̄ 네.
하나로 주로 함니까?
 ̄ 예, 하나.
노는?

아.

⁻ 가을에 해 가지고, 모심기 전에.

예.

⁻ 모심기 한, 얼마 전에. 그것도 이제 좀 그전에 참 보릿고개니 했, 했지만. 보리가 덜 익은 거 그냥 이제 베다가 닦아서.

예.

⁻ 그거 먹고 이렇게 살고.

아, 가을에 하고, 밀은 언제쯤

⁻ 밀도 가을이야, 다 그맘때야.

그러니까 보리밭이나 발밭 같은 데 이렇게 갈잖아요?

⁻ 갈지.

뭐로 갑니까?

⁻ 소로 갈지, 뭐.

소로요?

⁻ 그것도 소야.

아, 소로 갈 때, 어, 어떻게 갑니까, 소로?

⁻ 소로 그냥, 뭐, 가대기로 고랑을 이렇게

소는 아까 그, 아까 이야기한

⁻ 아까 모양으로

예.

⁻ 두 마리로 가는 사람 있고 그러지만, 모리 심은 데는 두 마리로 안 갈아.

아, 밭농사를 지을 때는

⁻ 네.

하나로 주로 합니까?

⁻ 예, 하나.

논은?

˘ 논도 하나.

논도 하나요.

˘ 네. 그게 인제 펭받, 바치 인제 펭바치구

예.

˘ 이, 좀, 한 처녀펭짜리 이렁거는 소 두: 바리루 갈:기 조응거는 개 인제 저 바다기 조:쿠

예예예.

˘ 수시미 지꾸 이렁거는, 그이, 쇠 두바리가주 제리라그러거등.

예예.

˘ 제리. 제리쐬루 갈:지.

아, 제리 소로

˘ 에, 간:다.

간다고요? 그러케 갈며는 한마리보다 두마리는 더 말 안드껜네요.

˘ 개두 두마리루 기양 저:들 쇠, 쇠망가주 가러. 처메 질드릴 쩨만 그래거찌. 하마 일련되구 이년되구 하믄 봄 되믄 그엔 머~엘 여그다가 머~에를 암비케떤데니까 새, 새삼스러우니 이게 인제 겨우레다 쇠인데, 기니까 이게 좀 아푸거든.

겨우레, 겨울겐 뭐요?

˘ 겨울겐 인저 쇠가 노:니까.

예예.

˘ 노:니까 그걸 이걸, 아~이 아~이, 써서 개 보메오믄 그 보메 질드린다구.

예.

˘ 게, 가대기에다가 인제 해가지구 살작살작해서 두 마리가주 그래믄 그저 쇠 두: 바리 사:람 하나면 논 받 다: 가러. 끄:는거뚜 우꾸. 기양 그 쇠 괴삐를 그 멍에 글러르 넹게가주구는 갈러서 이러케 그 제리엔장

˚ 논도 하나.

논도 하나요.

˚ 네. 그게 이제 평밭, 밭이 이제 평밭이고

예.

˚ 이, 좀, 한 천여 평짜리 이런 거는 소 두 마리로 갈기 좋은 거는 그게 이제 저 바닥이 좋고

예예예.

˚ 수심이 깊고 이런 거는, 그이, 소 두 마리 가지고 '겨리'라 그러거든.

예예.

˚ 겨리, 겨릿소로 갈지.

아, 겨리 소로

˚ 예, 간다.

간다고요? 그렇게 갈면 한 마리보다 두 마리는 더 말 안듣겠네요.

˚ 그래도 두 마리도 그냥 저희들 소, 소만 가지고 갈아. 처음에 길들일 때만 그러겠지. 벌써 일년 되고 이년 되고 하면 봄 되면 그러니까 멍에를 여기다가 멍에를 안 보였던 데니까, 새, 새삼스러우니 이게 이제 겨울에 다 소한테, 그러니까 이게 좀 아프거든.

겨울에, 겨울엔 뭐요?

˚ 겨울엔 인게 소가 노니까.

예예.

˚ 노니까 그걸 이걸, 아니 아니, 저저, 써서 그래 봄이 오면 그 봄에 길들인다고.

예.

˚ 그래 가대기에다가 이제 해 가지고 살짝살짝해서 두 마리 가지고 그러면 그저 소 두 마리 사람 하나면 논밭 다 갈아. 끄는 것도 없고. 그냥 그 소 고삐를 그 멍에에 그리로 넘겨 가지고는 갈라서 이렇게 그 겨리연장

그 머리다가 되~에매구는 쇠가 인제 일라가는 쇠믄 오른쪽, 왼쪼그루 갈
라믄 이쩌글 자바댕기믄 왼쪼글 쇠가 이러케 가믄 이짝은 따라오구. 또
오른쪼게 갈라믄 오른쪼게 오른고삐를 이 왼쪽 괴삐를 자바댕기믄 소가
이제. 참 말 잘드러유, 외레 저 자라능건 사:람보다 나:.

그때 저, 저, 고 바틀 조로케 하는 거를 받 뭐래요?

ˉ 받 간:다.

바를, 바, 바틀 갈때 어트게 감니까? 받 먼저 뭐를 만드러야됨니까, 바테?

ˉ 바틀 인제 갸:라가지구 고:를 맨드러야지.

아.

ˉ 고를 맨드러서

예.

ˉ 고:를 맨드러야 몰: 숭구니까.

예. 얻, 어느 정도, 고를 한 어느 정도 이르케.

ˉ 고:리야 그저 요정도, 요정도.

한 메쎈치 정도 되는 거 가씀니까, 메쎈치?

ˉ 그저 한 이십오센치정, 이십오센치믄 일굽친데, 한 이십센치정도. 두:
치 푼, 그저 어떵건 뭐 두: 치 푼, 그저 한 두어치 푼, 갈:조.

겨울 처레 보리 다음 해에 잘라라고 뭐 보리발끼가틍거 함니까?

ˉ 예?

보리발끼 가틍거 함니까, 본, 땅을 밤는거?

ˉ 어~아~, 안발버, 우리겐 안발버유. 뭐, 아래게선 밤는다게면 들떠서
밤는다글더먼.

예.

ˉ 건 노네다 하니까 들뜨지. 수끼가 이쓰니까.

예예.

ˉ 여긴 바테다 하니까 건:, 건:기가 이쓰니깐 아니 아~이 발:꺼든.

에 이제 그냥 그 머리에다가 동여매고는 소가 이제 일 나가는 소면 오른
쪽, 왼쪽으로 가려면 이쪽을 잡아당기면 왼쪽을 소가 이렇게 가면 이쪽은
따라오고. 또 오른쪽에 가려면 오른쪽에 오른 고삐를 이 왼쪽 고삐를 잡
아당기면 소가 이제. 참 말 잘들어요, 오히려 저 잘하는 건 사람보다 나아.

그때 저, 저, 고 밭을 조렇게 하는 것을 밭 뭐래요?

⎺ 밭 간다.

밭을, 바, 밭을 갈 때 어떻게 갑니까?

⎺ 밭을 이제 갈아 가지고 고랑을 만들어야지.

아.

⎺ 고랑을 만들어서

예.

⎺ 고랑을 만들어야 모를 심으니까.

예. 얻, 어느 정도, 고랑을 한 어느 정도 이렇게.

⎺ 고랑이야 그저 요 정도, 요 정도.

한 몇 센티 정도 되는 거 같습니까, 몇 센티?

⎺ 그저 한 이십오 센티 정, 이십오 센티면 일곱 친데, 한 이십 센티 정
도. 두 치뿐, 그저 어떤 건 뭐 두 치뿐, 그저 한 두어 치 푼. 갈죠.

겨울철에 보리 다음 해에 잘 나라고 뭐 보리밟기 같은 거 합니까?

⎺ 예?

보리밟기 같은 거 합니까, 볼, 땅을 밟는 거?

⎺ 어˜아˜, 안 밟아, 우리 쪽은 안 밟아요. 뭐, 아래쪽에선 밟는다고 그러
더만 들떠서 밟는다 그러더구만.

예.

⎺ 그건 논에다 하니까 들뜨지. 습기가 있으니까.

예예.

⎺ 여긴 밭에다 하니까 건, 건기가 있으니깐 아니 아니 밟거든.

아, 그래요? 거 방아에는 밀, 밀로 찐는 그런 밀방아도 이꼬, 또 보릴 찔 보리방아도 이짜나요?

˜ 밀방애는 우리가 밀방애가 오구, 그저 갈기 매또레다 가러.

예에. 미른 맬

˜ 매또레다 가라먹지유, 뭐.

그럼 매또라구 망하구 뭐가 다른겁니까?

˜ 매또리나 망이나 한가지요. 매또리라구두 하구 마˜이라구두 하구, 이기 매또리라구두 하구, 마˜이라구두 하구.

예저네는 뭐라구 마래씀니까?

˜ 매또리지 뭐.

망이라는 말은 언제 써씀니까?

˜ 망, 망은, 망두 그맘때두 쓰구, 매똘두 그맘때두 쓰구. 그러케 써써유, 매또레다 갈:구, 망에다두 간:다그래구, 매똘두 간:다그래구, 인제, 그맘때 둘: 다 써요. 흔하게 쓰능게 두: 매또

옌날, 옌나레는 어떤 마를 마니 써써요?

˜ 옌:나렌 매또리라구래지.

망은 언제 마니 썬는데요?

˜ 글쎄, 원, 망두 그맘때 나오긴 나완는데 하기 쉬운 말로 하는 건 매똘. 저 매똘로가주오나라, 밀 갈:게. 망 가저오나라, 둘 다 비스삐스태요.

아, 그래요? 아유, 고맙슴니다, 그런걸 잘 아라야지 애드리 또 연구하는데 도움이 되니까. 그 다음에 그, 보리방아 찐는 경우는 보리방아.

˜ 보리방애 쩌, 보리방앤 발을 저, 그저

어트게 찌씀니까, 먼저 보리를.

˜ 보리를 우수수 말례야지.

예.

˜ 말례, 말례가지구 글 발방애.

아, 그래요? 거 방아에는 밀, 밀로 찧는 그런 밀방아도 있고, 또 보릴 찌을 보리방아도 있잖아요?

⎺ 밀방아는 우리가 밀방아가 없고, 그저 가루 맷돌에다 갈아.

예. 밀은 맷

⎺ 맷돌에다 갈아먹지요, 뭐.

그럼 맷돌하고 망하고 뭐가 다른 겁니까?

⎺ 맷돌이나 망이나 한가지요. 맷돌이라고도 하고 망이라고도 하고, 이게 맷돌이라고도 하고, 망이라고도 하고.

예전에는 뭐라고 말했습니까?

⎺ 맷돌이지 뭐.

망이라는 말은 언제 썼습니까?

⎺ 망, 망은, 망두 그맘때도 쓰고, 맷돌도 그맘때도 쓰고. 그렇게 썼어요, 맷돌에다 갈고, 망에다도 간다 그러고, 맷돌도 간다 그러고, 이제, 그맘때 둘 다 써요. 흔하게 쓰는 게 두 맷돌

옛날, 옛날에는 어떤 말을 많이 썼어요?

⎺ 옛날엔 맷돌이라 그러지.

망은 언제 많이 썼는데요?

⎺ 글쎄, 원, 망도 그맘때 나오긴 나왔는데 하기 쉬운 말로 하는 건 맷돌. 거 맷돌로 가거오너리, 밀을 갈게. 망 가거오너라, 둘 다 비슷비슷해요.

아, 그래요? 아유, 고맙습니다, 그런 걸 잘 알아야지 애들이 또 연구하는 데 도움이 되니까. 그 다음에 그, 보리방아 찧는 경우는 보리방아.

⎺ 보리방아 찧어, 보리방아는 발을 저, 그저

어떻게 찧습니까, 먼저 보리를.

⎺ 보리를 우수수 말려야지.

예.

⎺ 말려, 말려 가지고 그걸 디딜방아.

예.

⎺ 발바~애, 그 발루 찐는 방애루 인제 마~이 찌치, 어, 그건 어울러서 마:~이 찌, 어울러서.

왜 어울러서.

⎺ 기니깐 혼잔 모찌차누?

예예예.

⎺ 이건 사:람이 서:인 돼야 되거등.

예예.

⎺ 두:른 디꾸, 아페선 그 자꾸 파두기는걸[15] 씨러느쿠.

이거를 바를 딱 발꼬

⎺ 예.

쿵 떠러지며는

⎺ 거 튀나능걸 씨러느쿠 씨러느쿠.

그 다메 한사라믄뇨?

⎺ 한사라믄, 두:른 발:꾸

아, 두리.

⎺ 두:리 바:꾸.

두리, 한사라믄.

⎺ 두:리, 두:리 항꺼버네 인제 그 디데야되거든. 두리 항꺼버네 그래야 방아때가리가 올라가지.

아, 그래서 두리 가치 그냥, 두발로 그냥, 가치 함니까?

⎺ 아~이, 한 발루 해.

일단, 한사라믄 요기 이쓰믄 한사라믄 오른발.

⎺ 예, 오른발, 뛔:서 사람도 오름발. 오른발하는지 윈발하는지 그건 저 맘대루, 다리가 오른발이 아푸면 윈발두 하구. 윈발이 하문 오른발 하구, 그 빠~애 빤는게 여기서 인제 튀에나가두 그건 바~애 화기라구 해유.

예.

⎺ 디딜방아, 그 발로 찧는 방아로 이제 많이 찧지, 어, 그건 어울러서 많이 찧어, 어울러서.

왜 어울러서.

⎺ 그러니깐 혼자는 못 찧잖으우?

예예예.

⎺ 이건 사람이 셋은 돼야 되거든.

예예.

⎺ 둘은 딛고, 앞에선 그 자꾸 파헤치는 것을 쓸어 넣고.

이거를 발을 딱 밟고.

⎺ 예.

쿵 떨어지면은

⎺ 거 튀어 나오는 걸 쓸어 넣고 쓸어 넣고.

그 다음에 한 사람은요?

⎺ 한 사람은, 둘은 밟고

아, 둘이.

⎺ 둘이 밟고.

둘이, 한 사람은.

⎺ 둑이, 둑이 한꺼번에 이제 ㄱ 디뎌야 되거든, 둑이 한꺼번에 그렇게 해야 방아머리에 올라가지.

아, 그래서 둘이 같이 그냥, 두 발로 그냥, 같이 합니까?

⎺ 아니, 한 발로 해.

일단, 한 사람은 요기 있으면 한 사람은 오른발.

⎺ 예. 오른발. 뛰어서 사람도 오른발. 오른발 하는지 왼발 하는지 그건 제 맘대로, 다리가 오른발이 아프면 왼발도 하고. 왼발이 하면 오른발 하고, 그 방아 찧는 게 여기서 인제 튀어 나가도, 그건 방아 확이라고 해요.

예예예예.

 화기라구 하능걸 화게서 보리가 퉤:나믄 걸 씨러서 대:구 씨러너야 거 껍떼기 까지구 능궈지지.

예예. 능궈진다는게 뭡니까?

 그걸 아주 머께끔 맨드능걸 능군다그래지.

아.

 그 푹 찌에야돼, 머께끔 맨드능걸 능군다구래지.

아, 그래요? 어, 그 다음에 그 옌나레는 서리도 해짜나요, 그니까 뭐 보리서리, 밀서리 이렁거 하지 아나써요?

 서리, 그저네 서리야 그저 감:서리 뭐 꼬깜서리 이렁거 닥써리 마:~이 해찌.

아, 닥써리는 뭡니까?

 다글 밤:에가서 주인도 몰르게 훔처와서, 서리 해다가, 훔처다 멍는거.

그래요?

 그럼, 그렁거두 해봐써, 우리두. 닥써리두 해:보구, 거 꼬깜서리두 해:보구, 나무 바테 가서 옥씨기 서리두 해:다가.

음. 그다메, 지프루는 어떵걸 만듬니까? 만드는 거, 어떵게 이 지프루 하능게.

 지피야 지끔 인제 멍석

예.

 멍석두 매구.

예.

 새꼬레기 꼬아서 망태두 매구.

예.

 아깨말따나 매빵석두 매구.

예.

예예예예.

ㄱ 확이라고 하는 걸 확에서 보리가 튀어나오면 그걸 쓸어서 되게 쓸어 넣어야 거 껍데기까지 능궈지지.

예예. 능궈진다는 게 뭡니까?

ㄱ 그걸 아주 먹게끔 만드는 걸 능군다 그러지.

아.

ㄱ 그 푹 찧어야 돼, 먹게끔 만드는 걸 능군다 그러지.

아, 그래요? 어, 그 다음에 그 옛날에는 서리도 했잖아요, 그러니까 뭐 보리서리, 밀서리 이런 거 하지 않았어요?

ㄱ 서리, 그 전에 서리야 그저 감서리 뭐 곶감서리 이런거 닭서리 많이 했지.

아, 닭서리는 뭡니까?

ㄱ 닭을 밤에 가서 주인도 모르게 훔쳐 와서, 서리 해다가, 훔쳐다 먹는 거. 그래요?

ㄱ 그럼, 그런 것도 해 봤어, 우리도. 닭서리도 해보고, 거 곶감서리도 해보고, 남의 밭에 가서 옥수수서리도 해서

음. 그 다음에, 짚으로는 어떤 걸 만듭니까? 만드는 거, 어떻게 이 짚으로 하는 게.

ㄱ 짚이야 지금 이제 멍석

예.

ㄱ 멍석도 매고.

예.

ㄱ 새끼 꼬아서 망태도 매고.

예.

ㄱ 아까 말처럼 맷방석도 매고.

예.

⁻ 집씬두 겨울게 전부 집씬 삼능게 이리지, 뭐.

예.

⁻ 집씨늘 뭐 한죽, 열:쭉씩 삼는 사라미 이써, 열:쭉.

열쭈근

⁻ 배커리. 한주근 열커리가 한주기거든.

아, 예.

⁻ 그니까 열쭈글 사므믄 백커리지.

아, 예.

⁻ 그래야 여르메 시느니까, 여름내나.

예예예. 아, 지프로 그렁거 인제 집씬도 신고.

⁻ 그거 머꾸, 뭐 쇠두 메기구 하니까 늘:.

쇠 줄

⁻ 소찝, 소찝두 하니까 늘 어떤때는 늘 모:재래는 수가 만:치, 머.

그리고 그거로 끈 뭐 저거, 저거또 하자나요? 뭐 또 새끼.

⁻ 새끼.

예. 그거또 만드는.

⁻ 그 새낄 꼬아서 인제, 그 지바네서 쓰일때는 쓰구. 마냐게 지프루 인:는 사라믄 지붕 위를 지푸루 이:그등.

예.

⁻ 그럼, 새끼를 꽈서 멍을 떠야돼, 우리겐 바라미 부니깐, 인제 그이. 나라가니까, 그저, 기 새꼬레기 지피 마이 들지, 뭐.

그러며는, 아까 그 멍석도 만들어따고 그래짜나요?

⁻ 네. 멍석또 만들구.

또 뭐도.

⁻ 망태두 만들구.

망태.

⌐ 짚신도 겨울에 전부 짚신 삼는 게 일이지, 뭐.

예.

⌐ 짚신을 뭐 한 죽, 열 죽씩 삼는 사람이 있어, 열 죽.

열 죽은

⌐ 백 켤레. 한 죽은 열 켤레가 한 죽이거든.

아, 예.

⌐ 그러니까 열 죽을 삼으면 백 켤레지.

아, 예.

⌐ 그래야 여름에 신으니까, 여름내내.

예예예. 아, 짚으로 그런 거 이제 짚신도 신고.

⌐ 그거 먹고, 뭐 소도 먹이고 하니까 늘.

소 줄

⌐ 소 짚, 소 짚도 하니까 늘 어떤 때는 늘 모자라는 수가 많지, 뭐.

그리고 그거로 끈 뭐 저거, 저것도 하잖아요? 뭐 또 새끼.

⌐ 새끼.

예 그것도 만드는.

⌐ 그 새끼를 꼬아서 이제, 그 집안에서 쓰일 때는 쓰고. 만약에 짚으로
이는 사람은 지붕 위를 짚으로 이거든

예,

⌐ 그럼, 새끼를 꽈서 멍을 떠야 돼, 우리 쪽엔 바람이 부니간, 이제 그.
날아가니까, 그저, 그래 새끼 짚이 많이 들지, 뭐.

그러면은, 아까 그 멍석도 만들었다고 그랬잖아요?

⌐ 네. 멍석도 만들고.

또 뭐도.

⌐ 망태도 만들고.

망태.

˘ 그럼.

그럼 멍성 만드는 방버븐 어떠케 됩니까?

˘ 멍서글 만드는게 인제 새꼬레기를 꼬믄 이러케 츠:멘 인제 새꼬레기를 꽈가주구 날러요.

예.

˘ 나른다구래이지.

나른다는게 뭡니까?

˘ 멍서글 맨들기 위해서

예.

˘ 이거 그걸 하, 하능게. 기레믄 멍서글 츠:메가서 인제 새꼬레길 꼬구 좀 크:다란 걸 가주구 이러케 내. 내:서 이래가주 이걸 곱처가준 가구는 거:서버팅 지푸루 인제 하낙씩 하낙씨기여. 요고 하나 들구 이러케 하구 또 미테꺼 이러케 하구.

예.

˘ 또 하나 들구 또 이러케 이게 어, 어그더글.

예.

˘ 그래요.

아, 그러케 해서.

˘ 멍서글

그다메, 새끼, 새꼬랭이 이짜나요?

˘ 예.

거뚜

˘ 꼬치요.

아, 어트게, 어트, 꼬는 방버비 여러가지 이씀니까?

˘ 아ˇ이, 그래가주 단지 꼰는 방법껜 웁지, 뭐.

그니깐, 요로케 꼬, 요, 소늘 요로케 해가꾸 요로케.

˙ 그럼.

그럼 멍석 만드는 방법은 어떻게 됩니까?

˙ 멍석을 만드는 게 이제 새끼를 꼬면 이렇게 처음엔 이제 새끼를 꽈 가지고 날아요.

예.

˙ 난다 그래야지.

난다는 게 뭡니까?

˙ 멍석을 만들기 위해서

예.

˙ 이거 그걸 하, 하는 게. 그러면 멍석을 처음에 가서 이제 새끼를 꼬구 좀 커다란 걸 가지고 이렇게 내. 내서 이래 가지고 이걸 곱쳐 가지고 거기서부터 짚으로 이제 하나씩 하나씩이야. 이거 하나 들고 이렇게 하고 또 밑엣것 이렇게 하고.

예.

˙ 또 하나 들고 또 이렇게 이게 어, 어긋어긋.

예.

˙ 그래요.

아, 그렇게 해서.

˙ 멍석윽

그 다음에, 새끼, 새끼 있잖아요?

˙ 예.

것도

˙ 꼬지요.

아, 어떻게, 어떻, 꼬는 방법이 여러 가지 있습니까?

˙ 아니, 그래서 단지 꼬는 방법밖엔 없지, 뭐.

그러니깐, 요렇게 꼬, 요, 손을 요렇게 해 갖고 요렇게.

- 그래, 이러케 꽈야지, 이러:케.

이러케 꼰는걸 뭐라하고 어터케

- 글 오른새끼.

이쪼그로 하는거

- 이게 왼:새끼.

아, 이걸 오른

- 오른새끼, 이걸 왼:새끼.

왼새끼.

- 예.

사람드리 보통 어떵거를 하구 마니?

- 오른새끼 마이 고치, 뭐.

네.

- 왼:새끼는 사:람 주거서, 뭐, 이, 신바르까따가 이래할쩨 왼:새낄 꼬치.

예.

- 어이, 뭐, 어티 아페 아:들, 뭐, 저, 나:믄

예.

- 그 왼새길 꽈서, 이 뭐이 그걸 하자누? 오른새낄 마~이 꼬추, 뭐.

아, 애: 날때나

- 애날때 그럴때는 인제

사람 주글때는

- 왼:새길 꽈서 거:다, 뭐, 고추줌 느쿠, 뭐. 이제 소라지도 ** 그 뭐, 그 무시기야 거망도 거:다 다라매구.

예, 아. 그다메 아까 지프로 만들쑤 인능게 또 모자가튼 거도 이씀니까?

- 짐모자가틍거뚜 인제 정성드레 하능 그렁거뚜 이찌, 거뚜 이써유.

그 다음, 지프로 또 할쑤 인능게, 그, 닥 이거, 닥

- 닥, 닥, 다갈, 닥둥지리.

¯ 그래, 이렇게 꽈야지, 이렇게.

이렇게 꼬는 걸 뭐라 하고 어떻게

¯ 그걸 오른새끼.

이쪽으로 하는 거

¯ 이게 왼새끼.

아, 이걸 오른

¯ 오른새끼, 이걸 왼새끼.

왼새끼.

¯ 예.

사람들이 보통 어떤 거를 하고 많이?

¯ 오른새끼 많이 꼬지, 뭐.

네.

¯ 왼새끼는 사람 죽어서, 뭐, 이, 신발을 갖다가 이렇게 할 때 왼새낄 꼬지.

예.

¯ 어이, 뭐, 어떻게 앞에 아이들, 뭐, 저, 낳으면

예.

¯ 그 왼새낄 꽈서, 이 뭐 그걸 하잖으우? 오른새낄 많이 꼬지요, 뭐.

아, 애 낳을 때나

¯ 애 낳을 때 그럴 때는 인제

사람 죽을 때는

¯ 왼새낄 꽈서 거기다, 뭐, 고추 좀 넣고, 뭐. 이제 솔가지도 ** 그 뭐,
그 무엇이야 숯도 거기다 달아매고.

예, 아. 그 다음에 아까 짚으로 만들 수 있는 게 또 모자 같은 것도 있습니까?

¯ 짚 모자 같은 것도 이제 정성들어 하는 거런 것도 있지, 그것도 있어요.

그 다음, 짚으로 또 할 수 있는 게, 그 닭 이거, 닭

¯ 닭, 닭, 닭 알, 닭둥지.

예예, 그렁거도 만들거든.

ㅡ 그럼, 그거뚜 만들어, 닥 알라능거뚜 닥 둥지리루 만들구.

예예.

ㅡ 글루 여러가지 만들지유.

아, 예. 그다메 여기에서 마니 하능게 옥씨기자나요, 옥씨기.

ㅡ 옥쑤수.

그거는 어떠케 농사를 지어씀니까, 처음에 바틀갈고?

ㅡ 옥쑤수 인제, 그 아주 옥쑤수만, 인제 숭구는데 뒤에 뭐 이정도루 인저 숭구구 여그다가 콩을 옥쑤수 이러케 노쿠 여다가 콩 두포기.

옥쑤수, 옥쑤수 사이에 콩 두포기.

ㅡ 콩두포기이써요. 그게 그래야 인제 이게 마꾸. 너무, 너무 배:게[16] 숭구믄 그느리 지니까 옥쑤수가 성*.

너무 어뜨케요?

ㅡ 드물믄

아, 드물믄

ㅡ 너무 배:믄

밴다능게 뭠니까?

ㅡ 이게, 이레 가꺼이 이쓰믄 인제 쪼께 숭군다는 얘기지. 이기 배:다능 기지.

아아.

ㅡ 너무 배:게 숭구믄 저 그느리 지니까 곡써기 잘 앙크지.

아, 그래요.

ㅡ 그래, 인제 곡써글, 옥씨길 숭궈가주구 인제 요보덤 좀 지내믄 옥쑤수가 누::러케 이그믄 걸 따지, 아깨매햐~으루.

예.

ㅡ 너 옥씨기 딴니? 이래면 옥씨기를 따가주구는 아깨매야~으루 껍찌를

예예, 그런 거도 만들거든.

  ̄ 그럼, 그것도 만들, 닭 알 낳는 것도 닭 둥지를 만들고.

예예.

  ̄ 그걸로 여러 가지 만들지요.

아, 예. 그 다음에 여기에서 많이 하는 게 옥수수잖아요, 옥수수.

  ̄ 옥수수.

그거는 어떻게 농사를 지었습니까? 처음에 밭을 갈고

  ̄ 옥수수 이제, 그 아주 옥수수만, 이제 심는데 뒤에 뭐 이 정도로 이제
심고 여기다가 콩을 옥수수 이렇게 놓고 여기다가 콩 두 포기.

옥수수, 옥수수 사이에 콩 두 포기.

  ̄ 콩 두 포기 있어요. 그게 그래야 이제 이게 맞고. 너무, 너무 배게 심
으면 그늘이 지니까 옥수수가 성*.

너무 어떻게요?

  ̄ 드물면

아, 드물면

  ̄ 너무 배면

밴다는 게 뭡니까?

  ̄ 이게, 이렇게 가까이 있으면 이제 조금 심는다는 얘기지. 이게 배다
는 거지

아아.

  ̄ 너무 배게 심으면 저 그늘이 지니까 곡식이 잘 안 크지.

아, 그래요.

  ̄ 그래, 인제 곡식을, 옥수수를 심어 가지고 이제 요것보다 좀 지나면
옥수수가 누렇게 익으면 그걸 따지, 아까 모양으로.

예.

  ̄ 너 옥수수 땄니? 이러면 옥수수를 따 가지고는 아까 모양으로 그렇게

까서 두통씨개서 해때다 매다라서 그걸, 환장에다, 환장에다 매다라서 그걸 말려가주군

어디에다가요?

￣ 환장.

환장이 뭡니까?

￣ 환장이 인제, 그, 집 처마 끄테다가

예.

￣ 저짜게다 하나 바쭐루 이르게 콩거 매군, 낭글 이마난 낭글 가따가 거기서 이제 건네질러, 여기.

아, 예예.

￣ 근데 아주 거:다 매달주.

그거를 보통 시렁이라, 실겅이라고 안해요?

￣ 실겅은 토부루 낭그를, 낭그를 죽때길[17] 케:서 방안에다 이케 노믄 실겅.

예.

￣ 배까테 인는건 환장.

아, 배까테 인는건 환장이라구요.

￣ 어, 환장, 이건 환장이라그리구, 아네 인는건 실겅이라그래구.

으으응.

￣ 방안에 인는건 실겅.

방안에 인는거를 실겅.

￣ 실겅, 배까테 인는걸 환장.

환장, 아, 그럼 그 환장을 [29초] 환장을 그르케 노코 나서요.

￣ 네.

그 그다메 인제 옥씨기를 그냥

￣ 매달지유.

껍질을 까서 두 통씩 해서 횃대에다 매달아서 그걸, 환장에다, 환장에다
매달아서 그걸 말려가지구는

어디에다가요?

￣ 환장.

환장이 뭡니까?

￣ 환장이 이제, 그, 집 처마 끝에다가

예.

￣ 저쪽에다가 하나 밧줄로 이렇게 큰거 매곤, 나무를. 이만한 나무를
갖다가 거기서 이제 가로질러, 여기.

아, 예예.

￣ 그런데 아주 거기다 매달지요.

그거를 보통 시렁이라, 실겅이라고 안해요?

￣ 시렁은 톱으로 나무를, 나무를 죽대기를 켜서 방안에다 이렇게 놓으
면 시렁.

예.

￣ 바깥에 있는 건 환장.

아, 바깥에 있는 건 환장이라고요.

￣ 어, 환장, 이건 환장이라 그러고, 안에 있는 건 시렁이라 그러고.

으으응.

￣ 방 안에 있는 건 시렁.

방 안에 있는 거를 시렁.

￣ 시렁, 바깥에 있는 걸 환장.

환장, 아, 그럼 그 환장을[29초] 환장을 그렇게 놓고 나서요.

￣ 네.

그 그 다음에 이제 옥수수를 그냥

￣ 매달지요.

그래서 어터케 해먹씀니까?

⁻ 걸 까지, 뭐. 까서 또 망에다 아깨 말따다 그 이자나 메똘.

예.

⁻ 매똘루다 가라가주구.

예.

⁻ 기양 그거뚜 해먹, 가라서 인제 바베다가 싸레 쌀 뭐 좁쌀, 콩, 거 옥쑤수, 인제 그 가랑거 그걸 르:서 호나블 해서 감재 그르케 해서 인제 그르케 해먹찌, 바블.

아, 그래요? 그다메 옥씨기 말고 또 뭐가 재배를 해씀니까?

⁻ 옥쑤수 말고 조이. 서서기라그래능거.

예, 서서근뇨?

⁻ 서서근 조이구, 그거뚜 바테다 해선 뻐쩍 말례가주군 가따 도리깨질 해가주구.

예, 그르구 감자는 이짜나요, 감자는?

⁻ 예?

아까 옥쑤수 사이에 뭘 넌는다고 하셔쪼?

⁻ 콩.

콩은 주로 어떤 콩을 써요?

⁻ 코~이야 뭐 어떤 콩이나마나 보:통 인제 농초네서 하는 콩.

그다메 감재는요?

⁻ 감재두 옌:나렌 재래조~이여, 머 도길쩨감재도 이꾸 뭐, 여기, 뭘, 도길쩨감재 무슨 머 무슨? 그때 그런 감자도 한 서너가지 종뉴가 인는데 그르게 감자를 캐:서는 저장해야지. 이 땅을 파구 거기다가 참 뭐 야무지게 이러케 그게 겨울게도 멀쩡하게끔 베글 흐글 발라가지구는. 거기다 감자를 느:쿠는 이케 이영을 해가지구 그 얼:지앙케.

네.

그래서 어떻게 해먹습니까?

˜ 그걸 까지, 뭐. 까서도 맷돌에다 아까 말처럼 그 있잖아 맷돌.

예.

˜ 맷돌로다 갈아가지고.

예.

˜ 갈, 그냥 그것도 해먹, 갈아서 이제 밥에다가 쌀에 쌀 뭐 좁쌀, 콩, 거 옥수수, 이제 그 간 거 그걸 넣어서 혼합을 해서 감자 그렇게 해서 이제 그렇게 해 먹지, 밥을.

아, 그래요? 그 다음에 옥수수 말고 또 뭐가 재배를 했습니까?

˜ 옥수수 말고 조. ‘서석’이라 그러는 거.

예, ‘서석’은요?

˜ ‘서석’은 조, 그것도 밭에다 해선 바짝 말려 가지곤 갖다 도리깨질 해 가지고.

예, 그렇고 감자는 있잖아요, 감자는?

˜ 예?

아까 옥수수 사이에 뭘 넣는다고 하셨죠?

˜ 콩.

콩은 주로 어떤 콩을 써요?

˜ 콩이야 뭐 어떤 콩이니끼니 보통 이게 농촌에서 하는 콩.

그 다음에 감자는요?

˜ 감자도 옛날엔 재래종이야, 뭐 독일제 감자도 있고 뭐, 여기, 뭣, 독일 제 감자 무슨 뭐 무슨? 그때 그런 감자도 한 서너 가지 종류가 있는데 그 렇게 감자를 캐서는 저장해야지. 이 땅을 파고 거기다가 참 뭐 야무지게 이렇게 그게 겨울에도 멀쩡하게끔 벽을 흙을 발라 가지고는. 거기다 감자 를 넣고는 이렇게 이엉을 해 가지고 그 얼지 않게.

네.

⁻ 문두 이 늘판대기나 거 이르케 마께하구 거기다 집따늘 가따 콱 그래
믄 찬공기 안드러가게.

예.

⁻ 그래구 겨우내내 끄내먹찌요, 뭐. 감재밥 뭐 이렁거 해농거 이짜누?

엔:나레야 점:부가 점 보야글 머거찌.

예예. 혹시 바테 자라는 풀이 이짜나요, 어떻게 이써요?

⁻ 바:래~이.

바대기.

⁻ 바:래~이라구 해.

바랭이 에, 바랭이, 응, 또.

⁻ 네, 뭐, 능제~이, 뭐, 바래~이 이렁게지.

드레 인는거는뇨?

⁻ 예?

드레 인능거.

⁻ 능제~이, 바래~이, 그거.

사네 인는건?

⁻ 사네 인는건 뭐, 별다른 그런 그거 엄는데.

아, 하, 예. 어르신, 오느른 저기 요까지만 좀 하고.

‾ 문도 이 널판때기나 거 이렇게 맞게 하고 거기다 짚단을 갖다 꽉 그러면 찬 공기 안 들어가게.

예.

‾ 그러고 겨우내내 꺼내 먹지요, 뭐. 감자 밥 뭐 이런 거 해 놓은 거 있잖으우? 옛날에야 전부가 참 보약을 먹었지.

예예. 혹시 밭에, 밭에 자라는 풀이 있잖아요, 어떤 게 있어요?

‾ 바랭이.

바대기.

‾ 바랭이라고 해.

바랭이 에, 바랭이, 응, 또.

‾ 네, 뭐, 능젱이, 뭐, 바랭이 이런 거지.

들에 있는 거는요?

‾ 예?

들에 있는 거.

‾ 능젱이, 바랭이, 그거.

산에 있는 건?

‾ 산에 있는 건 뭐, 별다른 그런 그거 없는데.

아, 하, 예, 어르신, 오늘은 요까지만 좀 하고.

가을걷이와 겨우살이

- 그리구 인제 갈:게 마대~이를 저저 바~아를 찌는건 통방아.

아 예.

- 물레방아가 인는 데도 이찌만 통방애. 낭글 이:런거를 인제 가따가 귀숭머리에^[18] 까꾸, 그게 아주

저기 귀성

- 어, 귀숭머리 인제 물바께.

아, 예예.

- 개 이러:케 인제 해선 미테는 이러케 뭐 저저 한 상가켱으로 이러케 맨드러 노코는 가무쏘에 가, 그 그릉게 그거를 해:노쿠는 암대가리에다가는 절구꼬~이를 낭글 가따노쿠. 돌: 화글 노쿠는 거기다 베: 한 댄:말씩 노쿠는 올라가따가:: 네레찌꾸.

고 고 방아를 무슨 방아라감니까?

- 물방아 물 물방아를 인제 올라가따가:: 내레찌꾸 올라가따 내레찌꾸. 예 *** 쩨:야 하루 온:종일 쩨:야 쌀 한두가마니?

예.

- 그저 자 재주 오르내리믄 그러치만 그노믄 또 깐따~하믄 사람 주거. 우리 저 근네 사람 주근 사:라미써.

재주 오르는 사라미

- 에?

재주 못

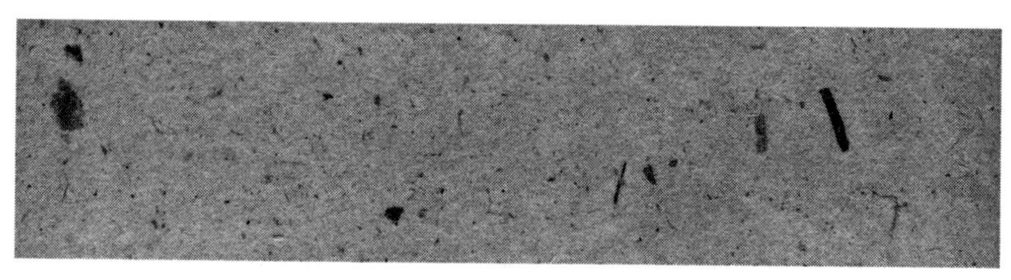

˜ 그리고 이제 가을에 마당질을 저저 방아를 찧는 건 통방아.

아 예.

˜ 물레방아가 있는 데도 있지만 통방아. 나무 이런 거를 이제 갖다가 귀숭머리에 깎고. 그게 아주

저기 귀성

˜ 어, 귀숭머리 이제 물 받개.

아 예예.

˜ 그래 이렇게 이제 해선 밑에는 이렇게 뭐 저저 한 삼각형으로 이렇게 만들어 놓고는 가뭇소에 가, 그 그러니까 그거를 해 놓고는 암대가리에다 가는 절굿공이를 나무를 갖다 놓고. 돌 확을 놓고는 거기다 벼 한 댓 말 씩 놓고는 올라갔다가 내려찍고.

그 그 방아를 무슨 방아라고 합니까?

˜ 물방아 물 물방아를 이제 올라갔다가 내려 찍고 올라갔다 내려 찍고. 예 *** 찧어야 그저 하루 온종일 찧어야 쌀 한두 가마니?

예.

˜ 그저 자 자주 오르내리면 그렇지만 그놈은 또 까딱하면 사람 죽어. 우리 저 건너 사람 죽은 사람 있어.

자주 오르는 사람이

˜ 에?

자주 못

ᐨ 재주 오르내리믄 한: 너더까마~이 찌쿠.

아, 제대로

ᐨ 요, 오르내리 찌:믄

예.

ᐨ 어지간하믄 머 가다 그저 호:랭이두 보구. 거:서 호랭이가 문트므루 스쩍 방아찐는거 디레다두 보구.

그래요?

ᐨ 그럼, 그런게 머 기:니까.

어, 어이구, 무섭껜네요 그거.

ᐨ 무서끼나마나 그런걸 알:기는 뭐 그 기리구 으른드리 가서 바:메 아주, 그게 인제. 이러케 네레찌믄 그게 퉤나거덩.

예예.

ᐨ 그래 그거 또 비루 씨러느쿠 그래애지, 씨러느쿠 그래 고기 밤베루 소캐뿔 해노쿠 이러케 노:문

무슨 부리요?

ᐨ 속, 소까~이불.

아.

ᐨ 관솔.

예, 소까~이불.

ᐨ 네. 관소를 뿌레기를 인제 사네가서 캐:다간 우정 아주 한망태기 지구 나가야데 밤새도록 때:자믄.

아, 예예.

ᐨ 개 배까테 잘 몬:나가지 뭐 호랭이때미레.

아, 그래요? 그러케 해서 이제 해서 이제.

ᐨ 싸를 찌:믄

싸를 찌믄

˗ 자주 오르내리는 그 그게 자주 오르내리면 한 너댓 가마니 찧고.

아, 제대로

˗ 요, 오르내리 찧으면

예.

˗ 어지간하면 뭐 가다 그저 호랑이도 보고. 거기서 호랑이가 문틈으로 슬쩍 방아 찧는 거 들여다도 보고.

그래요?

˗ 그럼, 그런 게 뭐 그러니까.

어, 어이구, 무섭겠네요 그거.

˗ 무섭거나마나 그런걸 알기는 뭐 그 그리고 어른들이 가서 밤에 아주 그게 이제. 이렇게 내려 찧으면 그게 튀어나거든.

예예.

˗ 그래 그러 또 비로 쓸어 넣고 그래야지, 쓸어 넣고 그래 거기 *벼를 관솔 불을 해 놓고 이렇게 놓으면

무슨 불이요?

˗ 속, 관솔 불.

아.

˗ 관솔.

예, 관솔 불.

˗ 네. 관솔을 뿌리를 이제 산에 가서 캐다가 우정 아주 한 망태기 지고 나가야 돼 밤새도록 때자면.

아, 예예.

˗ 그래 바깥에 잘 못 나가지 뭐 호랑이 때문에.

아, 그래요? 그렇게 해서 이제 해서 이제.

˗ 쌀을 찧으면

쌀을 찧으면

⎺ 찌:믄 인제 그걸 가따가 지베다가 쪼금 겨울게 머꾸.

쌀 찌으면 머가 나옴니까 싸른?

⎺ 쭉쩨가 낭:꾸 제가 남:찌.

에.

제는 한번 찐 한번 찌차나요?

⎺ 예.

그다으메는요?

⎺ 그다으메는 제 제는 인제 싸레 싸레서 그 아달매 싸레를 그걸 인제 대구 찌:서 그 나오는 제.

네.

⎺ 또 새:쩨는 기양 베껍떼기가지구 새:쩨라그래구.

예예.

⎺ 베껍떼기가지구. 그래니 뭐 참 사람 사는게 뭐.

그러니까 이제 제는 제대로 나오고.

⎺ 예.

그 다음에 싸른 쌀대로 나오고.

⎺ 그럼. 인제 제는 치루 까부는건 그 새:쩨가 나오구. 그 저 껍떼기 제지, 새:쩨가 나오구.

예.

⎺ 그니까 그 다음 그그그 그리구 인제 그 쌀 제는 진짜 죽쩨는 안나오그덩.

예예예.

⎺ 건 베껍 베 알이 쌀이 껍떼길 버서지민 거기서 나오는 보드라운 거거거 그렁기 인제 그 싸, 싸래기두 이꾸.

예예예.

⎺ 그러케 나오지.

˘ 찧으면 이제 그걸 갖다가 집에다가 조금 겨울에 먹고.

쌀 찧으면 뭐가 나옵니까 쌀은?

˘ 쭉정이가 남고 겨가 남지.

예.

겨는 한 번 찧은 한 번 찧잖아요?

˘ 예.

그 다음에는요?

˘ 그 다음에는 겨 겨는 이제 쌀에 쌀에서 그 아달매 쌀을 그걸 인제 대고 찧어서 그 나오는 겨.

네.

˘ 또 왕겨는 그냥 벼껍데기가지고 왕겨라 그러고.

예예.

˘ 벼 껍질 가지고. 그러니 뭐 참 사람 사는 게 뭐.

그러니까 이제 겨는 겨대로 나오고.

˘ 예.

그 다음에 쌀은 쌀대로 나오고.

˘ 그럼요. 이제 겨는 키로 까부는 건 그 왕겨가 나오고. 그 저 껍데기 겨지, 왕겨가 나오고.

예

˘ 그러니까 그 다음 그그그 그리구 인제 그 쌀 겨는 진짜 쭉정이는 안 나오거든.

예예예.

˘ 그건 벼껍 벼 알이 쌀이 껍데기가 벗어지면 거기서 나오는 보드라운 거거거 그런 게 이제 그 싸, 싸라기두 있고.

예예예.

˘ 그렇게 나오지.

그럼 인제 싸래기가 나오자나요?

⁻ 네.

싸래기가 나오면 인제 그걸 어트게 어디다가?

⁻ 그거뚜 까부러가지구 싸래긴 싸래기대루 저:장하지. 개가지구 머 싸
레기죽뚜 쒀:먹구 또 죽쩨는 소두 소메기구.

예.

⁻ 그르케 해.

그다메 집 이짜나요, 집

⁻ 에?

집 나오나요, 집?

⁻ 집 나오능건 인제 그 그 우리게는 뭐 산에 인제 굴피, 굴피나무가 마
느니까, 피나무, 참나무 이런게 보서리가. 아깨 구도토리[19] 열리능거.

예.

⁻ 구도토리 열리는 낭그가 이렇게 마느니까 인제 이맘때 저니여. 도꾸
로 가서 요새끼낭그를 이러케 찌그믄 그게 인제 껍떼길 베껴. 껍떼기가
훌렁훌렁 버서저, 어떠 뚜께가 어떤건 뭐 이 이뚜께망거시 그거 한번 이
으믄 한 삼사넌 가구.

예.

⁻ 그 다음엔 또 돌례 이으구 돌례 이으구 그래요, 우리가 그르케, 그르
케 살:지.

으음. 인제 농사를 이르케 지꼬 나며는

⁻ 예.

그 다음 어디다가 저장을 함니까, 저장을?

⁻ 두지에다가.

아, 아 저장하기 전에 먼저 말리조, 한번, 싸를?

⁻ 싸를 말기진자나요. 기양 한번 베:서 다 말러쓰니까, 베가.

그럼 이제 싸라기가 나오잖아요?

ㅡ 네.

싸래기가 나오면 그걸 어떻게 어디다가?

ㅡ 그것도 까불러 가지고 싸라기는 싸라기대로 저장하지. 그래 가지고
뭐 싸라기죽도 쒀 먹고 또 쭉정이는 소도 소먹이고.

예.

ㅡ 그렇게 해.

그 다음에 짚 있잖아, 짚?

ㅡ 에?

짚 나오나요, 짚?

ㅡ 짚 나오는 건 이제 그 그 우리에게는 뭐 산에 이제 굴피, 굴피나무가
많으니까, 피나무, 참나무 이런 게 보서리가. 아까 구도토리 열리는 거.

예.

ㅡ 구도토리 열리는 나무가 이런 게 많으니까 이제 이맘때 전이야. 도끼
로 가서 요 새끼 나무를 이렇게 찍으면 그게 이제 껍데길 벗겨. 껍데기가
훌렁훌렁 벗어져, 어떠 두께가 어떤 건 뭐 이 이 두께만한 것이 그거 한
번 이으면 한 삼사 년 가고.

예.

ㅡ 그 다음엔 둘러 있고 둘러 있고 그래요, 우리가 그렇게, 그렇게 삼
지.

으음. 그래 이제 농사를 이렇게 짓고 나며는

ㅡ 예.

그 다음 어디다가 저장을 합니까, 저장을?

ㅡ 뒤주에다가.

아, 아 저장하기 전에 먼저 말리죠, 한 번, 쌀을?

ㅡ 쌀을 말리지 않아요. 그냥 한 번 베어서 다 말랐으니까, 벼가.

아, 그러초.

⌐ 이걸 베를 깨미러보거던, 깨미러서 딱소리만 나먼 아 다말렀따고 바~
애찐는다구래지.

아, 방애찐는다구요. 그럼 저장은 주로 어디에 함니까?

⌐ 저자~은 두지 뭐 두지 뭐 광:에다가 는:다그래지. 쌀두지에다가두 느쿠.

예.

⌐ 그래 인제 가을게 머글꺼 겨울게 머글꺼 찌꾸 봄엔 또 봄바~애 찌을
껀 뒈: 두지. 한꺼번에 마:~이 찌먼 그 저 뭐 벌거지가 나니까, 그그 그거
가지구 뭐이라 그러덩가? 거가지구 뭐이라 그래나?

그 다음에 인제 그러케 인제 해서 이제 베농사는 다 진, 지코.

⌐ 다 지꼬.

아, 그렇죠.

ˉ 이걸 벼를 깨물어 보거든, 깨물어서 딱 소리만 나면 아 다말랐다고 방아 찧는다고 그러지.

아, 방아 찧는다구요. 그럼 저장은 주로 어디에 합니까?

ˉ 저장은 뒤주 뭐 뒤주 뭐 광에다가 넣는다 그러지. 쌀 뒤주에다가도 넣고.

예.

ˉ 그래 이제 가을에 먹을 것 겨울에 먹을 것 찧고 봄엔 또 봄방아 찧을 건 둬 두지. 한꺼번에 많이 찧으면 그 저 뭐 벌레가 나니까, 그그 그거 가지고 뭐라 그러던가? 그것 가지고 뭐라 그러나?

그 다음에 이제 그렇게 이제 해서 이제 벼농사는 다 짓, 짓고.

ˉ 다 짓고.

■ 주석

1) '생다지'는 '무엇인가 익숙하지 않거나 숙련되지 않은 상태' 정도의 뜻을 갖는데, '생짜'와 비슷한 의미를 지닌다.

2) '골수루'는 '곬-으루'로 분석되는데, '곬'은 '고랑'의 방언형이다. 어간말 'ㅅ'의 존재가 특이하다.

3) '거실러'는 '거슬러'의 방언형으로 '거스르-어'로 분석된다. '거스르-'는 '풀 따위를 베다'의 뜻을 갖는다.

4) '구세기도'는 '구세기-도'로 분석되며, '구세기'는 '구석'의 방언형이다. 이 지역에서는 '구세기'와 함께 '귀사리'도 함께 쓰인다.

5) '모사리'는 '모를 옮겨 심은 지 4~5일쯤 지나서 모가 완전히 뿌리를 내려 파랗게 생기를 띠는 상태' 정도의 뜻을 갖는데, 표준어형으로는 '사름'이다.

6) '추:메'는 '춤:-에'로 분석되는데, '춤:'은 '처음'에서 고모음 탈락과 보상적 장모음화로 '첨:'이 되고, 다시 모음상승에 의해 '츰:'이 된다. 그런 다음 후행하는 자음 'ㅁ'에 의한 역행적 원순모음화를 겪어 최종적으로 '춤:'이 형성되는 것이다.

7) '새간'은 '사이'의 방언형으로, '사이'가 모음축약에 의해서 '새'가 되고, 여기에 한자어인 '間'이 결합하여 형성된 것이다.

8) '글거리'는 '그루터기'의 방언형이다.

9) '어우리'는 농촌에서는 수확할 때 일손이 많이 부족하기 때문에 일정한 계약 아래에서 일을 함께 하고 서로 도와주는 행위를 말한다.

10) '아랫도리깨'는 '곱도리깨'의 방언형인데, 상도리깨가 도리깨질을 해서 넘겨준 곡식의 단을 마무리하는 사람을 말한다.

11) '상도리깨'는 통단으로 되어 있는 곡식의 단을 끊어 헤친 후, 덜 떨어낸 곡식 단은 안쪽으로 몰고, 다 된 것은 밖으로 후려치면서 타작하는 도리깨질의 리더 역할을 하는 사람이다.

12) '주고이기'는 '주고익-이'로 분석된다. 이것은 '주곡(主穀)+이'의 결합에서 움라우트의 중간 단계로 실현된 것이다.

13) 이 지역에서는 '옥수수'뿐만 아니라 '옥시기'도 공존한다.

14) '가대기'는 '쟁기'의 일종으로, 보습 날 위에 볏이 없다.

15) '파두기는걸'은 '파두기-는걸'로 분선되는데, '파두기-'는 '파-'와 '두기-'의 합성
어이다. '파두기-'는 무엇을 찾으려고 이곳저곳 들추거나 헤친다 정도의 뜻으
로 사용된다.

16) '배-'는 물건의 사이가 비좁거나 촘촘하다는 뜻이다.

17) '죽대기'는 통나무의 표면에서 잘라 낸 널조각을 뜻한다.

18) '귀숭머리'는 모가 난 끝 부분을 가리킨다.

19) '구도토리'는 이 지역에서 '구람'이라고도 하며, 떡갈나무나 음지에서 자라는
물갈나무에서 연다. '구도토리'보다 잔 도토리를 '재래~이' 또는 '재량도토리'
라고 한다.

거주 생활

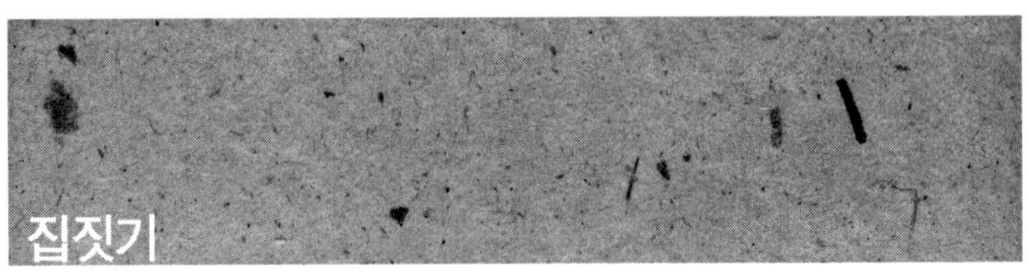

예, 아까 집찐는 집 그 재료 거이 해써꼬 이제 짐모양이나 크기에 따라 그 이름도 다르잔씀니까?

＝ 그래요.

그다음 그 지블 질때에 어떤지비 이써요? 옌나레는 이런 아까 지어떤 그런 짐말고 보통 이 굴피로 만들면 그거는

＝ 굴피지비구[1]

그다음에 그

＝ 느~에로[2] 쟁:건 능 느~에지비구 또 지푸로 쟁:건 초가지비구.

초가지비구. 그렁거 말고 허름하게 지은 집까튼 거뜰도 이케

＝ 개 허름하게 진는건 이제 뭐 움마기라구 인제 거양 거 어물쩡 그래서 움막 맹그러 가지구서 사능거뚜 이꾸

움막뚜 이꾸 그다으메 오두막찝

＝ 거, 오두막찝뚜 옌나레 이써찌. 쬐꾸마하::게 지꾸 사능거 오두막찌비야

아, 그래요? 그럼, 거기 보며는 이제 그 집 집뽀며는 지블 지꼬 나서 그 다으메 그 아, 지블보며는 이제 그 방이 이짜나요, 방이. 방에는 보통 아까 여덜칸도 이꼬 여서칸도 이따고 핸는데 여서카니며는 보통 어떤 방 어떤 방이 이써요? 가장 흔항게

＝ 그냥 흔항게 인제 이 뭐 이 방에 옌:날엔 일굽짜빵이 하나 일굽짜빵두 인능게 이꼬 또 여덜짜빵두 이꾸. 또 지불 크게 잘 진는 사라믄 방항

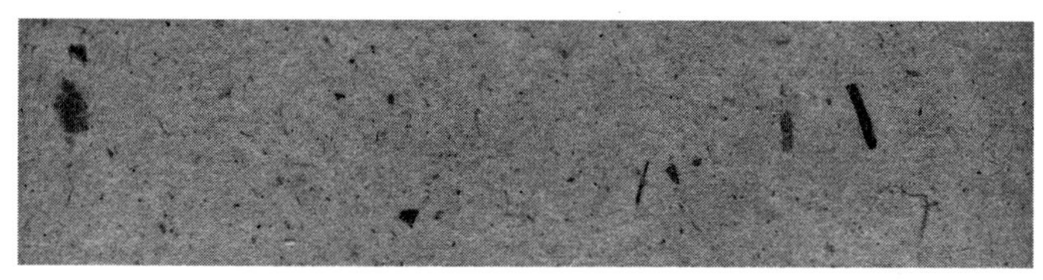

예, 아까 집짓는 그 재료 거의 했었고 이제 집 모양이나 크기에 따라 그 이름도 다르지 않습니까?

˝ 그래요.

그 다음 그 집을 지을 때 어떤 집이 있어요? 옛날에는 이런 아까 지었던 그런 집 말고 보통 이 굴피로 만들면 그것은

˝ 굴피집이고

그 다음에 그

˝ 너와로 지은 것은 너와집이고 또 짚으로 지은 것은 초가집이고.

초가집이고. 그런거 말고 허름하게 지은 집 같은 것들도 이렇게

˝ 그러니까 허름하게 짓는 건 이제 뭐 움막이라고 이제 그냥 그 어물쩍 그래서 움막 만들어 가지고서 사는 것도 있고

움막도 있고 그 다음에 오두막집

˝ 거, 오두막집도 옛날에 있었지 조그마하게 짓고 사는 것이 오두막집이야.

아, 그래요? 그럼, 거기 보면 그 집 집 보면 집을 짓고 나서 그 다음에 그 아, 집을 보면은 이제 그 방이 있잖아요, 방이. 방에는 보통 아까 여덟 칸도 있고 여섯 칸도 있다고 했는데 여섯 칸이면 보통 어떤 방 어떤 방이 있어요? 가장 흔한 것이

˝ 그냥 흔한 것이 인제 이 뭐 이 방에 옛날엔 일곱 자 방이 하나 일곱 자 방도 있는 것이 있고. 또 여덟 자 방도 있고. 또 집을 크게 잘 짓는 사

방이 열짜빵으루 맹그릉거뚜 이꾸 그 사라메게 인제 자기 보과네 마께
사는 살기 위해서는 인제 뭐 쬐끄마케 인제 잘 모쌀구 인제 살리미 어려
운 사람더른 뭐 일곱짜빵 여덜빵 짱을 제:서 이제 사능거구 쫌 넝넉해게
인제 자꾸 그래두 머꾸살만한 사라믄 방두 큼지큼직하게 제:가지구 살구
이런거여, 그게.

아, 그러면 인제 그걸 그러케 할때에 그 방, 방이 보통 멷

= 방이 보:통 이제 여 여덜 째 팔칸찌비라구두 하는 집 팔칸찌비라구
지꾸 사는 집뚜 이꾸 잘사는 사라믄 이 이런 농초네 이런데서는 보통 유
칸찌비여 유칸찝. 유칸찌비며는 방이 니:게에다가 정지가 인제 두:칸 해
서 유칸찌비 되능거지.

그 정지에는 정지도 이꼬 그 다으메 그

= 정지 엽 아페다가 소 오양깐 소 마:구두 다라가지구서 이러게하구 그
래지.

네. 그럼 방이 네카니며는 어떤 방 어떤 방이 이써요?

= 게잉까 인자 압 안빵이 이꾸 우빵이 이꾸 사랑빵이 이꾸 마루빠~이
이꾸 이래 네 네개라.

이제 보통 방에 누가 어떤 그 안빵에는 이제 그 주인

= 개 인제 안빵에는 인제 그저저저 말하자믄 머 시어머~이 방이구 우빵
은 메누리 바~이구 사랑빵은 아버지 바~이구 허허 이러케

아, 그래요?

= 그래 게 사랑빠~에다 인제 대부부~이 손님반는거자나 인제 이이이
개구 이 이 이쪼겐 인제 그러케 접찌부루하는데 저 양구나 이런데 다니
며는 외채찌부루 제 외채찌부루 외채찌부루 거양 제: 사~이 양구가서두
우리가 한 한 일녀닌가가 살다가 완는데 거기는 외채찌부루 진데 방 방
두칸에다가 정지 항칸씩이러케 하구 또 소 마:구는 고 떠러저서 이제 이
러케 제:가주구 그래서 양구거튼데는 한지비 외채찌부루 이 두 두:개씩

람은 방 한, 방이 열 자 방으로 만든 것도 있고. 그 사람에게 인제 자기 보관에 맞게 사는, 살기 위해서는 인제 뭐 조그맣게 인제 잘 못살고 인제 살림이 어려운 사람들은 뭐 일곱 자 방 여덟 자 방 장을 지어서 사는 것이고 좀 넉넉하게 인제 자꾸 그래도 먹고살 만한 사람은 방도 큼직큼직하게 지어 가지고 살고 이런거야, 그게.

아, 그러면 이제 그걸 그렇게 할 때에 그 방, 방이 보통 몇

= 방이 보통 이제 여 여덟 자 8칸 집이라고도 하는 집 8칸 집이라고 짓고 사는 집도 있고 잘사는 사람은 이 이런 농촌에 이런 데서는 보통 육 칸 집이야 육 칸 집. 육 칸 집이면 방이 네 개에다가 부엌이 인제 두 칸 해서 육 칸 집이 되는거지.

그 부엌에는 부엌도 있고 그 다음에 그

= 부엌 옆, 앞에다가 소 외양간 소 마굿간도 달아 가지고서 이렇게 하고 그러지.

네. 그럼 방이 네 칸이면 어떤 방 어떤 방이 있어요?

= 그러니까 인제 앞 안방이 있고 윗방이 있고 사랑방이 있고 마룻방이 있고 이렇게 네 네 개야.

이제 보통 방에 누가 어떤, 그 안방에는 이제 그 주인

= 그러니 인제 안방에는 인제 그저저저 말하자면 뭐 시어머니 방이고 윗방은 며느리 방이고 사랑방은 아버지 방이고 처처 이렇게

아, 그래요?

= 그래 그러니까 사랑방에다 이제 대부분이 손님 받는 거잖아 인제 이 이이 그리고 이 이 이쪽에는 인제 그렇게 겹집으로 하는데 저 강원도 양구나 이런데 다니면 외챗집으로 지어, 외챗집으로 외챗집으로 그냥 지어 사니까 강원도 양구 가서도 우리가 한 일 년인가가 살다가 왔는데 거기는 외챗집으로 짓는데 방 방 두 칸에다가 부엌 한 칸씩 이렇게 하고 또 소 마구는 거기 떨어져서 이제 이렇게 지어 가지고서 그래서 양구 같은

지: 가지구 사러 두:개씩.

근데 왜 어떠케 하다가 양구에 가따 오셔써요?

= 아, 인제 양구에 또 살기 조타구 그래서 양구가 좀 한 한 일런 살아봔 거야.

언제쩌게 가셔써요?

= 그때 양구가서:: 살때 뭐 그맘때 상 한 열쌀좀 너머서 가 한 열쌀정도? 한 열한살 열뚜살 정도 돼:서가서 사라따구.

어르신드리요?

= 그럼.

그 가따가 바로 그냥

= 거 바루 또 한거야.

아, 어르신드리

= 그래.

아.

= 아. 인제 우리가가 인제 우리 고향만 모타다 가자 히히허 이래가 왕 거지 히히히.

아, 그래요? 아, 그러니까 어르시네 아버지.

= 거러치 거 인제 양구가 살기조타 인제 이래서 강거야 거기 에헤(기침).

그러면 그 안빵이꼬 그 다으메 그 그럼 여기에는 어 마당가틍거또 인나요? 뜰가틍거 마당.

= 마당두 이찌 이 아페다가 마당 맹글구

아, 그래요?

= 뒤에는 또 뒤 뒤에 뒤에두 인제 뒤라니라구 그래서 이러케 뒤에다 인제 맹글구 거 뒤 여페는 인제 장똑뚜 맹글구 장똑뚜 세우구 이러케

뒤를 뭐 뭐라고 방금

= 뒤:란.

데는 한 집이 외챗집으로 이 두 두 개씩 지어 가지고 살아, 두 개씩.

그런데 왜 어떻게 하다가 양구에 갔다 오셨어요?

▪ 아, 이제 양구에 또 살기 좋다고 그래서 양구에 가서 좀 한 한 일년 살아본 거야.

언제적에 가셨어요?

▪ 그때 양구 가서 살 때 뭐 그맘때 상 한 열 살 좀 넘어서 가 한 열 살 정도? 한 열한 살 열두 살 정도 되어서 가서 살았다고.

어르신들이요?

▪ 그럼.

그 갔다가 바로 그냥

▪ 거기 바로 또 한 거야.

아, 어르신들이

▪ 그래.

아

▪ 아 이제 우리가 가서 이제 우리 고향만 못하다 가자 히히허 이렇게 온 거지 히히히.

아, 그래요? 아, 그러니까 어르신에 아버지.

▪ 그렇지 그 인제 양구가 살기 좋다 이 인제 이래서 간 거야 거기 에헴.

그러면 그 안방 있고 그 다음에 그 그럼 여기에는 어 마당 같은 것두 잇나요? 뜰 같은 거 마당.

▪ 마당도 있지 이 앞에다가 마당 만들고

아, 그래요?

▪ 뒤에는 또 뒤 뒤에 뒤에도 이제 뒤란이라고 그래서 이렇게 뒤에다 이제 만들고 그 뒤 옆에는 이제 장독도 만들고 장독도 세우고 이렇게

뒤를 뭐 뭐라고 방금

▪ 뒤란

뒤란이

˝ 뒤라니라구 해서 인제 고 뒤에다가 장똑뚜 인제 이러케 맹글구 장똑
뚜 세우구 이러케 맹글구

아. 네. 그 다으메 음 아까 방 이러케 할때 옌날에는 방 이 부를 피 방에 방
이 어두우며는 뭘로 이러케

˝ 옌:날에 이제:는 뭐 여:는 옌날에는 이제 정:기가 업쓰니까 인제. 그
저 옌:날 아주 옌:날에는 흠 여기 사네 가며는 동바기라구 이따구 동박.
동박 이렁거 따서 인제 동바끼름해가지구 이런 접씨에다가 이제 뭐 실가
틍걸루 심:지해서 노쿠는 그 동바끼르므루두 케구. 또 인제 그렁거뚜 모
타 모하구 이래며는 옌나레는 이제 사네 가믄 이제 뭐 오소리 뭐 이렁게
마:너썼는데. 오소리 인제 자바가주구 오소리 기리미 무지하게 마너요.
그거뚜 인제 부를 케구 인제 이이 이러케 사른거야.

그런데 인제 고러케 하는데 어디 가니까 인제 이 벽 한 구서께다가 요러케.

˝ 어, 그래구는 인제 벽뚜 이처럼 구서게다가 코쿠리라구 맹그러가지
구. 그거 인제 이러케 낭그루 이러:케 휘어서 맹글구는 흐글 싸발르구는
그 이 이러케 노쿠는. 여기가면 솔라무 화대 소깨~이 소가 소까지라 그런
다구. 그걸 주어다간 패가지군 그 미테 가따노쿠는 거기다 노쿠는. 하하,
옌나레는 초:네서두 인자 할마~이덜이 머. 삼 삼 뭐야 사물 사머서 그 벨:
짜서 그 오슬 해입꾸 베오슬 해입꾸 사라따 이기여 그 인자 여자드른 그
러하구 남자드른 시니 업쓰니까 바메 코쿨 너:면서 집쎄기를 사머 싱:꾸
인제 나젠가 일하구 이러케 사릉거여.

그 다으메 여기는 돌로 지블 지찌는 안씀니까 돌가틍걸로.

˝ 머이 여기는 뭐 돌:로 안 지꾸 살구.

이 지블 진는데는 이게 이 사용하는 연장드리 마니 이짜나요? 어떤 지블 지
을때 사용하능게 어떵거 어떵거가 이씀니까? 지블 질때 이런 뭐 집찔라면 그

뒤란이

▪ 뒤란이라고 해서 이제 그 뒤에다가 장독도 이제 이렇게 만들고 장독도 세우고 이렇게 만들고

아. 네. 그 다음에 음 아까 방 이렇게 할 때 옛날에는 방 이 불을 피 방에 그 이 불 피 방이 어두우면은 뭘로 이렇게

▪ 옛날에 이제는 뭐 여기는 옛날에는 이제 전기가 없으니까 이제. 그저 옛날 아주 옛날에는 흠 여기 산에 가면은 동백이라고 있다고 동백. 동백 이런 거 따서 이제 동백기름 해 가지고 이런 접시에다가 이제 뭐 실 같은 걸로 심지를 해서 놓고는 그 동백기름으로도 켜고 또 이제 그런 것도 못하 못하고 이러면은 옛날에는 이제 산에 가면 이제 뭐 오소리 뭐 이런게 많았었는데. 오소리 이제 잡아 가지고 오소리 기름이 굉장히 많아요. 그것도 이제 불을 켜고 이제 이이 이렇게 산 거야.

그런데 이제 그렇게 하는데 어디 가니까 이제 이 벽 한 구석에 가서 이렇게.

▪ 어, 그러고는 이제 벽도 이처럼 구석에다가 고콜이라고 만들어 가지고. 그거 이제 이렇게 나무로 이렇게 휘어서 만들고는 흙을 싸 바르고는 그 이 이렇게 놓고는. 여기 가면 소나무 관솔 관솔이라고 그런다고. 여기 가면 소나무 화대 관솔 소까 소까지라 그런다고. 그걸 주워다가 패 가지고는 그 밑에 갖다 놓고는 거기다 놓고는. 하하, 옛날에는 촌에서도 이제 할머니들이 뭐. 산 산 뭐아 산은 산에서 ㄱ 베를 짜서 ㄱ 옷을 해 입고 베옷을 해 입고 살았다 이거야. 그 이제 여자들은 그렇게 하고 남자들은 신이 없으니까 밤에 고콜 넣으면서 짚세기를 삼아 신고 이제 낮에는 가서 일하고 이렇게 산 거야.

그 다음에 여기는 돌로 집을 짓지는 않습니까? 돌같은 걸로.

▪ 뭐 여기는 뭐 돌로 안 짓고 살고.

이 집을 짓는데는 이게 이 사용하는 연장들이 많이 있잖아요? 어떤 집을 지을 때 사용하는 게 어떤거 어떤거가 있습니까? 집을 지을 때 이런 뭐 집 지으

나무할려면 그 도

= 인제 뭐 톱두 이써야 되구 도:끼두 이써야 되구 또 깡는 자구두 이써야 되구.

자

= 자구 자구. 나무깡는 자구.

아 나무를 깡는 자구가 이써야 된다구요?

= 그래구는 인제 그 머 저런 기둥가틍거 세우믄 대 대:패루 또 미러서 빤들빤들하게 대:패도 이써여 되구 머. 거 도:구가 만치 뭐 집찔라믄. 구~영 팔라믄 끌:두 이써야 되구 뭐.

아, 예예 그다으메 뭘 바 옌나레는 몯 이썬나요?

= 모시 옌나렌 귀해가지구 국쩨 저 보도가틍거루 뚤러가지구 낭그 까까서 낭그모슬 마~이 써찌.

아, 낭그모슬.

= 응, 낭그모슬.

그다으믄 이제 고런거 어떠께 쯤 이케 까끌까끌항거 요로케 하는 그 그다음에 이게 몯 뺄때는 뭘 사용핸나요?

= 그 옌나레는 모슬 안 빠니 안 빼니까 뭐 모빼 모빼기두 뭐 옌나렌 업써찌.

아.

= 낭 낭그로 해쓰니까 거양 인제 뭐 툭툭 거양 도:꾸 머리루 툭툭처서 빼:구 이랭거야.

그 다으메 이게 뾰쪼칸 구멍뚤릉거는 어떠케

= 구멍뚤르능거는 이제 보도라구 구 구영 뚤루능게 옌:나레두 팔품보도라구 이써따구. 게 인제

아주 옌날에는.

= 응, 삐::잉삥 돌리. 게 아주 옌날에는 그게 읍쓸때는 끌루 구멍을 파

려면 그 나무하려면 그 도

= 이제 뭐 톱도 있어야 되고 도끼도 있어야 되고 또 깎는 자귀도 있어야 되고.

자

= 자 자귀 나무 깎는 자귀.

아 나무를 깎는 자귀가 있어야 된다고요?

= 그리고는 이제 그 뭐 저런 기둥 같은 거 세우면 대 대패로 그 밀어서 반들반들하게 대패도 있어야 되고 뭐. 거 도구가 많지 뭐 집 지으려면. 구멍 파려면 끌도 있어야 되고. 뭐.

아, 예 그 다음에 뭘 바 옛날에는 못이 있었나요?

= 못이 옛날엔 귀해 가지고 숫제 저 볼트 같은 걸로 뚫어 가지고 나무 깎아서 나무 못을 많이 썼지.

아, 나무 못을.

= 응, 나무 못을.

그 다음엔 이제 그런 거 어떻게 좀 이렇게 까끌까끌한 거 이렇게 하는 그 그 다음에 이게 못 뺄 때는 뭘 사용했나요?

= 그 옛날에는 못을 안 빠니 안 빼니까 뭐 모 빼 못빼기도 뭐 옛날엔 없었지.

아,

= 남, 나무로 했으니까 그냥 이제 뭐 툭툭 그냥 도끼 머리로 툭툭 쳐서 빼고 이런 거야.

그 다음에 이게 뾰족한 구멍 뚫는 거는 어떻게

= 구멍 뚫는 거는 이제 볼트라고 구 구멍 뚫는 게 옛날에도 팔품 볼트라고 있었다고. 그게 이제

아주 옛날에는.

= 응, 빙~빙 돌리. 그게 아주 옛날에는 그게 없을 때는 끌로 구멍을 파

능거야. 끌루. 끌루 구영을 파서 인제 낭그두 인제 그 든든항걸 문푸레낭
그가 젤 든든하거덩. 그걸 인제 까꺼서는 내레바꾸.

근데 인제 이케 아주 뾰쪼칸 끄치 뾰쪼캐 가지고 뭐 구멍뚤릉거 이짜나요?
거 뭐 종이 가틍거또 이케 뚤키도 하고 뭐. 나무가틍거또 뭐 이러케 이러케 뾰
쪽카게 칼로 빼: 빼 뾰쪼카게 가라서 이케.

= 건 송고시라 그래 송곧.

아, 그렁거또 이써써요?

= 그래 그렁거또 이찌 옌나렌. 거 이 송고까틍거는 대장까네 가서 인제
쭈기래서 맹글어가주 송고 빼::죽하게 대장까네 가서 맹그러가지구.

집찔때 그 여러가지 집찐는 그 명칭이 이짜나요? 아까 그 이러케 뭐 이러케
상당히 뭐 이러케 노코 뭐 인제

= 서까래 걸구 또

서까래 걸고 그다음에 고 여기 논는

= 구들 구들빼 구들짱 노코

구들짱 노쿠 그다메 이제 석

= 서까래 걸:구 너스래도 매구 뭐 여러가지야 그게.

그다음에 이케 서까래 노코 나서 그 위에다가

= 너스렐 매능거지.

예 예. 근데 거기 서까래 거기 요 인제 끄테 끄테 이게 마냐게 그 다 이러케
하면 거기 무리 떠러지는 고기를 그른게 이짜나요?

= 물 떠러지는데 여기는 인제 처마끄테 가야 무리 땅에 떠러지게 거˘양
맹그러써.

그 무리 떠러지는 고슬 뭐라고 그럼니까?

= 거 처마끄치라 그래 처마끝.

그 다으메 처마가 그 처마 말고 인제 너 그 서까래 이꼬 그 요 끄테 요런 부
부니짜나요. 집 집뽀며는 집 이러케 보면 요러케 집 지붕 요 끄뿌부늘 뭐라고

는거야. 끌로. 끌로 구멍을 파서 이제 나무도 이제 그 든든한 걸 물푸레
나무가 제일 든든하거든. 그걸 이제 깎아서는 내려 받고.

그런데 이제 이렇게 아주 뾰족한 끝이 뾰족해 가지고 뭐 구멍 뚫는 거 있잖
아요? 그거 뭐 종이 같은 것도 이렇게 뚫기도 하고 뭐. 나무 같은 것도 뭐 이렇
게 이렇게 뾰족하게 칼로 빼 빼 뾰족하게 갈아서 이렇게.

▪ 그건 송곳이라 그래 송곳.

아, 그런 것도 있었어요?

▪ 그래 그런 것도 있지 옛날엔. 그거 이 송곳 같은 거는 대장간에 가서
쭉 이래서 만들어서 송곳 뾰족하게 대장간에 가서 만들어 가지고.

집 지을때 그 여러 가지 집짓는 그 명칭이 있잖아요? 아까 그 이렇게 뭐 이
렇게 상당히 뭐 이렇게 놓고 뭐 이제

▪ 서까래 걸고 또

서까래 걸고 그 다음에 그 여기 놓는

▪ 구들 구들빼 구들장 놓고

구들장 놓고 그 다음에 이제 석

▪ 서까래 걸고 너스래도 매고 뭐 여러 가지야 그게.

그 다음에 이렇게 서까래 놓고 나서 그 위에다가

▪ 너스레를 매는거지.

예 예. 그런데 거기 서까래 거기 요 이제 끝에 끝에 이게 마약에 ㄱ 다 이렇
게 하면 거기 물이 떨어지는 거기를 그런 게 있잖아요?

▪ 물 떨어지는데 여기는 이제 처마끝에 가야 물이 땅에 떨어지게 그냥
만들었어.

그 물이 떨어지는 곳을 뭐라고 그럽니까?

▪ 그거 처마끝이라 그래 처마끝.

그 다음에 처마가 그 처마 말고 인제 너 그 서까래 있고 그 요 끝에 요런 부
분 있잖아요. 집. 집보면은 집 이렇게 보면 요렇게 집 지붕 요 끝부분을 뭐라고

함니까? 요

＝ 용마리. 용마루 어 용마루.

아, 그러케 얘기를 하구요. 그다으메 음음. 문 가튼데 보며는 문 문 이러케 이쓰며는 문 이러케 열고 다께끔 요로케 딱 고정시키는 부부니 이짜나요.

＝ 거 인제 범살무니라 그래. 범살문[5]. 그 낭그 캐가지구 이 이 여가지구 이러게 네 네모가 지게 요 요망쿰씩 네:모가지게 전부 낭그 내가지구. 그 한지루 풀써가지구 싹 발라선 가따는데. 그 이 문 문두 이러케 짜가주 구는 여기다가는 인제 문꼬리 바꾸. 또 돌쩌구 바꾸 이래가꾸 돌쩌구에다 께:가지구 인제 문뒤에루다 다라노코 그렁거지

아, 네. 그 다으메 그 벼글이제 예저네 그냥 이제 흐글 바로 그대로 하지 안 코 거 거기에다 또 조~우가틍거 발라짜나요? 그초?

＝ 그 조~우 발르는건 뭐 그 중고에 발릉거구 아주 옌:나렌 조~이도 안 발르구 거양 흑빨르구 거양 사른거라. 지끔 머 와서 뭐 조~이 발르구 그 르지 뭐 조~이 발라써?

그 바르능걸 뭐라고 하나요?

＝ 벽빨른다그래 벼글발르능거야.

아, 종이로 바르능거는

＝ 그 조~이루 인제 이 되배한다구 그러능거야 도배.

그래요. 국또리라는건

＝ 엉?

그 다메 인제 지비 이러케 이쓰며는 그 집 위에다가 뭘 뭘 언저노코 이러 어 이케 뭘 언저노코.

＝ 아, 이런데 인제 언저농건 실경드링거야. 실경 실경.

거, 방아네 언저논능거는

＝ 그 방아네 인제 언저논능거는 실경이라고해서 실경을.

그 다으메 처마에 이러케 사이에 메주 다라노코 이케 해노은

합니까? 요

ᐥ 용마루. 용마루 어 용마루.

아, 그렇게 얘기를 하고요. 그 다음에 음음. 문 같은데 보면은 문 문 이렇게 있으면은 문 이렇게 열고 닫게끔 요렇게 딱 고정시키는 부분이 있잖아요.

ᐥ 그거 이제 범살문이라 그래. 범살장지. 그 나무 캐 가지고 이 이 여서 이렇게 네 네모가 지게 요만큼씩 네모가 지게 전부 나무 내가지고 그 한지로 풀 쒀 가지고 싹 발라서는 갖다 다는데. 그 이 문 문도 이렇게 짜 가지고는 여기다가는 이제 문고리 박고. 또 돌쩌귀 박고 이렇게 해가지고 돌쩌귀에다 꿰어가지고 인제 문뒤에로다 달아 놓고 그런 거지

아, 네. 그 다음에 그 벽을 이제 예전에 그냥 이제 흙을 바로 그대로 하지 않고 거기에다 종이 같은 것을 발랐잖아요? 그렇지요?

ᐥ 그 종이 바르는건 뭐 그 중고에 바른 거고 아주 옛날엔 종이도 안 바르고 그냥 흙 바르고 그냥 산 거야. 지금 뭐 와서 뭐 종이 바르고 그러지 뭐 종이 발랐어?

그 바르는 걸 뭐라고 하나요?

ᐥ 벽 바른다 그러지 벽을 바르는거야.

아, 종이로 바르는거는

ᐥ 그 종이로 이제 이 도배한다고 그러는거야 도배.

그래요. 군도리라는건

ᐥ 응?

그 다음에 인제 집이 이렇게 있으면은 그 집 위에다가 뭘 뭘 얹어 놓고 이러어 이렇게 뭘 얹어 놓고.

ᐥ 아, 이런데 이제 얹어 놓은 건 시렁들인 거야. 시렁 시렁.

그거, 방안에 얹어 놓는 거는

ᐥ 그 방안에 인제 얹어 놓는 거는 시렁이라고 해서 시렁을.

그 다음에 처마에 이렇게 사이에 메주 달아 놓고 이렇게 해 놓은

= 메주다:는데 인저게 그 저저 머야 나 나무 매다라가지구 그 인제 메
주두 달구 인제 이래능거.

그거는 뭐라고하나요?

= 그건 흐(웃음) 모르겐데 그걸 뭐라 그래는지. 거양 낭그 낭그 달구서
그래는 거야.

아, 지베 그 지붕에도 지바네 보며는 판짜로 이러케 함니까 아니며는 나무
긴 나무

= 으응, 이긴 뭐에 판자가 업쓰믄 나무 째자:난걸루 껍떼기 싹:: 베껴서
훌터가주군 낭그 두개 이러케 가따 으으 노쿠 해는

고걸 시

= 응 저저 머이 실경 실경.

실경

= 실경이라구

뭐케도 뭐케도 그렇게

= 뭐:케두 그러케 하구 인제 방에두

그거 부어케는 그걸 뭐라고 함니까? 그거는

= 부어께두 슬경이야 응.

아, 부어케도

= 실경

아, 실경이라고 하구요. 그다으메 옌나레는 그 오슬 오까튼거는 어디에 지버
너씀니까?

= 오까틍거는 인제 흠 머야 거 장:노~이라구 장:노~이라구 그 지끔 뭐
그렁게 보기 드물지마는 장:농이라구 이꾸. 장농이 이끼저네는 에헴 채
채도기라구 이따구 싸리께~일 베:서 인제 싸리께~이루 전:는거야. 절:믄
이망쿰씩 이만:하게 하구 이만콤씩하게 해가지구 따꺼리를 해 덤는거야.
따꺼리루 해더꾸는 그 인제 종이루 인제 싹: 푸룰 쏘:선 조~이루 안파끌

˭ 메주 다는데 인제 그 저저 뭐야 나 나무 매달아 가지고 그 인제 메주도 달고 인제 이러는거.

그거는 뭐라고 하나요?

˭ 그건 흐 모르겠는데 그걸 뭐라 그러는지. 그냥 나무 나무 달고서 그러는 것이.

아, 집에 그 지붕에도 아이 집안에 보며는 판자로 이렇게 합니까 아니면은 나무 긴 나무

˭ 으응, 있긴 뭐에 판자가 없으면 나무 자잘한 것으로 껍데기 싹 벗겨서 훑어 가지고는 나무 두 개 이렇게 갖다 으으 놓고 하는

그걸 시

˭ 응 저저 뭐 시렁 시렁.

시렁

˭ 시렁이라고

부엌에도 부엌에도 그런 게

˭ 부엌에도 그렇게 하고 이제방에도.

그거 부엌에는 그걸 뭐라고 합니까? 그거는

˭ 부엌에도 '슬경'이야 응.

아, 부엌에도

˭ 시렁

아, 시렁이라고 하고요. 그 다음에 옛날에는 그 옷을 옷 같은거는 어디에 집어 넣습니까?

˭ 옷 같은 거는 이제 흠 뭐야. 거 장롱이라고 장롱이라고 그 지금 뭐 그런 게 보기 드물지만은 장롱이라고 있고 장롱이 있기 전에는 에헴 채 채독이라고 있다고 싸리를 베어서 인제 싸리로 겯는 거야. 겯으면 이만큼씩 이만하게 하고 이만큼씩하게 해 가지고 뚜껑으로 해 덮는거야. 뚜껑을 해 덮고는 그 인제 종이로 인제 싹 풀을 쑤어서는 종이로 안팎을 싹 발라.

싹 발러. 기리구 인제 거기다 오슬 너쿠 따꺼리를 어퍼선 저런 실거~어 언저 노쿠 이러캐서는

따꺼리가 뭐조?

= 이 덤는 따꺼리 덤는 따꺼리.

아, 덤는 따꺼리.

= 그래구는 인제 그 다메 발따니된담:에 인제 거 인제 장:노~라구 생게 가지구 이러케 맹그러가지구 뭐 이러케 장식뚜 맹그러달구 문두 열구 뭐 챙구구 이렁게 나와찌. 거 아주 옌:나레 거 인제 그러케 인제. 싸리깨~이 베:다가 여꺼서는 인제 그러케 채 맹그러서 온 느쿠 이러케 해따구 고리 를 맹그러 노쿠.

상낭 아까 집찌을때 상낭시글 해짜나요? 상랑시근 어 어떠케 핸나요?

= 상랑시근 이 지도리르 이 저저 용마리로 올리니까 지비 다: 돼 용마 리르 올레서 다 돼:따는 으미에서 이제 그 상랑시글 지내능거지 뭐.

상랑식 지내는 그런 절차가틍거는 어떠케 되나요?

= 상랑식해는 거는 머 여느 제사나 또까태. 고기 뭐 과일 떡뚜 해 노코 뭐 다 이러케 해노코는 잘되게 해달라고 비:는거여. 거 고사지내능거허구 또까태. 거:는 상랑시근

아, 고사지내능거랑뇨? 음.

그리고 인제 거기다 옷을 넣고 뚜껑을 엎어서 저런 시렁에 얹어 놓고 이렇게 해서는

따꺼리가 뭐죠?

˝ 이 덮는 뚜껑 덮는 뚜껑.

아, 덮는 뚜껑.

˝ 그리고는 인제 그 다음에 발단이 된 다음에 이제 거 이제 장롱이라고 생겨 가지고 이렇게 만들어 가지고 뭐 이렇게 장식도 만들어 달고 문도 열고 뭐 채우고 이런 게 나왔지. 그 아주 옛날에 그 이제 그렇게 이제. 싸리 베어다가 엮어서는 인제 그렇게 채를 만들어서 옷 넣고 이렇게 했다고 고리를 만들어 놓고.

상량 아까 집 지을때 상량식을 했잖아요? 상량식은 어 어떻게 했나요?

˝ 상량식은 이 지도리를 이 저저 용마루를 올려서 다 되었다는 의미에서 이제 그 상량식을 지내는거지 뭐.

상량식 지내는 그런 절차 같은 거는 어떻게 되나요?

˝ 상량식 하는 거는 뭐 여느 제사나 똑같아. 고기 뭐 과일 떡도 해 놓고 뭐 다 이렇게 해 놓고는 잘 되게 해 달라고 비는 거야. 그 고사 지내는 거하고 똑같아 그거는 상량식은

아, 고사 지내는 거랑요? 음.

　요게는 그 아까 그 시낭가튼 거뜨리 인나요? 부어까튼데 가서 이러케 뭐 이러케 지내거나 아니며는 거 터주때감 이러케 하면서

　" 거 옌:나레 다 이써찌. 여, 여보세요? 어, 이미테 왜? 어, 쪼그미따가 금방 올라갈께. 내가 어. 오라구 전:화 허허

　손준니밍가요, 아, 하라버지 보고십따구. 아 저 터주 터

　" 터주 터주대가미라구 이꾸 그 옌:날렌 다 그렁게 이써써 그

　아, 그거너떵겅가요?

　" 거 인제 뭐 터주때가미라구는 뭐 이러케 맹그러 노쿠. 쌀두 거기다 너너쿤 그거 함부루 가따 몬머꾸 거거다. 뭐 바배 너쿠 빌: 절하구 뭐 이래구 가따 멍는다구 머꾸 뭐 이래짜나 그래구는 뭐. 옌:나렌 머 저저저 소치 어지간한집뜰 소주걸 소대가리귀신. 뭐 개에다 개에 귀신 뭐 벨께 다 이써가지구는 주릉주릉 매달구. 거기 절하구 어:서" 음슥 가주오믄 거: 가따 놔따 머꾸 이래써 다.

　아, 그래요?

　" 그래. 지금 뭐 그렁거 안 미미씨느 란미드니까 그렁거 싹 다 업써전 는데 옌날엔 어지가난집 다 해 그러케 해구 이써쓰니.

　옌날에 그 터주때감두 이꾸 이제 뭐 문가튼데도 이꾸.

　" 그럼. 다이써써, 옌나레

　그다으메 우물 가튼 웅굴가튼데서 뭐 이러케

　" 그 움 움물 가트데도 뭐 물 제 잘라오게 해달라구 거: 가서 제사두 지

  여기에는 그 아까 그 신앙 같은 것들이 있나요? 부엌 같은데 가서 이렇게 뭐 이렇게 지내거나 아니면 그 터줏대감 이렇게 하면서

  ＂ 그 옛날에 다 있었지. 여, 여보세요? 어 이 밑에 왜? 어, 조금 있다가 금방 올라갈게. 내가 어. 오라고 전화 왔어, 허허

  손주님인가요. 아, 할아버지 보고 싶다고. 아, 저, 터주, 터

  ＂ 터주, 터줏대감이라고 있고 그 옛날엔 다 그런게 있었어, 그.

  아, 그건 어떤 건가요?

  ＂ 거, 이제 뭐 터줏대감이라는 뭐 이렇게 만들어 놓고. 쌀도 거기에다 넣어 놓고는 그거 함부로 갖다 못 먹고 거기다. 뭐 밥해 넣고 빌고 절하고 뭐 이러고 갖다 먹는다고 먹고 뭐 이랬잖아 그러고는 뭐. 옛날엔 뭐 저저저 솥이 어지간한 집들은 소죽을 소대가리귀신. 뭐 개에다 개의 귀신 뭐 별 것이 다 있어서는 주렁주렁 매달고. 거기 절하고 어디서 음식 가져오면 거기 갖다 놓았다 먹고 이랬어 모두 다.

  아, 그래요?

  ＂ 그래. 지금 뭐 그런거 안 미미신을 안 믿으니까 그런거 싹 다 없어졌는데 옛날엔 어지간한 집 다 해 그렇게 하고 있었으니.

  옛날에 그 터주대감도 있고 이제 뭐 문같은데도 있고.

  ＂ 그럼. 다 있었어, 옛날에

  그 다음에 우물 같은 우물 같은 데서 뭐 이렇게

  ＂ 그 움 우물 같은데도 뭐 물 잘 나오게 해달라구 거기 가서 제사도 지.

내구. 또 인제 가무러가지구 무리 떠러지믄 저: 먼데가서 바:메 무를 훔체다 넌넌거여. 위:니야 뭐 따 이러케 이러민선 무를 퍼다 간 거그다가 느쿠 물라오게 해달라구 절하구 제:사지내구 뭐. 옌나렌 사라미 참 머 그지끄메다 대믄 무릅씨는 머 가따가 머 지하수두 파구 머 무리 뻠뻠 올러오구 이래지만 옌:나레야 어디 그른게 인나요, 뭐.

예, 여기에 보면 일쌍 보통 생화를 하다보머는 인제 하지 마라야될 금기가튼 거 이짜나요. 이렁건 뭐 아니. 긍게 음녀게 예를 드러서 뭐 뭐 하지마라 뭐 하지 마라 그렁거 이짜나요? 예를 드러서 뭐 정초에 바늘빌리러 가지 말라든가

= 그러치 그렁거뚜 이써

그렁거뜰 뭐 아, 이 인나요?

= 거 지끄믄 읍써 그렁거 옌날엔 그렁게 이썬는데 지끔 다 그렁거 안 해.

어떵게 이썬나요?

= 뭐 음 어디가믄 나쁘니까 가지마라라 뭐 상가찌베두 뭐 오래 가믄 중는다 가지 마라라 인제 뭐.

상가찌베요?

= 응, 사람주경기⁵⁾ 인제 상가찌비거등.

예예예.

= 그게 인제 그런데두 뭐 우~이⁶⁾ 나쁘믄 이까 주 주 주꾸 뭐 병화네 병이 걸리니까 가지 마라라 이랜는데 지금 뭐 그렁게 인나 머. 지끔 뭐 그렁거 앙가리구 뭐.

네.

= 에헴

여보세요. 응. 응. 내가 쫌 이따 할께요. 네.

여자드란테도 뭐 이러케 뭐 금기하능거뜨리 이썬나요?

= 뭐 이 여자드란테도 그렁기 이써찌. 응.

내고. 또 이제 가물어 가지고 물이 떨어지면 저: 먼데 가서 밤에 물을 훔쳐다 놓는거야. 원(願)이야, 뭐 이렇게 이러면서 물을 퍼다 가는 거기다가 넣고 물 나오게 해 달라고 절하는 제사 지내고 뭐. 옛날에 사람이 참 뭐 그 지금에다 대면 물없이는 뭐 갖다가 뭐 지하수도 파고 뭐 물이 펑펑 올라오고 이렇지만 옛날에야 어디 그런게 있나요, 뭐.

예, 여기에 보면 일상 보통 생활을 하다 보면 인제 하지 말아야 될 금기 같은 거 있잖아요. 이런건 뭐 아니. 그러니까 음력에 예를 들어서 뭐 뭐 하지 마라 뭐 하지 마라 그런거 있잖아요? 예를 들어서 뭐 정초에 바늘 빌리러 가지 말라든가

= 그렇지, 그런 것도 있어.

그런 것들 뭐 아, 있나요?

= 그거 지금은 없어. 그런거 옛날엔 그런게 있었는데 지금은 그런거 다 안해.

어떤 게 있었나요?

= 뭐 음 어디가면 나쁘니까 가지 말아라 뭐 상가집에도 뭐 오래 가면 죽는다 가지 말아라 이제 뭐.

상가집에요?

= 응, 사람 죽은 것이 인제 상가집이거든.

예예예

= 그게 이제 그런데도 뭐 운이 나쁘면 그러니까 죽고 뭐 병한에 병이 걸리니까 가지 말아라 이랬는데 지금 뭐 그런게 있나 뭐. 지금 뭐 그런 거 안 가리고 뭐.

네.

= 에헴

여보세요. 응. 응. 내가 좀 이따 할게요. 네.

여자들한테도 뭐 이렇게 뭐 금기하는 것들이 있었나요?

= 뭐 이 여자들한테도 그런게 있었지. 응.

예를 드러서 뭐 호닐랄[7) 바다노코는 뭐 초상찝까지 말라고 한다덩가.

˭ 거럼 그렁거뚜 이써찌.

뭐 그렁거 생강나능거 이쓰세요?

˭ 어?

그렁거 뭐 쫌 생각 그렁거 어르신드리 이렁거 하지 말라 그러 그래떵거.

˭ 우린 뭐 그렁거 허허 하지 말라구두 아나구 그렁거뚜 아나구 이래써
엔:나레두. 에헴.

지냉거, 아. 손주가 지금 오라고 그러나요?

˭ 어 뭐 빨리 오라고 헤헤 빨리 오래 헤헤.

그러쿠나 어르신 혹씨 어 가보셔야 되능거 손주가 또 부르니까 또 가야조?.
내일 아침 일찍 쫌 이케 며까지.

˭ 에 그래여, 모따행거 이쓤 내일 또 해구 그래 내일허구 뭐, 볼릴바여.

내일하구 이제 오후에 저쪼그로 가서

˭ 어 그래여 에에 그래여.

내일도 쪼끔만 도와주십시요.

˭ 예 그래여 아이 몰르능거 머머 아는데꺼진 뭐 헤헤헤이 얘기 헤헤.

오늘 또 손주가 부르니까

˭ 에 예 아 우리 하난 주~하꾜[8) 사망녀니구 하난 고드~하꾜 이랑녀닝게
하라범녀페서 안떠나 하하하.

공부 안해요?

˭ 에 공부두 하민서 잠짜리두 하라범여페 와 자지 지:찌리[9) 안자자나.

아, 그 손주드리 딸래미드리예요?

˭ 딸하나 인제 아들 손자 하나 둘: 두린데 지금싸람들 머 둘배께 더난
나?

예 아 예 알게씀니다. 저기 그.

예를 들어서 뭐 혼인날 받아 놓고는 뭐 초상집 가지 말라고 한다든가.

＝ 그럼 그런것도 있었지.

뭐 그런거 생각나는거 있으세요?

＝ 어?

그런 거 뭐 좀 생각 그런거 어르신들이 이런거 하지 말라 그러 그랬던거.

＝ 우린 뭐 그런 거 허허 하지 말라고도 안하고 그런 것도 안하고 이랬어, 옛날에도. 에헴.

지낸 거, 아. 손주가 지금 오라고 그러나요?

＝ 어, 뭐 빨리 오라고 헤헤 빨리 오래 헤헤.

그렇구나 어르신 혹시 어 가보셔야 되는거 손주가 또 부르니까 또 가야지요? 내일 아침 일찍 좀 이렇게 몇 가지.

＝ 에, 그래요. 못다한 거 있으면 내일 또 하고 그래 내일하구 뭐. 볼일 봐요.

내일하고 이제 오후에 저쪽으로 가서

＝ 어, 그래요. 에에, 그래요.

내일도 조금만 도와주십시오.

＝ 예, 그래요. 아이 모르는 거 뭐뭐 아는데 까진 뭐 헤헤헤이 얘기 헤헤.

오늘 또 손주가 부르니까

＝ 에, 예 아 우리 하나는 중학교 삼학년이고 하나는 고등학교 일학년인게 할아범 옆에서 안 떠나 하하하.

공부 안해요?

＝ 에, 공부도 하면서 잠자리도 할아범 옆에 와 자지. 자기들끼리 안 자잖아.

아, 그 손주들이 딸내미들이에요?

＝ 딸 하나 이제 아들 손자 하나 둘 둘인데 지금 사람들 뭐 둘밖에 더 낳나?

예, 아, 예, 알겠씁니다. 저기 그.

1) '굴피집'은 나무껍질을 이어 만든 지붕으로 된 집인데, 굴피는 보통 참나무, 굴참나무, 상수리나무 등의 속껍질을 사용하여 주로 만든다.

2) '느~에'는 '능에'로 '너와'의 방언형이다. '너와집'은 너와로 지붕을 이어 덮은 집으로, 너와는 보통 200년 이상 자란 붉은 소나무 토막을 길이로 세워 놓고 쐐기를 박아 쳐서 잘라낸 널쪽으로, 크기는 일정하지 않으나 가로 20~30cm, 세로 40~60cm이며 두께는 4~5cm 정도된다.

3) '범살문'은 '범살장지'의 방언형인데, 창문의 살을 '정(井)' 자 모양으로 성기게 짠 장지문을 가리킨다.

4) '어:서'는 '어디+서'로 분석되며, '어:'는 '어디'의 방언형이다.

5) '주경기'는 '죽+엉+기'로 분석되며, '죽은 것이'의 뜻이다. 동사의 과거 시제를 나타나는 관형형 어미는 '은'이지만, 이 지역어에서는 어간 '죽-'과 어미 '어'의 결합으로 형성된 '죽어'에 'ㄴ'이 결합하여 '죽언'이 된 것이다. 그리고 후행하는 '기'과 결합하여 위치동화되어 '죽언+기→죽엉기'가 되었다.

6) 이 지역어에서는 '우~이'는 '운+이'의 뜻으로, 체언 어간말 'ㄴ'가 비모음화된 것이다.

7) '호닐랄'은 '혼인+날'로 분석된다. 이런 현상은 '천+년'이 일부 방언에서 '[철련]'으로 발음되는 것과 동궤의 현상으로 볼 수 있다.

8) '주~하꾜'는 '중학교'에서 'ㅇ'이 비모음화된 것이다. 비모음화가 일어나는 일반적인 환경은 후행 모음이 'i, y'인 경우가 일반적이다. 하지만 이 지역어에서는 그렇지 않은 환경에서도 비모음화가 일어나기도 한다.

9) '지:찌리'는 '지:+찌리'로 분석되는데, '지:'는 '저희'의 방언형이고, '찌리'는 '끼리'의 방언형이다.

찾아보기

[어간]

<가>